天津市哲学社会科学规划项目（一般项目，编号：TJSL17-001）

天津市"131"创新型人才团队"天津社会科学院东北亚门户城市研究创新团队"资助项目

天津社会科学院2020年度学术著作出版补贴项目

光明社科文库
GUANGMING DAILY PRESS:
A SOCIAL SCIENCE SERIES

·政治与哲学书系·

从"东洋盟主论"到"脱亚论"

福泽谕吉的亚洲观研究

董顺擎｜著

光明日报出版社

图书在版编目（CIP）数据

从"东洋盟主论"到"脱亚论"：福泽谕吉的亚洲观研究 / 董顺礐著 . -- 北京：光明日报出版社，2023.5

ISBN 978 - 7 - 5194 - 7219 - 1

Ⅰ . ①从… Ⅱ . ①董… Ⅲ . ①福泽谕吉（Fukuzawa Yukichi 1834-1901）—思想评论 Ⅳ . ①B313.4

中国国家版本馆 CIP 数据核字（2023）第 086313 号

从"东洋盟主论"到"脱亚论"：福泽谕吉的亚洲观研究

CONG "DONGYANG MENGZHU LUN" DAO "TUOYALUN"：FUZEYUJI DE YAZHOUGUAN YANJIU

著　　者：董顺礐

责任编辑：梁永春　　　　　　　　责任校对：乔宇佳

封面设计：中联华文　　　　　　　责任印制：曹　净

出版发行：光明日报出版社

地　　址：北京市西城区永安路 106 号，100050

电　　话：010 - 63169890（咨询），010 - 63131930（邮购）

传　　真：010 - 63131930

网　　址：http：// book. gmw. cn

E - mail：gmrbcbs@ gmw. cn

法律顾问：北京市兰台律师事务所龚柳方律师

印　　刷：三河市华东印刷有限公司

装　　订：三河市华东印刷有限公司

本书如有破损、缺页、装订错误，请与本社联系调换，电话：010-63131930

开　　本：170mm×240mm

字　　数：229 千字　　　　　　　印　　张：16

版　　次：2023 年 5 月第 1 版　　　印　　次：2023 年 5 月第 1 次印刷

书　　号：ISBN 978 - 7 - 5194 - 7219 - 1

定　　价：95.00 元

目 录
CONTENTS

绪论

从"东洋盟主论"到"脱亚论"
——福泽谕吉的朝鲜观与中国观概述

福泽谕吉（1835—1901）作为日本近代最著名的启蒙思想家、日本近代化的"指导者"，利用出书、办学、办报，大力进行西方资本主义文明的启蒙宣传，推动日本近代化，在其思想的中后期曾积极鼓吹对朝鲜与中国等亚洲近邻进行侵略的军国主义。虽然福泽谕吉去世已有100多年，但其军国主义思想的余毒至今还影响着日本社会，包括目前的极端民族主义思潮以及一些右翼思想言论都可以从其思想体系中找到渊源。因此，对于曾经饱受日本侵略的朝鲜与中国等国家来说，有必要通过分析福泽谕吉的朝鲜观与中国观，来揭示日本近代以来侵略亚洲近邻的思想文化根源，以及日本近代化过程中伴随着对外侵略扩张这一特点，同时也有助于我们了解当今日本一部分政客、学者仍然否认其对外侵略的历史、坚持"殖民正当化"观点的根本原因，既有重要的学术价值，又有积极的现实意义。

本书的研究对象是福泽谕吉的朝鲜观与中国观。按照福泽谕吉的思想及对外观的嬗变，分别对其思想的形成以及其19世纪六七十年代的朝鲜观与中国观、19世纪80年代前半期的朝鲜观与中国观以及19世纪80年代后半期之后的朝鲜观与中国观进行系统的论述，重点探讨福泽谕吉的文明观与其提出的"东洋盟主论""脱亚论"的内在联系，及其在壬午兵变、甲申政变、甲午战争等各个重要时期在朝鲜观与中国观上的具体表现。

第一，福泽谕吉及其思想的形成。

1835年1月10日，福泽出生于日本大阪一个下级武士家庭。少年时代的福泽生活、学习在政治动荡、内忧外患的德川幕府末期，受当时社会及家庭环境的影响，从小饱读汉学的同时，也让其产生了对封建制度的憎恨和对传统思想的反抗及追求自由、渴望学习新知识的强烈愿望。1854年，日本被迫开港，结束了长达200多年的锁国体制，西方文明涌入日本。时年19岁的福泽开始学习兰学，从此认识到了西方文明的先进性，坚定了向西方学习的信念。1858年，福泽由学习兰学转向学习英学。由于打开日本锁国大门的美国以及当时势力强大的英国都是英语国家，因此学习英学可以说明福泽对世界形势的发展有了清醒的认识，敏锐的时代感让其走在了其他洋学者的前列。同时，学习英语也成了福泽谕吉受聘于幕府、能够实现欧美之行的有利条件。从1860年开始的三次欧美之行，为福泽谕吉提供了亲身感受西方文明的机会，对西方文明的认识开始从书本知识向感性认识再向理性认识转变。明治维新前后，福泽谕吉出于对政治的不信任、对明治政府的误解以及对自己有作为学者生存下去的根据与自信，由一名幕府官员转变为在野学者。

福泽谕吉的思想在日本近代思想史上有着重要的地位。福泽谕吉以独立观、文明观、自由观等为主要内容的启蒙思想，不仅对当时日本近代社会产生了广泛而深刻的影响，而且直到今天都没有丧失其启迪意义。并且，福泽谕吉的启蒙思想还影响至清末时期的中国和朝鲜末期及大韩帝国时期的朝鲜（韩国）。然而，福泽谕吉毕竟不能超越那个时代及国度的局限性，在其思想中后期尤其是在其朝鲜观与中国观中，军国主义思想的烙痕非常明显。

第二，19世纪六七十年代福泽谕吉的朝鲜观与中国观。

19世纪六七十年代正值日本发生重大变革的时期。1868年，日本发生了明治维新，标志着日本进入了近代社会。此时，福泽谕吉也由一名幕府官员转变为在野学者，其著述从单纯地介绍西方文明开始转向系统地阐述自己的观点与思想。这一时期，福泽谕吉发表的有关朝鲜与中国的论著相对较少，朝鲜观主要围绕反对士族高唱的"征韩论"，而中国观主要围绕对儒学的批判、有关鸦片战争及日本侵台事件的评论展开。

虽然福泽谕吉有时也承认"古代日本之文明来自朝鲜"，[①] 但作为一位洋学者，对于朝鲜信奉的儒学持批判态度，已完全没有了江户时代文人学者对朝鲜文化的崇拜，意识中古代朝鲜在文化上具有的优势逐渐消失，其论著中更多地提到神功皇后征服三韩的传说和丰臣秀吉攻伐朝鲜的实例，更加强调存在其意识中的日本在军事方面具有的优势。随着日本资本主义的发展，福泽谕吉的这种优越感变得更强，对朝鲜的蔑视也更加明显。福泽谕吉立足于蔑视的朝鲜观，深深扎根于其思想中，深刻地影响着其一生的朝鲜观。

福泽谕吉将社会的发展分为野蛮—半开化—文明三个阶段的文明观是其对外观的理论基础。在《文明论概略》中，福泽谕吉虽然将亚洲国家划为半开化的国家，但其后认为朝鲜是"野蛮""落后"的国家。当面对国内矛盾时，福泽谕吉正是以文明观为依据，将外战的矛头指向了朝鲜。此后，福泽谕吉企图以指导朝鲜、中国"文明开化"或"改革"为借口，使日本对朝鲜与中国的侵略正当化，这是其三段式的文明观导致的必然结果。在此后有关"征韩论"的评述中，福泽谕吉正是以"士族不了解朝鲜之野蛮状态"等理由来说明其反对征韩的正确性，以此来反对当时士族高唱的征韩论。[②] 然而，日本西南战争结束后，日本国内的矛盾由士族与政府之间的矛盾转变为包括工农商在内的人民大众与政府之间的矛盾。为了调和这种矛盾，福泽谕吉在《通俗国权论》中改变了此前反对征韩论的主张，提出"外竞内安论"，开始把朝鲜作为当时外战的唯一对象，为其以后积极鼓吹侵略朝鲜埋下了伏笔。

对儒学的批判是影响福泽谕吉朝鲜观与中国观的另一个因素，贯穿其

---

① 高城幸一. 壬午軍亂以前における福澤諭吉の朝鮮論 [J]. 日本文化學報，1999（7）：395.

② 要知論（1876 年 11 月 1 日）[M] //慶応義塾. 福澤諭吉全集：第 19 卷. 東京：岩波書店，1962：579.

各个重要时期的朝鲜观与中国观之中，特别是在中国观中更加明显。福泽谕吉通过批判儒学，使其成为日本引进西方文明的参照物，有利于西方文明在日本的传播。福泽谕吉在批判儒学的同时，还批判以儒学作为政治思想基础的中国，揭示中国社会的弊端，以此来警示日本，并把中国与引进西方文明的日本相比较来增强日本的自信，从而产生蔑视中国的心理。在福泽谕吉的思想中，批判儒学与引进西方文明互为手段、互为目的。福泽谕吉在分析中国在鸦片战争中失败的原因时，对中国的封建文化进行了严厉的批判，认为正是清政府以天朝自居、不思进取、国内专制统治的黑暗等统治弊病造成了失败，并将中国作为一个反面教材，希望将来日本避免重蹈覆辙。福泽谕吉在分析过程中，虽有失偏颇，但未明显地表现出蔑视中国、侵略中国的思想。然而，在此后福泽谕吉对日本侵台事件的评论中，其中国观发生了变化。侵台事件作为日本明治政府的第一次对外侵略，福泽谕吉不仅完全没有论及日本的侵略罪行，而且能感到日本在侵台事件中的胜利给其带来了信心与鼓舞。这不仅助长了福泽谕吉对日本明治维新以来取得进步的自负心，而且催生了其对懦弱的清政府的蔑视。然而，这也使福泽谕吉过高地估计了日本自身的实力，当侵台事件的胜利给日本带来的政治利益不能实现时，其又重新表现出"平视型"的对华观。

历史上朝鲜观的影响、对儒学的批判、文明观是影响福泽谕吉朝鲜观与中国观的主要因素。特别是，福泽谕吉的文明观是其朝鲜观与中国观的理论基础。19世纪80年代后，福泽谕吉企图以指导朝鲜、中国"文明开化"为借口，使日本对朝鲜与中国的侵略正当化，正是其文明观中体现的西方殖民主义文明观这一特点导致的必然结果。

第三，19世纪80年代前半期福泽谕吉的朝鲜观与中国观。

19世纪80年代前半期，福泽谕吉除发表了有关对外观的重要著作《时事小言》外，还创办了《时事新报》，围绕朝鲜发生的、与中日两国有关的壬午兵变和甲申政变以及中法战争系统地阐述了其朝鲜观与中国观。

1881年，福泽谕吉在《时事小言》中提出了"东洋盟主论"。福泽谕吉基于其文明观认为，日本已为"东洋文明之魁"，而朝鲜与中国还同处于半开化甚至是野蛮的阶段，以假设防止"延烧"为理由，主张指导朝鲜、中国"文明开化"。"东洋盟主论"的提出，隐含福泽谕吉对日本文明开化程度的肯定，也隐含蔑视中、朝两国的必然性。由于在"东洋盟主论"中认定中、朝两国已处于同一文明发展阶段，在本质上已经没有差别，因此就预示着福泽谕吉的朝鲜观与中国观会逐渐趋同。"东洋盟主论"的提出，标志着福泽谕吉以其文明观为理论基础的对朝、对华观的确立，实质就是以指导朝鲜、中国"文明开化"为借口，使日本侵略朝鲜、中国的行动正当化。

壬午兵变前夕，朝鲜问题已成为福泽谕吉对外观中的一个具体课题。此时的"东洋盟主论"在实质上完全可以看作"朝鲜盟主论"。福泽谕吉把朝鲜开港时期日本同朝鲜的关系与日本开港时期美国同日本的关系相类比，由此认为日本在朝鲜具有"优越性"，并把它作为日本指导朝鲜"文明开化"的依据。随着元山津事变的爆发，福泽谕吉对朝鲜的"东洋盟主论"变得更加具体。其间，福泽谕吉主张的在朝鲜常驻军舰、增加巡查、架设电报线等内容都是对朝鲜国事的干涉，同时也是实现对朝鲜的"东洋盟主论"的途径。这一主张若能实现，将为日本进一步指导朝鲜"文明开化"打下基础。壬午兵变的发生，给了福泽谕吉进一步发表其有关朝鲜问题评论的机会。评论中，福泽谕吉表现出希望使用武力解决壬午兵变的对朝强硬论，始终强调使用武力的重要性。并且，福泽谕吉为了达到反对清政府干涉日朝之间关于处理壬午兵变谈判的目的，还从历史形成上对中朝之间的宗藩关系进行了否定。壬午兵变后，朝鲜被迫同日本签订了《济物浦条约》。对此，福泽谕吉认为兵力是谈判取得成功的关键。同时，福泽谕吉提醒日本政府应注意中国"教唆"朝鲜反对日本，且应返还朝鲜的50万元赔款，用于朝鲜引进文明，日本监督其使用。甲申政变前，福泽谕吉与开化派已有所接触，并通过其学生在朝鲜展开"开化活动"。虽然福泽谕吉对朝鲜的"开化活动"以失败而告终，但不可否认这给朝鲜的文明"开化"带来了重要影响。"开化活动"失败后，同开化派的联系为福泽

5

谕吉保留了实现其对朝鲜的"东洋盟主论"的可能性。当金玉均为朝鲜到日本募集资金时，福泽谕吉在舆论上给予了其大力支持，这种支持也为日本介入朝鲜保留了更多的机会。1884 年 12 月，开化派伙同日本在朝公使竹添进一郎等发动了甲申政变。福泽谕吉虽然极力否认日本政府及其本人参与了甲申政变，但事实证明其本人甚至可谓是甲申政变的"指导者"。从事后的评论来看，福泽谕吉认为中国的干涉是事变失败的重要原因，要追究中国与朝鲜在事变中给日本造成"伤害"的责任，并表现出对开化派的同情。① 甲申政变后，开化派在朝鲜政府内的失势以及清政府对朝鲜内政干涉的加强，使福泽谕吉失去了实现其对朝鲜的"东洋盟主论"的可能性，标志着福泽谕吉对朝鲜的"东洋盟主论"的暂时失败。

在处理壬午兵变的过程中，福泽谕吉反对清政府干涉壬午兵变，并基于其文明观表现出蔑视感，如蔑称中国为"猪尾国"、中国人为"猪尾奴"、中国士兵为"猪尾兵"等，② 但对中国出兵迅速且兵力强大也表现出少许敬畏。福泽谕吉还从历史形成上否定中朝宗藩关系，③ 以此来说明其反对清政府干涉日朝有关处理壬午兵变谈判的正当性。福泽谕吉对李鸿章对朝政策的批判，则是为日本侵略朝鲜寻找口实，并将日后日本侵略、灭亡朝鲜的责任转嫁于李鸿章及清政府。其后，福泽谕吉在《兵论》中对中国兵备进行了分析，虽然对中国表现出少许的敬畏，但其最终目的是提醒日本政府加强兵备。究其原因，福泽谕吉认为，一是当时虽处于和平时期，但在国际交往中也需要有强大的兵力以应对将来的"不测"；二是为了能对抗将来或许会成为日本敌人的中国；三是当中国被西方瓜分时，日本也要一同"逐鹿中原"。由于壬午兵变时中国出兵迅速且兵力强大，让福泽谕吉感到无法实现当时其以侵略朝鲜为主的"东洋盟主论"，因此开

---

① 朝鮮事変の処分法（1884 年 12 月 23 日）［M］// 慶応義塾. 福澤諭吉全集：第 10 卷. 東京：岩波書店，1960：147-149.

② 豚が怖くていかれませぬ（漫言）（1882 年 8 月 7 日）［M］// 慶応義塾. 福澤諭吉全集：第 8 卷. 東京：岩波書店 1960：263-264.

③ 具仙姬. 福澤諭吉과 1880 年代韓國開化運動［J］. 高大史學會. 史叢，1987（32）：135.

始完全围绕中国阐述其"东洋政略",将中国视为日后日本的主要竞争对手。与分析中国兵备时相同,福泽谕吉"东洋政略"的最终目的,也是为实现其以侵略朝鲜为主的"东洋盟主论"而警告日本政府必须加强兵备。想象中国将吞并朝鲜以及入侵日本,则成为当时福泽谕吉警告日本政府加强兵备的最好口实。壬午兵变后,面对清政府对朝采取的积极干预政策,福泽谕吉从实质上及与近代条约的矛盾上再次否定中朝宗藩关系,为排除中国在朝势力,进而侵略朝鲜寻找口实。随后爆发的中法战争则使福泽谕吉看到了实现"东洋政略"的希望,也为其应对中国"威胁论"而倡导的"军备扩张论"提供了合理的借口,并加速了对中国的蔑视,并基于其文明观提出了中国"灭亡论""脱华论"。同时,再加上其一直以来倡导的"外竞内安论",显然福泽谕吉已经开始形成"脱亚论"的思想。甲申政变时期,福泽谕吉将中国看作"主谋者""教唆者""实际活动者",不外乎是为了掩盖日本及其本人在甲申政变中的责任。并且,福泽谕吉积极鼓吹同中国进行战争,以此来实现"扩张国权"的目的。

中法战争的爆发与甲申政变的失败,标志着福泽谕吉的亚洲观必然从"东洋盟主论"向"脱亚论"转变。1885 年 3 月 16 日,福泽谕吉在《时事新报》上发表的《脱亚论》一文,是体现其对外思想最重要的文章之一。其主要内容分为三个部分:一是文明之风东渐,日本已经"文明开化",而中朝两国"不思改进之道";二是如果中朝两国不"开化"的话,"自今日始不出数年他们将会灭亡,其国土将被世界文明诸国所分割";三是为了避免"近墨者黑",日本"要从内心谢绝亚细亚东方之恶友","作为当今之策,我国不应犹豫,与其坐等邻国之开明,共同振兴亚洲,不如脱离其行列,而与西洋文明国共进退"。"脱亚论"隐含福泽谕吉对日本自身文明开化程度的肯定,即认为其文明开化程度已达到或接近西方资本主义国家的水平,同时也标志着福泽谕吉以其文明观为基础的蔑视的中国观的确立。

总之,福泽谕吉在《时事小言》中基于其三段式的文明观提出的"东洋盟主论",成为这一时期其朝鲜观与中国观的指导思想。围绕朝鲜发生的壬午兵变和甲申政变，福泽谕吉的"东洋盟主论"得到了具体实践。中法战争的爆发以及甲申政变的失败宣告了福泽谕吉对华、对朝的"东洋盟主论"的暂时失败。由此，福泽谕吉提出了"脱亚论"，但对其朝鲜观与中国观来说内容与实质并没有改变。

第四，19世纪80年代中期之后福泽谕吉的朝鲜观与中国观。

中日《天津条约》签订后，福泽谕吉对甲午战争及其前后发生的巨文岛事件、长崎事件、金玉均被害事件等中朝两国发生的或中朝两国发生的与日本有关的重大事件发表了大量有关朝鲜与中国的评论。

1885年4月，巨文岛事件爆发。事件发生后，福泽谕吉认为该事件可能造成朝鲜的灭亡，会使日本失去防守的屏障，并将朝鲜比喻成夹在日本与外国之间的"蒲团""屏障"，可谓其主张朝鲜是日本的"防卫线"的雏形。同时，福泽谕吉认为英俄的争夺可能造成朝鲜的灭亡，为了朝鲜人民应"祝贺朝鲜之灭亡"。这与中法战争时期福泽谕吉提出的中国灭亡论的观点基本相同，都是文明东渐的情况下福泽谕吉基于其文明观而必然得出的结论。此时，福泽谕吉以"脱亚论"为目标的朝鲜观要比同一时期还没有确定要同中国进行战争的日本政府的亚洲政策强硬许多。此后不久，福泽谕吉发表了"朝鲜政略论"，主张以朝鲜作为日本的利益线，希望日本政府早日制定朝鲜政略，并废除《天津条约》。为了达到废除《天津条约》的目的，福泽谕吉对"朝鲜为中国所属之邦"也不再否定。由此可见，此前福泽谕吉对朝鲜为清朝属国的否定只是为排除中国的在朝势力、侵略朝鲜寻找借口。甲午战争前夕爆发的防谷令事件①与甲午农民战争，都为福泽谕吉积极鼓吹的"朝鲜政略"提供了实践的机会。甲午战争爆发后，福泽谕吉提出了"朝鲜改革论"，以为了朝鲜人民的"幸福"、朝鲜"文明之进步"以及"改革"朝鲜是行"日本之天职"为借口，积极鼓吹对朝鲜进行"改革"，并为日本政府"改革"朝鲜积极地出谋划策。福泽谕吉对朝鲜的态度明显比此前更加强硬，并由此前专注于闵妃集团及中国

---

① 外務省調查部. 日本外交文書：第26卷［M］. 東京：日本国際協会，1940：392.

转向了朝鲜政府。整个甲午战争时期,福泽谕吉的朝鲜观几乎自觉地追随了日本的对朝政策,为日本以"朝鲜改革论"名义掩盖下的对朝"侵略论"摇旗呐喊,表现出对朝鲜及其人民极端的蔑视。"三国干涉还辽"后,面对欧洲列强对日本"改革"朝鲜政策的非议,福泽谕吉极力为日本政府进行辩解,对朝鲜及朝鲜人的看法也比甲午战争时期有所缓和,这直接体现了日本对朝政策的改变。吸收朝鲜留学生这一策略,则成了福泽谕吉希望为将来日本政府有机会"改革"朝鲜而提出的权宜之计。乙未事变发生后,福泽谕吉极力掩盖事件的真相,这一点与日本没有真正追究主谋者责任的政策完全一致。此后,俄馆播迁的发生可以说彻底宣告了福泽谕吉主张的日本单独进行的"朝鲜改革论"的失败,其朝鲜观又恢复到"三国干涉还辽"之前对朝鲜的极端蔑视。此后,福泽谕吉再次主张向朝鲜移居日本人的"移民论",希望以此来达到缓和日朝关系、增强日本在朝影响力的目的。

1886年8月,中日之间爆发了长崎事件。在对长崎事件的评论中,福泽谕吉从最初就表现出强硬论,要求日本政府必须追究中国在该事件中的责任。事件解决后,福泽谕吉表现出了"喜悦",从这巨大的反差中,可以推测事件发生时,福泽谕吉的强硬论只是为了使日本得到更多的利益,而一时做出的虚张声势。甲午战争爆发前,福泽谕吉提出了"文野之战"的主张,虽然指出中国的落后是由于缺乏"革新之精神",但"文野之战"同样是为日本侵略中国寻找的借口,其目的就是使日本对中国的侵略正当化。福泽谕吉所谓的"文野之战"是其此前主张的"东洋盟主论""脱亚论"的延续,都是以其具有西方殖民主义特点的文明观为理论基础的对外观的具体表现。甲午战争爆发后,福泽谕吉除了在舆论上积极鼓吹对中国的侵略外,还积极为日本对中国的侵略出谋划策、鼓舞士气,并企图掩盖日本在旅顺犯下的种种野蛮罪行。同时,福泽谕吉还以身作则为日本的侵略战争积极带头捐款,以实际行动表达对日本侵略中国的支持。当清政府提出媾和谈判后,福泽谕吉希望日本政府对此加以拒绝,其目的不外乎是在此后的谈判中占据主导地位并获取最大的侵略利益,这也完全暴露了其所谓的"文野之战"的欺骗性。面对西方国家的劝告，福泽谕吉则通过夸大中国的腐败及"野蛮"现状，以及将日本划为等同于欧美国家的文明国家这两个所谓的"理由"，将对中国的侵略战争粉饰为"文野之战"，企图使日本对中国的侵略正当化的同时，最大限度地获得侵略利益。《马关条约》缔结后，福泽谕吉有关中国台湾的论述，只不过是"台湾改革论"掩盖下的台湾殖民论。中国台湾作为日本第一个推行殖民统治的地方，充分揭示了福泽谕吉所谓的"文明观"的本质，也从侧面为我们揭示了其一直以来积极鼓吹的所谓"朝鲜改革论"的实质。此后，有关德国侵占胶州湾的评论则完全体现了福泽谕吉提倡的弱肉强食的国际交往规则。同时，福泽谕吉也表达了希望在西方列强分割中国时日本"借用"福建，从而实现其主张的"脱亚论"中"与西方列强共进退"这一内容。不久之后，日本作为主力参加八国联军入侵中国，可以说实现了福泽谕吉"与西方列强共进退"的夙愿。

甲午战争时期，福泽谕吉的"朝鲜改革论"随着中日甲午战争的进程有所改变，但纵观其"朝鲜改革论"，只不过是在其文明观掩盖下的朝鲜"侵略论"。而福泽谕吉将与中国的战争称为"文野之战"，为日本开启战端找到了"合理"的借口。《马关条约》缔结后，日本在中国得到了同欧洲列强相同的殖民利益，可谓福泽谕吉主张的"脱亚论"得到了初步实现，但"三国干涉还辽"的发生表明日本希望作为西方列强一员的身份并没有得到西方列强的认可。而日本通过作为八国联军的主力入侵中国，可以说进一步实现了福泽谕吉主张的"脱亚论"。

纵观福泽谕吉的朝鲜观与中国观，其可以概括为"一条主线""一次转变""同一实质"：以福泽谕吉带有西方殖民主义特点的文明观作为考察其朝鲜观与中国观的一条主线；其朝鲜观与中国观经历了由朝鲜壬午兵变前提出的"东洋盟主论"向甲申政变后提出的"脱亚论"的一次转变；无论是福泽谕吉提出的"东洋盟主论"，还是"脱亚论"，其实质都是以指导朝鲜、中国"文明开化"为借口，使日本侵略朝鲜、中国的行动正当化。

第一章

福泽谕吉的思想形成

本章主要参考《福泽谕吉自传》① 一书。这部自传发表在 1898 年 7 月至 1899 年 2 月的《时事新报》上，是由福泽谕吉口述幼年至老年的经历梗概，请速记员加以笔录，然后再由福泽谕吉亲自校订完成。本来这份记录只是由福泽谕吉按照回忆的事实加以叙述，不能极尽其详，打算在报纸上全部发表完后，再亲自执笔补充遗漏之处，但由于 1899 年 7 月福泽谕吉突发脑出血，最终没有完成。② 虽然"自传既为晚年所作，就不免有为自己避短之词"③，但在研究福泽谕吉生平方面，尤其是青少年阶段，《福泽谕吉自传》可以说是唯一的资料。

第一节　少年时代

19 世纪初叶，西方资本主义正蓬勃发展，而中、朝、日三国还沉睡于封建社会的迷梦之中，闭关锁国。为争夺原料产地和商品销售市场，西方列强开始频频叩击中、朝、日三国锁国的大门。在这种西势东侵的局面下，中、朝、日三国被迫开启国门已为期不远。

1835 年 1 月 10 日（天保五年十二月十二日），福泽谕吉出生于大阪。

---

① 福泽谕吉. 福泽谕吉自传 [M]. 马斌，译. 北京：商务印书馆，1995.
② 福泽谕吉. 福泽谕吉自传 [M]. 马斌，译. 北京：商务印书馆，1995：1.
③ 远山茂树. 福泽谕吉 [M]. 翟新，译. 北京：中国社会科学出版社，1990：19.

父亲福泽谕吉百助是中津藩①的一个下级武士，在藩内任"总管"职务，长期在中津藩设于大阪的"货栈"执勤，因此全家都迁居于大阪。母亲阿顺是同藩士族桥本滨右卫门的长女。② 福泽谕吉在兄弟五人中最小。大哥叫三之助。大哥下面三个姐姐，依次叫阿礼、阿婉、阿钟。③ 福泽谕吉刚出生时，父亲百助刚刚买到长期寻找的《上谕条例》一部，因此就给儿子起名为谕吉。④ 1836 年 6 月（旧历），福泽谕吉的父亲百助因病去世，母亲带领其兄弟 5 人从大阪返回藩所在地中津。

根据《福泽谕吉自传》中记载的福泽谕吉少年时的经历来看，主要有三点值得我们关注。

一是福泽谕吉受社会及家庭环境的影响，饱读汉学。

德川幕府时期，中国的儒学成为当时日本文化的主流，特别是朱子学成为正统思想，取得独尊的地位，成为官方意识形态。父亲百助是一个"地地道道的汉儒"。⑤ 据说，百助从小就喜欢学问，向同藩的汉学者野本雪岩学习，非常出色。此后，百助又向日出藩（今大分县日出町）的汉学者帆足万里学习。而且，百助仰慕福山的汉学者菅茶山，希望去游学，但因贫困未能如愿。⑥ 百助在藩内藏书很多，按册数论有 1500 册之多。⑦ 在当时来说可谓是一位藏书家。父亲百助去世后，其遗风自然在福泽谕吉家保留下来。⑧

福泽谕吉十四五岁时进入村塾学习。在学校里，每当集体讨论和讲解《蒙求》《孟子》《论语》时，福泽谕吉由于善于领会书中的意义，总是能

---

① 现大分县中津市。
② 福泽谕吉. 福泽谕吉自传 [M]. 马斌，译. 北京：商务印书馆，1995：2.
③ 鹿野政直. 福泽谕吉 [M]. 卞崇道，译. 北京：生活·读书·新知三联书店，1987：2.
④ 福泽谕吉. 福泽谕吉自传 [M]. 马斌，译. 北京：商务印书馆，1995：39-40.
⑤ 福泽谕吉. 福泽谕吉自传 [M]. 马斌，译. 北京：商务印书馆，1995：4.
⑥ 横松宗. 福沢諭吉　中津からの出発 [M]. 東京：朝日新聞社，1991：9.
⑦ 福泽谕吉. 福泽谕吉自传 [M]. 马斌，译. 北京：商务印书馆，1995：39.
⑧ 福泽谕吉. 福泽谕吉自传 [M]. 马斌，译. 北京：商务印书馆，1995：4.

胜过先生。① 对福泽谕吉学习汉文书籍方面影响最大的是白石常人②。福泽谕吉在白石门下学习汉籍四五年。所学汉籍包括《论语》《孟子》《诗经》《书经》《蒙求》《世说新语》《左传》《战国策》《老子》《庄子》等。同时，福泽谕吉又自学历史，读过《史记》《汉书》《后汉书》《晋书》《五代史》《元明史略》等书。其中，福泽谕吉对《左传》特别感兴趣，共反复读过 11 遍。福泽谕吉在《福泽谕吉自传》中自称"小小的汉学家"。③

二是福泽谕吉对封建门阀制度、传统思想的憎恨与反抗。

德川幕府时期，日本各级官吏只能由"士农工商"这一身份等级制度中的武士阶级担任，而官吏的地位取决于门阀和亲疏，下级武士即使有才华也只能担任卑微的官职。

父亲百助就是一位精通汉学的下级武士。福泽谕吉认为，"门阀制度是父亲的死敌"，"父亲一生 45 年当中为封建制度所束缚，什么事情也没有做出个成就来。空怀不平，饮恨而死"。福泽谕吉刚出生时，父亲曾希望福泽谕吉长大后去当和尚。福泽谕吉推测，由于"当时中津这个地方在封建制度下，就好像把东西严严实实地装在箱子里一样，建立了一套牢固的秩序，尽管经过几百年的时间也丝毫没有变样"，因此认为"以父亲的想法来说，不论你做出什么事情，终究不会成名，看一看社会上只有当和尚一条路"。④ 当时福泽谕吉生活的中津藩的一个特点是，"士族之间存在着极其严格的门阀制度。而这种门阀制度之严格，不只表现在藩内的公务方面，甚至在私交上，在孩子之间的关系上也有着贵贱上下的区别"。例如，上层士族的子弟在对待像福泽谕吉这样下层士族的子弟时，谈话的用词也完全不同，在其他事情上也是如此，甚至在游戏中也讲究门阀。因

① 福泽谕吉. 福泽谕吉自传 [M]. 马斌，译. 北京：商务印书馆，1995：7.
② 白石常人（1815—1883），号照山。白石常人最初受教于野本真城，后立志学问远赴江户，进入当时日本最高学府江户的昌平坂学问所学习，学成后回到中津藩在自己家中开馆授学。中年以后受到福冈龟井学派考据学的影响，学风从朱子学派变为古学派。
③ 福泽谕吉. 福泽谕吉自传 [M]. 马斌，译. 北京：商务印书馆，1995：8.
④ 福泽谕吉. 福泽谕吉自传 [M]. 马斌，译. 北京：商务印书馆，1995：6.

此，当时福泽谕吉在心理上感到不满，气愤得难以忍受。同时，在《福泽谕吉自传》中，福泽谕吉还列举了"因'下执事'三个字而遭申斥"的例子来说明在管理中津藩事务的人中"贵贱之别更是严格"，以致其从这时就产生了要离开中津藩的想法。①

少年时代的福泽谕吉还表现出对传统思想的反抗。《福泽谕吉自传》记述了福泽谕吉和哥哥的一次对话。当时哥哥问福泽谕吉长大后的打算，福泽谕吉回答说想"成为日本最大的富翁，想怎么花钱就怎么花钱"，遭到了哥哥的申斥。而哥哥作为一名下级武士将来应该做的就是"终身谨守孝悌忠信"。② 由此可见，哥哥作为受封建思想影响较深的下级武士对于处在"士"之下的"商"的鄙视。而如前所述，由于福泽谕吉反感门阀制度，并不过分在乎"士"与"商"之间的等级差别，表达过作为武士不能做的追求财富的欲望。

《福泽谕吉自传》还记述了两件有关福泽谕吉反抗传统思想的事情："践踏废纸与神符"和"看狐仙的神体"。"践踏废纸与神符"这件事发生在福泽谕吉十二三岁时。一次，福泽谕吉在哥哥不知为什么积攒的一堆废纸上踩了过去，遭到哥哥的严厉斥责，说上边写着中津藩藩主的大名，"用脚踩老爷的大名是何居心？臣子之道……"。对于哥哥的严厉斥责，福泽谕吉表面上表示了道歉，但内心并不服气，认为："这算得了什么？我又没踩老爷的脑袋！踩一下写着老爷名字的废纸也没有什么关系吧！"之后，福泽谕吉在没有人时又将写有神佛名字的神符乱踩一阵，甚至拿到厕所里进行乱踩。③ "看狐仙的神体"这件事发生在福泽谕吉十五六岁时。福泽谕吉对当时人们供奉神祠感到可笑，认为狐狸附体之类的事情根本就不存在。一次，一个从大阪来的女人到中津吹嘘自己会请狐仙显灵。她说不管叫谁拿着币帛，经她祈祷狐仙就会附体。福泽谕吉对她说愿意拿那个

---

①　福泽谕吉. 福泽谕吉自传［M］. 马斌，译. 北京：商务印书馆，1995：16-17.

②　福泽谕吉. 福泽谕吉自传［M］. 马斌，译. 北京：商务印书馆，1995：12-13.

③　福泽谕吉. 福泽谕吉自传［M］. 马斌，译. 北京：商务印书馆，1995：14-15.

币帛，叫她请一次狐仙，使得那个女人非常狼狈。① 这两件事情都反映了福泽谕吉对传统思想的反抗。

三是福泽谕吉对实用器物的修理、制作感兴趣。

福泽谕吉自称"与旧藩士族的子弟相比，我算是个心灵手巧的人，善于找窍门、想办法"②，会裱糊拉窗、修理和制作木屐、修理门、修缮房顶、制作刀剑等手工活。对实用器物的修理、制作感兴趣，是福泽谕吉以后喜欢学习兰学的一个重要原因。

在封建制度下，哥哥作为长子是家业的当然继承人，而福泽谕吉作为次子只是继承家业的递补人选。福泽谕吉自幼做了叔叔的养子，以及父亲想让福泽谕吉当和尚这件事，都是因为福泽谕吉是次子。从日本的俸禄体系上来看，作为次子的福泽谕吉处于比较容易从封建束缚下逃脱的位置，而过早地继承了家业的哥哥完全忠诚于封建体制，并且福泽谕吉能够比较自由地采取不受封建制度约束的态度。③ 次子的身份也是福泽谕吉其后能够离开中津去长崎学习兰学的原因之一。

少年时代的福泽谕吉生活、学习在政治动荡、内忧外患的德川幕府末期，受当时社会及家庭环境的影响，从小饱读汉学的同时，也使其产生了对封建制度的憎恨和对传统思想的反抗，这就培养了其追求自由、渴望新知识的强烈愿望。

第二节　学习洋学时期

所谓"洋学"，是日本近世移植、研究的西洋学术的总称。广义的洋学可以划分为 3 个时代：一是 16 世纪中叶至锁国前，以葡萄牙、西班牙所

---

① 福泽谕吉. 福泽谕吉自传［M］. 马斌，译. 北京：商务印书馆，1995：15-16.
② 福泽谕吉. 福泽谕吉自传［M］. 马斌，译. 北京：商务印书馆，1995：8-9.
③ 鹿野政直. 福泽谕吉［M］. 卞崇道，译. 北京：生活·读书·新知三联书店，1987：6-7.

谓"南蛮学术"为主的蛮学时代；二是锁国时期，以荷兰系学术为中心的兰学时代；三是幕末开港后，除兰学外，还有英学、法学、德学等诸学术的狭义的洋学时代。

1854 年 2 月（旧历），福泽谕吉离开中津到长崎学习兰学。所谓兰学，就是指在德川幕府时期，经由荷兰人传入日本的学术、文化、技术的总称。德川幕府初期由于禁教锁国，南蛮文化在日本的传播中断，幕府只允许在长崎一处进行对外贸易，因此日本能够通过在长崎进行贸易的荷兰人继续吸收西洋科学文化成果，一直延续到日本开港。日本通过兰学得以在锁国时期学习当时欧洲先进的科学知识，奠定了日本早期的科学根基，是日本在开港后能够迅速并成功地推行近代化的一个重要原因。

当时正值佩里来航，美国强迫日本签订了《日美亲善条约》，又称《神奈川条约》。其条约规定：日本开放下田和函馆两港，并允许美国设驻领事；对美国船只供给必要的燃料、食物；优待遇难船只及船员；给予美国单方面的最惠国待遇等。条约的签订打破了日本延续 200 多年的锁国政策，日本面临沦为半殖民地的危机。面对危机，德川幕府实施了一系列改革，开始采取广泛起用人才和改革机构等措施，并在江户修筑了炮台，设立了"藩书调所"、讲武所等。幕府还利用荷兰赠送的军舰和派来的海军教官，在长崎设立了海军传习所。在这些新机构中，不仅起用了幕臣，还大批起用了各大名的家臣。各藩藩士也可以到海军传习所学习。由于形势所迫，有关外交和军事的官职不再根据门阀与世袭任用，而是选拔有能力的人来担任。

此时，"美国军舰开到江户的消息连乡镇都已传遍"，到处都在谈论炮术，而学习炮术就必须随荷兰派学，因此福泽谕吉的哥哥认为必须先掌握荷兰文。福泽谕吉和哥哥商量后，决定去长崎学习荷兰文。①

学习荷兰文并非福泽谕吉离开中津的真正原因。福泽谕吉称，离开中津到长崎只是因为"中津这个穷乡僻野之地实在令人讨厌"，"到外边来，

---

① 福泽谕吉. 福泽谕吉自传 [M]. 马斌，译. 北京：商务印书馆，1995：19.

不论是学文学也好，学武艺也好，只要能离开这里就万幸了"，所以"只要一离开，就像炮弹出膛一样不再回来。今天才算真正的愉快呀"。① 在此之前，福泽谕吉也曾有两次表达过要离开中津的强烈愿望。② 这充分显示了他向往新天地、追求真理的强烈愿望。

到长崎后，福泽谕吉住在一个小官吏、炮术家山本物次郎的家里，做了他家的食客。在山本家里，福泽谕吉"是一个很受使唤、有精力、有热情的小伙子，而且品行也很端正，干活也特别勤快"，被山本家赏识，因此福泽谕吉成了这位炮术家的总管，任何事务都由福泽谕吉负责处理。③福泽谕吉主要的目的是学习荷兰文，所以每当去西医或荷兰翻译的家里时都专心学习外语。④ 福泽谕吉"没有正式地在某处拜求过某某人，也没有当过谁的门人而扎扎实实地学习荷兰文著作"。⑤

1855年2月，由于福泽谕吉的学业进步显著，受到在山本家学习炮术的中津藩藩主儿子的嫉妒，因此福泽谕吉不得不离开长崎到大阪学习。3月，福泽谕吉作为绪方洪庵创办的适塾的第328名学生登记在册，成为绪方洪庵的弟子，正式开始学习兰学。⑥

适塾是一所医校。在适塾学习的三年时间里，福泽谕吉主要学习了医学、物理、化学等自然科学知识，并对感兴趣的动物生理结构、物理和化学等现象都亲手进行了实验。福泽谕吉及其他学生学习都非常刻苦。⑦1856年，福泽谕吉因病住在货栈。在这一年的时间里，福泽谕吉学习同样非常刻苦，"连白天黑夜几乎都不分了。天黑了也不想睡觉，还在专心读书。看书看累了若想睡觉时就趴在书桌上睡，或在客厅枕着壁龛边沿睡起

---

① 福泽谕吉. 福泽谕吉自传 [M]. 马斌，译. 北京：商务印书馆，1995：20.
② 分别在"因'下执事'三字而遭申斥"和"喜怒不行于色"两部分内容中。参见福泽谕吉. 福泽谕吉自传 [M]. 马斌，译. 北京：商务印书馆，1995：17-18。
③ 福泽谕吉. 福泽谕吉自传 [M]. 马斌，译. 北京：商务印书馆，1995：21.
④ 福泽谕吉. 福泽谕吉自传 [M]. 马斌，译. 北京：商务印书馆，1995：22.
⑤ 福泽谕吉. 福泽谕吉自传 [M]. 马斌，译. 北京：商务印书馆，1995：35.
⑥ 鹿野政直. 福泽谕吉 [M]. 卞崇道，译. 北京：生活·读书·新知三联书店，1987：2.
⑦ 福泽谕吉. 福泽谕吉自传 [M]. 马斌，译. 北京：商务印书馆，1995：67-68.

来，向来也没有正式地铺上褥垫、盖上被子、枕好枕头睡过觉"。①

在大阪学习兰学的经历，对福泽谕吉以后的思想产生了重要影响。一是对实学有了进一步了解的同时，对汉学更加憎恶。"杀猪""解剖熊""热心于工艺技术"，《福泽谕吉自传》上记载的这些内容都反映了其对实学的追求。福泽谕吉在这里学习了西方近代医学、生理学知识后，开始认为中医所学的只是些"空虚、抽象、莫名其妙的课程"，"不仅讨厌中医，即连儒家也很憎恨，总认为中国派的东西都应该打倒，这好像是注定了的"。② 二是适塾的所在地大阪商人社会的氛围、适塾中自由奔放的学生生活、广泛的学习领域以及学生之间平等竞争的关系等，都培养了福泽谕吉追求独立、自由、真理的精神。三是学习兰学使福泽谕吉认识到了西方文明的先进性，坚定了向西方学习的信念。就像福泽谕吉在《福泽谕吉自传》中所说的一样，适塾的学生"都不爱谈论政治。若谈到国家开港或闭关的问题，当然大家都赞成开港，在这点上没有争执"③，这与当时社会上的"攘夷论"不同，他之所以赞成开港可能是因为开港将更有利于向西方学习。

1858 年 7 月，美国又强迫日本签订了《日美修好通商条约》。条约规定：开神奈川、长崎、兵库（神户）、新潟、函馆五港，江户、大阪两地通商；承认开港地美国人居住权和公使领事驻在权；承认美国领事裁判权；通商自由；关税由两国协商解决等。接着，日本又与荷、俄、英、法分别签订了相同的通商条约，总称为《安政五国条约》。从此，日本正式结束了 200 多年的锁国体制，向西方世界全面开放。

10 月，23 岁的福泽谕吉受中津藩的命令到江户的藩邸任兰学塾教师。第二年的一次偶然机会，福泽谕吉开始由兰学转向英学的学习。当时正值

---

① 福泽谕吉. 福泽谕吉自传［M］. 马斌，译. 北京：商务印书馆，1995：67.
② 福泽谕吉. 福泽谕吉自传［M］. 马斌，译. 北京：商务印书馆，1995：78.
③ 福泽谕吉. 福泽谕吉自传［M］. 马斌，译. 北京：商务印书馆，1995：78.

日本按《安政五国条约》的规定开放长崎、横滨、函馆三港的时期①，福泽谕吉到刚刚开港的横滨进行过一次参观。横滨作为首批开港之地，先于其他地方面向世界，开港的第二年西方侨民就达 120 人。当时，外国侨民给横滨带来的几乎是全新的思想观念、生活习俗及各种新鲜事物。在对外交流过程中，横滨逐渐成为幕府时期日本吸纳西方文明的窗口。② 日本的进出口贸易也主要经横滨进行，贸易的对象国主要为英国。③

当时，在横滨有一些外国人开的商店，福泽谕吉进去后发现语言不通，并且商店的招牌看不懂，广告也看不明白，甚至不清楚是英语还是法语。④ 回到江户后，福泽谕吉猜测一定是英语，并认为"作为一个洋学者若不懂英语，那就什么也行不通，以后只有学英语一途"⑤，从此决心学习英语。

开港后不久的日本会英语的人很少，福泽谕吉学习英语费尽了周折。最初，福泽谕吉打算和受聘于幕府的翻译森山多吉郎学习英语，但由于森山很忙，未能如愿。之后，福泽谕吉为了借阅英荷对照词典自学英语，便进入"藩书调所"学习，但由于字典不能外借，只去了一次便作罢。此后，他又托人购买了一部英荷对照字典进行自学。在自学的过程中又发生了如"寻求学英学的朋友"、向懂英语的小孩学发音、向回国的漂流民求教等反映他刻苦学习英语的故事。⑥

虽然当时学习英语非常困难，但由于打开日本锁国大门的美国以及当时势力强大的英国都是英语国家，福泽谕吉学习英语可以说明其对世界形

---

① 根据通商条约，1859 年 7 月，神奈川、长崎、函馆三港作为贸易港开港。长崎和函馆已根据和亲条约开港，因神奈川在东海道方面，所以幕府只在寒村的横滨进行了开港场地的建设。美国领事哈里斯和新上任的英国公使奥尔柯克虽然极力反对，但幕府鼓励日本商人在横滨居住和开店，外国商人也开始建设商馆，造成既定事实，横滨便逐渐地作为海港都市发展起来。参见安冈昭男. 日本近代史［M］. 林和生，译. 北京：中国社会科学出版社，1996：23。
② 张晓刚. 近代横滨与文明开化［J］. 日本研究，2010（1）：49-50.
③ 依田憙家. 简明日本通史［M］. 卞立强，等译. 上海：上海远东出版社，2003：202.
④ 福泽谕吉. 福泽谕吉自传［M］. 马斌，译. 北京：商务印书馆，1995：83.
⑤ 福泽谕吉. 福泽谕吉自传［M］. 马斌，译. 北京：商务印书馆，1995：84.
⑥ 福泽谕吉. 福泽谕吉自传［M］. 马斌，译. 北京：商务印书馆，1995：84-88.

势的发展有着清醒的认识，敏锐的时代感使其走在了其他洋学者的前列。同时，学习英语让其进一步了解了西方文明，也成为其受聘于幕府、能够实现欧美之行的有利条件。

第三节　三次欧美之行

三次欧美之行为福泽谕吉提供了亲身感受西方近代资本主义文明的机会，对福泽谕吉产生了深刻的影响。

福泽谕吉的第一次欧美之行是 1860 年 1 月到 6 月随团出访美国。1859 年冬天，日本为了交换《日美修好通商条约》，决定派遣赴美使节的同时，随行派军舰"咸临丸"号访美，这是"日本开港以来空前未有的事情"。[①] 福泽谕吉作为舰长木村喜毅（摄津守）的随员，乘坐"咸临丸"号一起访美。福泽谕吉如何成为舰长木村的随员，在《福泽谕吉自传》中也有记载：当时福泽谕吉认为按身份舰长木村一定会带很多的随员前往，自己无论如何也要跟随前往美国，但他同舰长木村并不相识。所幸当时江户有位叫桂川的兰学家，是幕府的太医，他家可称得上是日本全国西医的"大本营"。福泽谕吉作为兰学者来到江户首先就去拜访桂川先生，并经常出入其家中。桂川先生和舰长木村是近亲，于是福泽谕吉恳求桂川介绍他作为舰长木村的随员前往美国，并得到了桂川先生的介绍信。福泽谕吉带着介绍信到舰长木村家说明来意，当即得到了应允。在当时，"如果谈到远航国外，虽说是开港以来的大事，但毋宁说是一件可怕的卖命差事"，由于福泽谕吉"对西洋的信念彻骨铭心，一点儿也没有觉得害怕"。[②]

"咸临丸"号在海上航行 35 天后到达美国旧金山。与处于封建社会的日本相比，处于近代资本主义社会的美国给福泽谕吉带来了诸多惊奇，如饭店里铺满了地毯、女尊男卑的习俗、废铁像垃圾一样乱丢、物价高昂

---

① 福泽谕吉. 福泽谕吉自传［M］. 马斌，译. 北京：商务印书馆，1995：89.
② 福泽谕吉. 福泽谕吉自传［M］. 马斌，译. 北京：商务印书馆，1995：91-93.

等。参观工厂时见到的电报机和一些工业生产方法，福泽谕吉以前虽然没有见过，但由于长时间地学习洋学对这些都有过研究，所以并未感到惊奇。①

当福泽谕吉询问华盛顿后裔的情况如何时，得到了美国人冷淡的回答。福泽谕吉之所以会提这个问题，是因为其脑海里存在着对源赖朝和德川家康的传统看法，认为华盛顿的后裔一定像源赖朝和德川家康的后裔一样继承了国家的统治权。由此，福泽谕吉感受到了美国的共和制与日本封建制度的不同，"他就是从这里发现近代文明的"。②

在美国旧金山停留的50余天中，"所见所闻莫不使福泽谕吉觉得新奇，多年以来，看洋书学洋学，所获得的一些见解，现在和实物并合起来，对其平生思想有龃龉者，有正相符合者，要言之，这次航行，谕吉将书桌上得来的知识给充实了，毕生受益，莫过于此"。③ 身处在封建社会的福泽谕吉早就有了摆脱封建社会制度的想法，所以当他"接触到近代文明时能够受到启发、觉醒起来。自他摆脱封建枷锁后，在这里第一次看清了文明发展的方向"。④ 福泽谕吉第一次身临其境了解西方世界，使其对西方文明的认识从书本知识转变为感性认识，为其向对西方文明的理性认识转变打下了基础。

回国后，福泽谕吉在教授学生学习英语的同时，自己也在努力学习英语。1860年8月，福泽谕吉翻译出版了自己的第一部著作《增订华英通语》。福泽谕吉在旧金山时买到一本中国人子卿编著的《华英通语》。《增订华英通语》是福泽谕吉通过给《华英通语》用日文假名加注发音和译语辑成。⑤ 与此同时，福泽谕吉被幕府的"外国方"⑥ 聘用，从事翻译外国

---

① 福泽谕吉. 福泽谕吉自传 [M]. 马斌，译. 北京：商务印书馆，1995：96-98.
② 鹿野政直. 福泽谕吉 [M]. 卞崇道，译. 北京：生活·读书·新知三联书店，1987：26.
③ 福地源一郎. 怀往事谈 [M]//庆应义塾. 庆应义塾百年史：上卷. 东京：庆应义塾，1958：134，转引自李永炽. 福泽谕吉社会思想之研究 [M]. 台北：台湾稻香出版社，2008：62。
④ 鹿野政直. 福泽谕吉 [M]. 卞崇道，译. 北京：生活·读书·新知三联书店，1987：27.
⑤ 鹿野政直. 福泽谕吉 [M]. 卞崇道，译. 北京：生活·读书·新知三联书店，1987：28.
⑥ 相当于现在日本的外务省。

公使致政府的外交文书的工作。①

　　1861 年 12 月，幕府决定向欧洲派遣使节团，商谈《安政五国条约》中延期开放江户、大阪两市和兵库港之事。对此，英国公使奥尔柯克表示理解，但同时提议日本方面要向各国派遣使节进行说明。② 为此，1862 年 1 月，幕府组成了以竹内保德（下野守）为正使、松平康直（石见守）为副使的一行不到四十人的使节团。福泽谕吉作为随团翻译，同使节团一行乘坐英国军舰"奥金号"从日本出发，开启了他的第二次欧美之行。使节团经由中国香港、新加坡进入印度洋，横跨印度洋进入红海，从苏伊士改乘火车到达开罗，然后又出地中海乘船前往法国马赛，从那里乘车去法国、英国、荷兰、德国、俄国、葡萄牙六国的首都，最后于 1862 年 12 月入地中海按原路返回。延期开放两市一港的谈判取得了成功，决定延期五年。此后，美国也于 1864 年同意了延期的决定。

　　访问欧洲的一年时间里，福泽谕吉广泛地了解了西方世界。回国后，福泽谕吉写成了《西洋事情》一书。关于《西洋事情》的写作，福泽谕吉写道："在日本的时候，读原文著作遇到不懂的地方只要一翻字典就没有解决不了的。可是有些问题对外国人来说是一目了然的，而在字典里大体上又查不到，这对我来说算是最难的了。所以我打算在访问欧洲各国的时候，只把那些原文著作中不懂的问题弄清楚。我确定了这个方向之后，凡遇到自己认为合适的人，便尽力向该人请教。根据所闻，一点一点地这样记下来。回来后我以这本小册子为基础，并翻阅各类原文著作，又把记得的东西综合起来，这样就写出了《西洋事情》。"③

　　《西洋事情》由初编、外编、二编组成，分别于 1866 年、1867 年、1870 年出版。④ 该书从内容上看，一是对欧洲社会的政治、税法、国债、

---

① 福泽谕吉. 福泽谕吉自传［M］. 马斌，译. 北京：商务印书馆，1995：104.
② 安冈昭男. 日本近代史［M］. 林和生，李心纯，译. 北京：中国社会科学出版社，1997：29.
③ 福泽谕吉. 福泽谕吉自传［M］. 马斌，译. 北京：商务印书馆，1995：113.
④ 从全书的内容来看，其主要内容应该是根据访欧的所见所闻及翻译部分原文著作完成的。其中，外编和二编有关美国的内容可能为第二次美国之行后补充完成的。

纸币、商业公司、外交、兵制等进行了详细的介绍；二是分别对美国、荷兰、英国、俄国、法国的历史、政治、海陆军、货币出纳等内容进行说明。该书的初编经福泽谕吉发行的部数不下 15 万部，再加上当时在京都、大阪一带流行的伪版，发行量有 20 万~25 万部之多。① 由此可见，《西洋事情》在日本影响范围广泛，作为该书作者的福泽谕吉也应因此而闻名。

该书序言中写道："仅仅学习西洋的文学技艺，不去详细考察其各国的政治风俗如何，那么，即使能够掌握其技艺，也没有获得其治国大本，尽管这有益于实用，却难免带来祸害。"② 可见，福泽谕吉认为在学习"西洋的文学技艺"的同时，学习西方的政治文明更重要，这与此时中、日、朝三国提出的"中体西用""东洋道德，西洋艺术""东道西器"等口号截然不同。同时，正是由于福泽谕吉从小就憎恨封建制度，才使其发现先进的政治制度在西方现代化中发挥着重要作用。由此也可以看出，福泽谕吉对西方文明的认识开始从感性认识阶段向理性认识阶段转变。

结束欧洲访问回国后，福泽谕吉发现国内的"攘夷论"大为盛行，支持攘夷论的浪人也把矛头指向了洋学者。这一时期，福泽谕吉"只好在言行方面和缓一些，绝不冲撞别人。有关社会利害的事情，不要对不相识的人去讲，只好慎重保身"。同时，福泽谕吉开始专门从事著述和翻译工作。由于学洋学的学生逐渐增多，福泽谕吉也致力于教学工作。③

1867 年 1 月，幕府决定派使节到美国去取军舰并购买一些枪炮，福泽谕吉作为使节团委员长小野友五郎的随行人员一同前往，这是福泽谕吉的第三次欧美之行。使节团乘船到达旧金山后，又绕道巴拿马，在巴拿马改乘火车穿过巴拿马海峡到达对岸，再乘船北上到达纽约。

在美期间，福泽谕吉购置了大批的外文书籍，有大、中、小型的辞典和一些有关地理、历史、法律、经济、数学等方面的书籍，其中法律、经

---

① 西洋事情：初编［M］//庆応義塾. 福澤諭吉全集：第 1 卷. 東京：岩波書店，1959：285.

② 西洋事情：初编［M］//庆応義塾. 福澤諭吉全集：第 1 卷. 東京：岩波書店，1959：285.

③ 福泽谕吉. 福泽谕吉自传［M］. 马斌，译. 北京：商务印书馆，1995：119-120.

济、数学等方面的书籍是第一次输入日本。① 不久，这些图书就在其主持的学塾中被当作教材使用。福泽谕吉此次美国之行的真正目的，就是想再一次考察近代社会并购入一些图书。②

6月末，福泽谕吉随使节团回到日本。回国后，福泽谕吉受到"谨慎"处分，"外国奉行"认为其去美国给政府办事时有"不当之处"。③ 所谓"不当之处"有两个地方。一是福泽谕吉与赴美使节团委员长小野友五郎之间的冲突。小野本打算从美国购买大量的英文原著，回国后高价出售，以增加幕府的财政收入。小野指令福泽谕吉承办购书事宜，但福泽谕吉对此表示了拒绝，认为如果政府按原价出售，自己才能照办。并且，福泽谕吉在与同行的一位叫尺振八的饮酒畅谈时，指责幕府是攘夷论者的魁首，招致了上司的反感。二是福泽谕吉自己大量购买了图书，还把仙台藩预付购买大炮的钱因买不到武器而大多用于购书，这同样引起了上司的反感。回国时，福泽谕吉购买的图书在横滨被查封了一个时期，认为这是与其身份不相符的采购。④ 所谓的"不当之处"，体现出了福泽谕吉追求西学、传播西学的坚定信念以及对社会的批判态度。

在受"谨慎"处分期间，福泽谕吉完成了两部著作：一部是《西洋旅行导游》，既是一本导游书，又是一本有关西方文明社会的启蒙读物；另一部是《条约十一国记》，是关于1858—1867年同日本缔结条约的各国的概况。10月27日，福泽谕吉的处分被解除，又回到幕府工作。

---

① 福泽谕吉. 福泽谕吉自传 [M]. 马斌，译. 北京：商务印书馆，1995：168.
② 鹿野政直. 福泽谕吉 [M]. 卞崇道，译. 北京：生活・读书・新知三联书店，1987：48.
③ 福泽谕吉. 福泽谕吉自传 [M]. 马斌，译. 北京：商务印书馆，1995：146. 所谓"谨慎"处分，是江户幕府时代对武士的一种处刑，划定固定住处，封闭门户，除公事外不准外出。参见福泽谕吉. 福泽谕吉自传 [M]. 马斌，译. 北京：商务印书馆，1995：146 注.
④ 鹿野政直. 福泽谕吉 [M]. 卞崇道，译. 北京：生活・读书・新知三联书店，1987：47-48.

第四节 明治维新之后

福泽谕吉在受处分期间，日本的国内局势发生了巨变。1867 年 10 月 14 日，将军德川庆喜在讨幕军的压力下向天皇提出了"大政奉还"的奏文。德川庆喜的"大政奉还"并不是要完全放弃政权，而是为了在避免讨幕行动、自己保留实力的情况下企图重新恢复政权的一种策略。15 日，天皇允许了这种请求，实现了"大政奉还"，消除了讨幕的借口，但计划打倒幕府的各藩有志之士认为不以武力推翻幕府就不能建立稳定的新政府。

1868 年 1 月 3 日，天皇发布"王政复古大号令"，宣告一切权力归于天皇，废除将军制度，并开始筹建明治新政府。在鸟羽、伏见之战取得胜利之后，新政府于 3 月 14 日颁布了《五条誓文》，确定了施政大纲。5 月，新政府占领江户，7 月江户改称东京，9 月改年号为明治。10 月，天皇从京都迁入东京，进入江户城，改革中央机构，并通告国内外。

福泽谕吉并没有被卷入这场政局更替的风暴中。在 1868 年 1 月"王政复古"时，幕府曾向一般幕臣提供了三个选择："第一是做王臣；第二是做幕臣而去静冈；第三是回乡而为平民。"福泽谕吉选择回乡，从那时起放弃了佩刀。① 6 月初，福泽谕吉向幕府提出了辞官的申请。8 月，福泽谕吉辞官之事获得批准。福泽谕吉通过辞任幕臣和拒绝新政府的聘任，彻底放弃了以武士身份参政的念头。② 究其原因，或许是由于"谨慎"处分给福泽谕吉带来的对政治的不信任。同时，把新政府看成攘夷派的误解也被认为是一个重要的原因，再加上福泽谕吉有作为"读书度日一小民"生存下去的根据与自信。③ 此外，福泽谕吉最初做幕臣的目的，即通过在"外国方"工作学习外语、出国考察了解西方资本主义社会的目的都已经

---

① 福泽谕吉. 福泽谕吉自传［M］. 马斌，译. 北京：商务印书馆，1995：225.
② 远山茂树. 福泽谕吉［M］. 翟新，译. 北京：中国社会科学出版社，1990：40.
③ 広田昌希. 福沢諭吉研究［M］. 東京：東京大学出版会，1976：87.

达成，向大众传播启蒙思想或成了当时其最大的愿望。

同年 4 月，福泽谕吉将自己的学塾从铁炮洲迁至新钱座，并以当时之年号为学校命名，称"庆应义塾"。从此，福泽谕吉开始致力于教育和启蒙宣传。如前所述，庆应义塾是福泽谕吉受中津藩藩主之命设立的，最初设立在东京铁炮洲中津藩的藩邸内。从 1858 年办学到 1862 年末，学塾的学生不多。福泽谕吉作为创始人兼教师，其间经过两次出国，又从最初的兰学转向英学，基础也不扎实。1863 年，福泽谕吉才开始真正经营学塾。此后，学生逐渐增多，1864 年为 35 人，1865 年为 54 人，1866 年为 64 人，1867 年为 80 人。① 学塾迁到新钱座后，由于学生增多，拟定了校规以便加强管理，并创制了学费制度。经过 5 月的上野之战，并且奥州的信夫、伊达两郡（今福岛市）战事激战正酣时，学生还在不断增加，学塾日益发展。福泽谕吉在《福泽谕吉自传》中写道："环顾当时的社会情况，德川幕府的学校当然早已解散，就连教师也都去向不明，何况维新政府当时又不重视学校，所以日本国内论读书所在只有庆应义塾了"，"尽管社会上发生任何暴动和变乱，也未使洋学的命脉中断，庆应义塾没有停过一天课。只要这个学塾存在，日本就是世界上的一个文明国家"。②

1871 年，庆应义塾再次搬迁至三田。庆应义塾越来越完善，成为东京唯一的私立学校。一年后，福泽谕吉还聘请了外国人任教，学生也越来越多，达到 302 人。③ 此后，庆应义塾逐渐发展，到 1890 年最终完成了向近代大学的转变。

与此同时，已经辞官的福泽谕吉著述颇丰。这一时期，福泽谕吉的著作主要为介绍西方的启蒙读物，如《兵士怀中便览》（1868 年），《西洋事情》外编（1868 年）、二编（1870 年），《穷理图解》（1868 年），《洋兵明鉴》（1869 年），《掌中万国一览》（1869 年），《英国议事院谈》（1869

---

① 鹿野政直. 福泽谕吉［M］. 卞崇道，译. 北京：生活·读书·新知三联书店，1987：53-54.

② 福泽谕吉. 福泽谕吉自传［M］. 马斌，译. 北京：商务印书馆，1995：175-178.

③ 福泽谕吉. 福泽谕吉自传［M］. 马斌，译. 北京：商务印书馆，1995：58.

年）等。

在庆应义塾走上正轨之后，与此前主要是致力于介绍西方近代文明不同，福泽谕吉开始发表系统阐述自己观点和思想的论著。这既说明福泽谕吉自身的成长，同时也体现了日本近代思想成长以至走向独立的道路。①这一时期发表的《劝学篇》（1872—1876 年）和《文明论概略》（1875年）是福泽谕吉的代表著作。其中，《劝学篇》从 1872 年 2 月开始发表第一篇起到 1876 年 11 月发表第十七篇为止，至 1880 年发行总数约有 70 万册，其中第一篇不下 20 万册。加之当时版权法不严，伪版流行甚多，其数量也可能有 10 多万册。假定第一篇的真伪版本共 22 万册，以之与当时日本的 3500 多万人口相比，国民中每 160 人中必有 1 人读过此书。② 由此可见，当时《劝学篇》在日本的影响范围之广。

此外，这一时期福泽谕吉还发表了《启蒙学习之文》（1871）、《童蒙教训》（1872）、《怪状女人》（1872）、《改历辩》（1873）、《文字教育》（1873）、《会议辩》（1873）、《记账法》（1873）、初编和二编（1874）、《学者安心论》（1976）、《分权论》（1877）、《民间经济录》初编（1877）、《通俗民权论》（1878）、《通俗国权论》（1878）、《福泽谕吉文集》一编和二编（1878—1879 年）、《民情一新》（1879），《国会论》（1879）等著作。

1873 年夏，福泽谕吉还参加了由外交官森有礼发起成立的学术团体明六社，但由于其当时正在撰写《劝学篇》，谢绝了出任社长的邀请。③1874 年 2 月，明六社开展活动，当时的知名学者、思想家都参加了这个团体，除福泽谕吉、森有礼外，还有西村茂树、津田真道、西周、中村正直、加藤弘之、箕作秋坪等人。明六社的活动主要是召开演说会，并于 3月起发行机关刊物《明六杂志》，主要刊登经过整理的社员演说笔记，至1875 年停刊，共发行了 43 期。1875 年 6 月，明治政府发布了《新闻条

---

① 福泽谕吉. 福泽谕吉自传［M］. 马斌，译. 北京：商务印书馆，1995：64.
② 福泽谕吉. 劝学篇［M］序. 群力，译. 北京：商务印书馆，1996：1.
③ 鹿野政直. 福泽谕吉［M］. 卞崇道，译. 北京：生活·读书·新知三联书店，1987：72.

例》和《诽谤律》，对言论自由进行压制。福泽谕吉认为，这些与学者的"言论自由"不能两立，便起草了《明六杂志停刊议案》①，建议《明六杂志》停刊。② 作为明治初期重要的启蒙团体，明六社在日本启蒙运动中发挥了举足轻重的作用；《明六杂志》发表的明六社成员的文章，涉及政治、文化、经济、历史、法律、自然科学等各个领域，对当时的日本社会产生了广泛而深刻的影响。

1874 年 2 月，庆应义塾发行《民间杂志》，主要向农村的有志之士介绍文明，同时刊登农村来信，福泽谕吉从中了解农村的情况。该杂志于1875 年 6 月停刊。1876 年 9 月，庆应义塾又发行《家庭丛谈》，主要以家庭中的父母和孩子为读者，向他们宣传精神文明。1877 年 4 月，《家庭丛谈》改名为《民间杂志》，以周刊的形式发行，后又改为日刊，于1878 年5 月停刊。③ 这两种刊物的发行都是福泽谕吉以人民大众为对象进行的启蒙活动。④

1880 年 12 月，福泽谕吉应邀在大隈重信的宅邸与大隈重信、伊藤博文、井上馨会见，他们希望由福泽谕吉负责创办一份官报。1881 年 1 月，福泽谕吉拜访井上馨，欲推辞掉办报的委托。但是，井上馨透露说政府之所以办官报，是因为"原来政府打算将来召开国会，为了先做准备，所以要办报"，因此福泽谕吉决心协助政府。⑤

9 月，福泽谕吉发表了《时事小言》一书，顾名思义是论述时政之作。书中，福泽谕吉认为，近来民权论已成为人民时常议论的话题，开设国会完全是时势所需，希望政府在开设国会问题上迅速决定，以便建立强大的政权以奠定保卫国家的基础，解决外交中的重大问题，为了实现这些

---

① 明六雑誌の出版を止るの議案［M］//慶応義塾. 福澤諭吉全集：第 19 卷，1962：553-556.
② 远山茂树. 福泽谕吉［M］. 瞿新，译. 北京：中国社会科学出版社，1990：126-127.
③ 福泽谕吉. 福泽谕吉自传［M］. 马斌，译. 北京：商务印书馆，1995：325-327；横松宗. 福沢諭吉中津からの出発［M］. 東京：朝日新聞社，1991：213.
④ 鹿野政直. 福泽谕吉［M］. 卞崇道，译. 北京：生活·读书·新知三联书店，1987：85.
⑤ 福泽谕吉. 福泽谕吉自传［M］. 马斌，译. 北京：商务印书馆，1995：175-178.

目标，必须推行"外竞内安"这一国策。

10月，以北海道开拓史廉价出售官产事件为导火索，日本发生了"明治十四年政变"。政府认为大隈重信在背后操纵了抗议运动，把他驱逐出了政府。与此同时，天皇也发布了保证1890年公布宪法和开设国会的《开设国会敕谕》。"明治十四年政变"是日本向君主立宪制过渡的起点。"明治十四年政变"发生之际，"谣传福泽谕吉是大隈重信的幕后主谋者，三菱是出钱的后台老板，阴谋颠覆政府"。对此，福泽谕吉起草了《明治辛巳纪事》（未发表），把真相记录其中。福泽谕吉还写信给伊藤博文和井上馨，详述经办报纸之始末，指责他们爽约。①

1882年3月，福泽谕吉创办了《时事新报》，以"独立不羁"的办报方针，遵循"不偏不党"的立场，引导社会舆论。福泽谕吉对"不偏不党"进行了解释，称"所谓不偏不党，只是口头上讲一讲罢了，嘴上虽然这样说，可是心里已经有所偏了，再为本身的利害所牵，那就很难提出公正的见解来"。② 福泽谕吉以《时事新报》为舞台，大量地发表社论，广泛地涉及政治、经济、外交等各个领域。并且，其中一些社论汇集成册出版，有《时势大势论》（1882）、《帝室论》（1882）、《德育如何》（1882）、《兵论》（1882）、《学问之独立》（1883）、《全国征兵论》（1884）、《通俗外交论》（1884）《日本妇女论》后编《品行论》（1885）、《士人处世论》（1885）、《男女交际论》（1886）、《日本男子论》（1888）、《尊王论》（1888）、《国会之前途》（1892）、《治安小言》（1892）、《国会难局之由来》（1892）、《地租论》（1892）、《实业论》（1893）、《福翁百话》（1997）等。除此之外，福泽谕吉还发表了大量有关国内政治和外交政略的文章。在外交政略中，福泽谕吉主要将重点放在了对朝鲜与中国的关系上，积极鼓吹对朝鲜与中国的侵略。

1898年9月，福泽谕吉患脑出血，不久逐渐康复。1900年5月，福泽谕吉因为著述、翻译和教育有功，皇室赐给奖金5万日元，福泽谕吉将其

---

① 福泽谕吉. 福泽谕吉自传［M］. 马斌，译. 北京：商务印书馆，1995：328.
② 福泽谕吉. 福泽谕吉自传［M］. 马斌，译. 北京：商务印书馆，1995：268.

捐给了庆应义塾的基金。①

1901 年 1 月 25 日，福泽谕吉脑出血复发，于 2 月 3 日去世，终年 66 岁。福泽谕吉从发病到去世期间探病者达 1335 人，寄来的慰问信、电报共有 329 封。福泽去世的消息一经传开，前来吊唁的人、发来的唁电和唁书络绎不绝。日本众议院还于 2 月 7 日全票通过了给福泽谕吉致哀的决议。②

福泽谕吉虽然是一个在野的学者，但他对日本政界有着深刻的影响。首先，"明治十四年政变"以前，福泽谕吉通过其本人、著作及学生影响着日本政界。如前所述，福泽谕吉作为学者最初被推举为有很强官方背景的启蒙团体明六社的社长、伊藤博文等希望福泽谕吉创办一份官报、"明治十四年政变"时福泽谕吉被认为是大隈重信的"幕后主谋者"等事件都体现出福泽谕吉本人和政界的关系。并且，其本人对大久保利通、其著作对西乡隆盛等也产生过影响。③ 另外，明治初期参与学制改革的文部少辅田中不二麿曾求教于福泽谕吉，甚至当时社会上传言"文部省在竹桥，文部卿在三田"的说法，福泽谕吉被看成文部省行政的操纵者。④ 当时，有许多庆应义塾毕业生投身于政坛，也间接地给明治政界带来了福泽谕吉的影响。"明治十四年政变"发生后，福泽谕吉被怀疑为"幕后主谋者"及庆应义塾出身的官员全部被免职，应该说福泽谕吉本人对日本政界的直接影响以及通过其学生对日本政界的间接影响减弱了。其次，《时事新报》创刊后，福泽谕吉通过发表的大量文章，又间接影响了日本政界。在中日甲午战争时期，《时事新报》甚至被称为日本"海军的御用报纸"。⑤

---

① 福泽谕吉. 福泽谕吉自传［M］. 马斌，译. 北京：商务印书馆，1995：334.
② 鹿野政直. 福泽谕吉［M］. 卞崇道，译. 北京：生活・读书・新知三联书店，1987：178.
③ 升味准之辅. 日本政治史：第 1 卷［M］. 董果良，译. 北京：商务印书馆，1997：135；鹿野政直. 福泽谕吉［M］. 卞崇道，译. 北京：生活・读书・新知三联书店，1987：74-75.
④ 远山茂树. 福泽谕吉［M］. 瞿新，译. 北京：中国社会科学出版社，1990：57.
⑤ 鹿野政直. 福泽谕吉［M］. 卞崇道，译. 北京：生活・读书・新知三联书店，1987：161.

　　福泽谕吉作为日本近代最著名的启蒙思想家，不仅对日本政界有着很深的影响，而且给日本平民及其他学者带来了巨大影响①，他的启蒙思想在日本近代思想史上有着重要的地位。其以独立观、文明观、自由观等为主要内容的启蒙思想，不仅对当时日本近代社会产生了广泛而深刻的影响，即使在当今社会也没有丧失其启迪意义。而且，福泽谕吉的启蒙思想影响到了清末时期的中国和朝鲜末期及大韩帝国时期的朝鲜（韩国）。②然而，福泽谕吉毕竟不能超越那个时代及国度的局限性，在其思想的中后期尤其是在朝鲜观与中国观中军国主义思想的烙印非常明显。

---

① 鹿野政直. 福泽谕吉［M］. 卞崇道，译. 北京：生活·读书·新知三联书店，1987：102-109.

② 参见闵锐武. 梁启超与福泽谕吉启蒙思想在清末中国的传播与影响［J］. 河北学刊，2000（6）：87-89；肖朗. 福泽谕吉启蒙思想在近代中国的传播与影响［J］. 浙江大学学报，1999（1）：25-33；青木功一. 朝鮮開化思想と福沢諭吉の著作［J］. 朝鮮学報，1969（52）35-69等文章。

第二章

19世纪六七十年代福泽谕吉的朝鲜观与中国观

如前所述，这一时期正值日本发生了明治维新这一重大变革，标志着日本进入了近代社会。与此同时，福泽谕吉也由一名幕府官吏变为一名在野学者，其著述也从单纯地介绍西方文明转变为系统地阐述自己的观点与思想。本章将结合当时的中、朝、日关系，从福泽谕吉有关朝鲜与中国的论著中窥探其这一时期的朝鲜观与中国观。

第一节　19世纪六七十年代的中、朝、日关系

1840年，由于英国的侵略爆发了中英鸦片战争，从此中国的锁国体制开始瓦解，被迫率先开启国门。此时，朝鲜、日本还处于锁国体系中，但都受到了冲击。1853年，佩里来航，日本的锁国体制也被打破，被迫开启国门。

至19世纪六七十年代，欧美一些先进的资本主义国家相继完成了工业革命，开始由自由竞争阶段进入垄断阶段。由于资本主义经济发展的不平衡，导致了资本主义国家间政治、经济实力的显著变化。后进的美、德等强国与老牌的英、法之间因争夺原料产地和产品销售场所而斗争日益加剧。此时，东亚中、朝、日三国都不同程度地被卷入由欧美列强主导的世界近代资本主义浪潮中。

在东亚中、朝、日三国内部，中日、朝日之间的传统关系逐渐被打

破，中朝之间的传统关系虽然还在延续，但随着日本的强势介入也出现了松动的迹象。

中、朝两国在较长时期的历史交往中，形成了宗藩关系。1636年，清朝出兵朝鲜，使之归降，从此确立了清朝与朝鲜之间的宗藩关系。鸦片战争后，清朝的名誉虽然丧失殆尽，但中、朝两国之间的宗藩关系一直保持着，以各种名义互派使节，维护和巩固着两国的关系。

由于中、日两国都实行锁国政策，日本在德川幕府锁国260多年间，与中国只是通过长崎进行有限的经济文化交流。日本开国后，与欧美各国建立外交关系的同时，也迫切希望与中国建立外交关系。19世纪60年代，日本虽几经努力①，但在中国的反对下没有实现与中国建立外交关系的愿望。清朝拒绝与日本建立外交关系，主要是由于清朝长期以来自认为是"天朝上国"，而视日本为"东夷下等之国"，两国不能建立对等的国家关系。

1868年，日本发生明治维新，明治政府进行了一系列资本主义改革，但改革保留了大量的封建残余，使日本走上了一条对外扩张的道路。1871年9月，日本为了获得和中国"比肩同等"的地位，与中国签订了《中日修好条规》。从此，中、日两国才正式建立了近代外交关系。

《中日修好条规》签订后不久，日本就以"牡丹社事件"②为借口挑起对中国台湾的武装侵略。清政府虽然是该事件的受害者，却在1874年10月签订的《中日北京专条》中承认了日本侵略者的行为是"保民义举"，并向日本支付抚恤银10万两，为"修道、建房等件"支付白银40万两等。③由于《中日北京专条》第一条写入了"保民义举"，把被害的琉球渔民说成是日本国民，为日后日本吞并琉球埋下了祸根。

日本在1873年废藩置县时，强行将琉球作为萨摩藩的附属划归日本，

---

① 井上清. 日本军国主义：第2册［M］. 姜晚成，译. 北京：商务印书馆，1985：31-32.
② 牡丹社事件，是指1871年10月66名琉球岛民因海难而漂流至中国台湾南端的八瑶湾，误入牡丹社，其中54名被当地原住民杀害的事件。
③ 王芸生. 六十年来中国与日本：第1卷［M］. 北京：生活·读书·新知三联书店，1979：97-99.

但此时琉球还保持着向清政府两年一贡的朝贡关系。1875 年，日本派兵进驻琉球，令琉球使用日本年号，禁止向清政府朝贡，并于第二年设立了警察机构和司法机构。1877 年，琉球王派密使请求清政府帮助，清政府驻日公使虽奉命进行调查并与日本进行了交涉，但由于清政府的软弱，日本于 1878 年 8 月正式决定改琉球为郡县，并于 1879 年 4 月对琉球实行废藩置县，最终吞并了琉球。

与中日关系不同，德川幕府建立后不久，朝、日两国虽都实行锁国政策，但两国之间建立并保持了睦邻友好关系。两国间的邦交形式较为特殊，日本对马藩通过釜山倭馆与朝鲜保持交往。日本国书由对马藩代任国使呈递朝鲜国王，而朝鲜国书则由通信使带至日本。德川幕府末期，日本也曾企图改变这种关系，但遭到了朝鲜的反对。胜海舟等甚至提出"征韩"，以此来达到朝日"修交"的目的。① 朝、日这种关系一直维持到明治维新前夕。明治维新后，明治政府继承了幕末的征韩论。在明治初期的征韩论中，以板垣退助、江藤新平、西乡隆盛为首的激进征韩派或主张立即出兵侵略朝鲜；或主张向朝鲜派驻大使，如朝鲜"无礼"则出兵侵略朝鲜。然而，此议遭到以岩仓具视、木户孝允、大久保利通等为首的内治优先派的反对和压制。除了内治优先的原因外，内治优先派反对征韩论的另一个原因是"反对西乡或士族掌握领导权的征韩"。② 可见，内治优先派不是反对征韩论本身，只是认为时机还未成熟，反对立即征韩，并不意味着他们反对和放弃侵略朝鲜。1875 年 9 月，掌握了日本政府实权的所谓内治优先派便蓄意在朝鲜挑起了"云扬号事件"③。1876 年 2 月，日本以武力威逼朝鲜签订《日朝修好条规》（又称"江华岛条约"）。从此，朝鲜闭关锁国的大门被打开。

①　井上清. 日本军国主义：第 2 册 [M]. 姜晚成，译. 北京：商务印书馆，1985：45.
②　井上清. 日本军国主义：第 2 册 [M]. 姜晚成，译. 北京：商务印书馆，1985：98.
③　又称"江华岛事件"。1875 年 9 月，日本军舰"云扬号"到朝鲜江华岛附近进行测量，并派水兵乘小艇以索取淡水为名，逼近江华岛草芝镇炮台。朝鲜江华岛守军以日军侵入朝鲜领海发炮警告，"云扬号"随即向草芝镇炮台进行炮击，并登陆攻陷永宗岛，大肆烧杀抢掠后，满载赃物返回日本。

日本在《日朝修好条规》的第一条特意注明"朝鲜为自主之邦，保有与日本同等之权"①，意在否定中国与朝鲜的宗藩关系，为日后排除清政府的在朝势力、进一步侵略朝鲜打下了基础。《日朝修好条规》的签订，使传统的中朝关系受到了冲击，日本势力开始向朝鲜渗透。

在日本打开朝鲜国门之前，法国为传教、美国为通商先后到朝鲜叩关；俄国南下侵占中国领土，将边界延伸至中朝界河图们江口，这些都使清政府意识到了朝鲜问题的严重性。再加上清政府从日本侵台事件、吞并琉球的过程中看到了日本对外侵略的野心，使得清政府在云扬号事件后更加警惕日本。因此李鸿章提出了"以夷制夷"的策略，希望达到抑制日、俄等国侵略朝鲜的野心，巩固中朝传统宗藩关系的目的。

综上所述，这一时期，日本在被迫打开国门并实现明治维新之前，虽几经努力试图改变中、朝、日之间的传统关系，但受自身实力所限并未实现。明治维新后，日本在自身还受不平等条约束缚的同时，与中国签订了《中日修好条规》、强迫朝鲜签订《日朝修好条规》，主动谋求改变中、朝、日三国之间的传统关系，并取得了成功。由于日本改变了中、日和日、朝之间的传统关系，同时由于国际形势的变化，中、朝之间的传统关系虽然还在延续，但也开始出现松动，对此清政府提出了"以夷制夷"的策略。

第二节　从无视到蔑视：福泽谕吉的朝鲜观

一、日本历史上的朝鲜观对福泽谕吉的影响

从 1876 年 2 月签订《日朝修好条规》开始到 1910 年 8 月签订《日韩合并条约》为止，日本经过 35 年最终完成了对朝鲜的吞并，而后又进行

---

① 外务省调查部. 日本外交文书：第 9 卷 [M]. 東京：日本国際協会，1940：115.

了长达 35 年的殖民统治,给朝鲜人民造成了沉痛的灾难。时至今日,日本一部分政客、学者仍然在否认其侵略的历史,一直坚持"殖民正当化"的观点。这种观点与日本历史上的朝鲜观①有着密切的联系。

日本历史上认为朝鲜是日本的朝贡国以及蔑视朝鲜的观念,一直支配着日本人的意识。②《古事记》③和《日本书纪》④中有关神功皇后征服三韩的传说⑤记载中,神功皇后征服三韩后,三韩便成为日本的朝贡国,这种观念一直流传至近世。蔑视朝鲜的观念,则来源于中世日本型华夷观、领域观念、日本是神国等所形成的民族优越感。日本型华夷观是以日本为"华",半岛国家为"夷"的国际秩序;领域观念即领域中心——皇都是"净",距离皇都越远,"秽"越随之增加,因此远离皇都的高丽是"秽地","秽地"的居民则等同境内的"贱民";日本是神国的思想,则产生日本至上主义,以致将朝鲜半岛的国家视为牲畜。这些意识、观念、思想结合在一起,使中世日本对朝鲜半岛的国家始终隐藏着蔑视心理。另外,由于高丽曾协助元朝入侵日本,致使日本怨恨高丽,更将朝鲜半岛上的朝鲜人描述成"鬼"和"犬"。这种蔑视的朝鲜观,也一直流传至近世。⑥

---

① 主要研究成果参见罗丽馨. 十九世纪以前日本人的朝鲜观［J］. 台大历史学报,2006 (38):159-228;本节内容主要参考此篇文章。其他有关日本历史上的朝鲜观的研究成果参见:旗田巍. 日本人の朝鲜観［M］. 東京:劲草书房,1969;赵成国. 德川时代日本人的朝鲜观［J］. 北大史学:第 6 卷,1999:190-205;陈景彦,安善花. 德川幕府时期日本人的朝鲜观［J］. 东亚历史与文献研究:第 1 辑,2008:251-259.

② 罗丽馨. 十九世纪以前日本人的朝鲜观［J］. 台大历史学报,2006 (38):159.

③ 成书于 712 年,是太安万侣奉元明天皇 (707—715) 之命据稗田阿礼背诵的帝记、旧辞所做的笔录,是日本最早的官修史书,也是日本最古的文学作品。全书共 3 卷,以皇室系谱为中心,记载了日本开天辟地至推古天皇 (约 592—628) 间的传说与史实。

④ 成书于 720 年,舍人亲王等所撰,是日本最早的正史,原名《日本纪》,全书共 30 卷,采用汉文编年体写成,记述了神代至持统天皇时代 (686—697) 的历史。

⑤ 神功皇后征伐三韩的传说见《古事记》中卷仲哀天皇条中的神功皇后和《日本书纪》第 9 卷神功皇后。两书关于神功皇后的记事在明治维新以前被认定为史实。明治维新以后,受西方史学研究的影响,史学界开始对皇后纪进行分析、批判。尤其战后,否定神功皇后的学者更多,即主张神功皇后是为正当化"新罗臣服"而创造出来的人物,其事迹均是伪造。引自罗丽馨. 十九世纪以前日本人的朝鲜观［J］. 台大历史学报,2006 (38):165。

⑥ 罗丽馨. 十九世纪以前日本人的朝鲜观［J］. 台大历史学报,2006 (38):221-222.

室町时代，日本将军给予朝鲜的国书不自称国王，是因为日本视朝鲜为"蕃夷"。①

江户时代，朝鲜通信使被看作朝贡使节，上呈国书时必须对将军行蕃国的四拜礼②。1711年，新井白石（1657—1725）无视外交礼仪，临时要求朝鲜修改国书，这些均是未将朝鲜视为对等国家的一种意识反映。③ 同一时期，日本学者的朝鲜观呈现多元化。知识阶层特别是儒学者尊敬朝鲜的学问和学者，如奠定日本儒学基础的藤原惺窝（1561—1619）及其弟子林罗山（1583—1657）两人的学问都深受朝鲜著名儒学家李退溪（1501—1570）的影响。李退溪的学问体系甚至传播到了日本偏僻的农村。④ 木下顺庵（1621—1698）等儒学者，则与通信使笔谈朝鲜文物制度、风俗习惯、医药、朝鲜著作，或求书画、唱和汉诗等。但是，另有一些儒学者及国学⑤者，如熊泽蕃山（1619—1691）、山鹿素行（1622—1685）、安藤昌益（1703—1763）、中井竹山（1730—1804）、本居宣长等则通过对日本古籍的研究，认为朝鲜自古为日本所征服，向日本朝贡，批判朝鲜的民族性，肯定丰臣秀吉攻伐朝鲜的事件。这一时期的日本民众与这些学者的朝鲜观大致相同，从对朝鲜通信使的欢迎态度观察可以看出对朝鲜文化非常仰慕，但同时在日常的节庆、戏剧、绘画中，仍有朝鲜是朝贡国，是"鬼""犬"的表现。⑥

在江户时代末期，一部分认定神功皇后征服三韩的传说为史实并肯定丰臣秀吉攻伐朝鲜的实例的儒学者和国学者，面对来自北方俄国的威胁及欧美列强带来的外压，为防卫日本提出了征韩论。例如，林子平（1738—

---

① 罗丽馨. 十九世纪以前日本人的朝鲜观［J］. 台大历史学报，2006（38）：222.

② 蕃国国王觐见明朝皇帝时的礼仪。

③ 罗丽馨. 十九世纪以前日本人的朝鲜观［J］. 台大历史学报，2006（38）：222.

④ 旗田巍. 日本人の朝鮮観［M］. 東京：勁草書房，1969：12-13.

⑤ 兴起于江户中期，是通过文献学的方法来研究《古事记》《日本书纪》《万叶集》等日本古典文献的学术派别。该派别以研究儒学和佛教传到日本前日本固有的文化为职责，表现出与"汉学"明显的对立色彩。学派初祖为契冲（1640—1701），经荷田春满（1669—1736）、贺茂真渊（1697—1769）的积淀而集大成于本居宣长（1730—1801）。

⑥ 罗丽馨. 十九世纪以前日本人的朝鲜观［J］. 台大历史学报，2006（38）：222.

1793）、佐藤信渊（1769—1850）、吉田松阴（1830—1859）等都提出过侵略朝鲜的理论。①

明治维新后，政府的核心人物之一木户孝允，为了转移国内社会矛盾最先鼓吹征韩论，并取得了政府中一部分人的赞同。近代日本侵略朝鲜的思想背景就是继承了幕末吉田松阴等提出的征韩论，其历史根源则是神功皇后征服三韩的传说和丰臣秀吉征伐朝鲜的实例。② 下级武士出身的福泽谕吉也不可避免地受日本历史上朝鲜观的影响，尤其是神功皇后征服三韩的传说和丰臣秀吉征伐朝鲜的实例在其论著中大量出现。

"朝鲜"一词在福泽谕吉的论著中第一次出现，是在1869年出版发行的《世界国尽》一书中。③《世界国尽》由6章构成，分别介绍了亚洲、非洲、欧洲、北美洲、南美洲和大洋洲的各国情况。介绍亚洲各国时，福泽谕吉没有对朝鲜进行介绍，"朝鲜"只是作为一个国名在介绍俄国时被提及，称"'支那'④满洲一半已经被并入俄国，俄国的实力扩大至朝鲜

---

① 林子平在《海国兵谈》（1786）中，已经考虑到了要侵略朝鲜，"予著三国通览……明日本三邻国朝鲜、琉球、虾夷地图之意。日本之雄士任兵，有事入此三国时，谙此图应变也。此海国兵谈，亦是当彼三国，及唐山、莫斯歌未亚等诸外国海寇来时，可详悉防卫之术"；并对过去日本对朝鲜的侵略进行了赞美，"神武帝始成一统之业，自立给人统，神功皇后使三韩臣服，太阁讨伐朝鲜，迄今世服从本邦，皆武德所光耀也"。佐藤信渊在《混同秘策》（1822）中说，日本若想经略他国，先取中国东北，再取中国蒙古、朝鲜、整个中国，并提供了侵略朝鲜的蓝图："而其出军次第，先第一青森府，第二仙台府，……第五松江府，第六萩府，此二府数多之军船积载火器、车筒至朝鲜东海，经略咸镜、江原、庆尚三道诸州。第七博多之兵，出数多之军船至朝鲜国南海，袭忠清道诸州。"吉田松阴在《幽囚录》（1854）中强调为了不让洋夷轻视日本，就要"征伐三韩，歼灭蒙古，重复秀吉的朝鲜征伐……责朝鲜纳货奉贡如古盛时"。除此之外，本多利明（1744—1821）、平田笃胤（1776—1842）、板仓胜静（1823—1889）、胜海舟（1823—1889）、平野国臣（1828—1864）、桥本左内（1834—1859）等也都曾发表过有关侵略朝鲜的言论。

② 罗丽馨. 十九世纪以前日本人的朝鲜观［J］. 台大历史学报，2006（38）：161.

③ 青木功一. 福澤諭吉の朝鮮観研究［J］. 朝鮮歷史論集：下. 東京：龍書舍，1979：29.

④ "支那"一词是战前日本对中国带有贬义的称呼，为保持历史语境感及福泽谕吉原著的原貌，笔者在引用原著（不包括国内已出版的译著，如《劝学篇》和《文明论概略》）的过程中，保留了"支那"一词在文中的使用。

边境"①。由此可见，日本开港时期福泽谕吉并未关注朝鲜与日本的关系，根本没有具体论及朝鲜的情况。

1872 年，福泽谕吉在未发表的儿童读本《日本历史》初稿中提到"古代日本的文明来自朝鲜"，但同时也言及了神功皇后征服朝鲜，称"神功皇后因何攻伐朝鲜，我辈虽不知其原因，然神功皇后战胜朝鲜、使其人民臣服符合事实。此乃日本人民同外国人交战之开端"。② 福泽谕吉虽然承认古代日本的文明来自朝鲜，但同时又把只是记载于《古事记》《日本书纪》等书中的神功皇后征服朝鲜的传说认定为历史事实。可见，在福泽谕吉的意识中，古代朝鲜在文化上与日本相比处于优势，但在军事方面则日本处于优势③，朝鲜是原臣服于日本的国家。

福泽谕吉在 1874 年 5 月发行的《劝学篇》第 9 篇、1875 年 3 月发行的《文明论概略》第 5 卷、1877 年 2 月 4 日在自己创办的《家庭丛谈》杂志上发表的《朝鲜非退步而乃停滞》、1878 年 9 月发行的《通俗国权论》等论著中都承认日本古代的文明来自朝鲜，但同时都提及了神功皇后征服朝鲜的传说以及丰臣秀吉攻伐朝鲜的实例。④

即使在 1881 年 7 月发行的《时事小言》以及 1882 年 3 月 1 日《时事新报》创刊后发表的许多社论中，福泽谕吉也对神功皇后征服朝鲜的传说和丰臣秀吉攻伐朝鲜的实例有所提及。其中，《时事新报》中提及神功皇后征服朝鲜的传说和丰臣秀吉攻伐朝鲜的实例文章主要有 1882 年 4 月 19 日发表的《神官的职务》、1883 年 8 月 2 日和 3 日连续发表的《日本人欲满足今日之日本该如何》、1884 年 2 月 2 日至 6 日发表的《天皇海外巡幸》、1885 年 1 月 8 日发表的《御驾亲征准备得如何》、1892 年 7 月 5 日

① 世界国尽 ［M］//慶応義塾. 福澤諭吉全集：第 1 卷. 東京：岩波書店，1959：627-628.

② 日本の歴史 ［M］//慶応義塾. 福澤諭吉全集：第 20 卷. 東京：岩波書店，1963：85-86.

③ 高城幸一. 壬午軍亂以前における福澤諭吉の朝鮮論 ［J］. 日本文化學報，1999（7）：395.

④ 高城幸一. 壬午軍亂以前における福澤諭吉の朝鮮論 ［J］. 日本文化學報，1999（7）：395-397.

发表的《不吞并土地亦可改革国事》、1894 年 1 月 1 日发表的《明治二十九年一月一日》等。①

虽然福泽谕吉有时也承认"古代日本的文明来自朝鲜"，但其作为一位洋学者，对于朝鲜信奉的儒学持批判态度，已完全没有了江户时代文人学者对朝鲜文化的崇拜，意识中古代朝鲜在文化上具有的优势逐渐消失；在其论著中更多地提及神功皇后征服三韩的传说和丰臣秀吉攻伐朝鲜的实例，更加强调了存在其意识中的日本在军事方面具有的优势。随着日本资本主义的发展，这种优势变得愈加明显，对朝鲜也就愈加蔑视。福泽谕吉立足于此的蔑视的朝鲜观，深深扎根于其思想中，深刻地影响了其一生的朝鲜观。

二、福泽谕吉的文明观及其对朝鲜的认识

福泽谕吉在 1875 年 8 月发表的《文明论概略》中提出，人类社会的发展是沿着野蛮—半开化—文明的轨迹前进的。所谓"野蛮阶段"，是指"既没有固定的居处，也没有固定的食物，……虽然衣食尚足但不知改进工具，……不知运用自己的智慧去创造发明"。所谓"半开化阶段"，是指"农业大有进步，衣食无缺，……文学虽盛而研究实用之学的人却很少；……在讨论事物的道理上，却没有质疑问难的勇气；……缺乏革新创造之精神；只知墨守成规不知改进"。所谓"文明阶段"，是指"已经把社会上的一切事物纳于一定规范，但这个规范内人们却能够充分发挥自己的才能，朝气蓬勃而不囿于旧习；自己掌握自己命运而不必仰赖他人的恩威；敦品励学，既不怀慕往昔，也不满足现状；不苟安于目前的小康，而努力追求未来的大成，有进无退，虽达目的仍不休止；求学问尚实用，以奠定发明的基础；工商业的日益发达，开辟幸福的源泉；人的智慧似乎不仅能满足当时的需要，而且还有余力为将来打算"。②

---

① 高城幸一. 壬午軍亂以前における福澤諭吉の朝鮮論 [J]. 日本文化學報, 1999 (7): 397.
② 福泽谕吉. 文明论概略 [M]. 北京编译社, 译. 北京：商务印书馆, 1959: 9-10.

　　福泽谕吉将社会的发展分为野蛮—半开化—文明三个阶段的文明开化论潜藏着鲜明的社会进化论①的思想倾向，认为欧美各国是最文明开化的国家，是日本这种半开化国家学习的对象。福泽谕吉以进化论为基础的文明论，"正是他所提倡的'以西洋文明为目标'所必然导致的结论"②，体现出西方殖民主义文明观的特点。

　　福泽谕吉的文明观之所以体现出西方殖民主义文明观的特点，是因为其文明观深受西方殖民主义文明观的影响。实际上，早在1871年，英国人类文化学家泰勒（1832—1917）就划分了文明进化的三个主要阶段："原始未开化或狩猎采集阶段，野蛮的以动物驯化和种植植物为特征的阶段，文明开化的、以书写艺术为开端的阶段。"③ 福泽谕吉在《文明论概略》的序言中，承认他是"以肤浅的洋学见解来撰写这本小册子，并不直接翻译西洋各家的著作，只是斟酌其大意结合日本的实际情况加以阐述"④，并表示"拙著中引用了西洋各种著述，其中直接从原文译出的，都注明了原著书名以明出处；至于摘译其大意，或参考各种书籍拮取精神藉以阐明我个人的见解的，都没有逐一注明出处"⑤。根据直接或间接的材料可知，福泽谕吉在撰写《文明论概略》时"参照了威兰德的《伦理学原理》，巴克尔的《英国文明史》，基佐的《欧洲文明史》，穆勒的《议会政治论》和《自由论》等著作"。⑥ 泰勒、巴克尔、基佐等的文明建构都是在西方帝国殖民世界的背景下展开的，因此福泽谕吉的文明观必然会受

① 1859年，达尔文的《物种的起源》出版发行，以自然选择为中心的生物进化观念在欧洲产生了巨大影响。一些思想家进一步把生物进化理论引入社会历史和文化研究领域，导致了社会进化论的产生，深刻地影响到现实的政治实践。将进化论应用到政治社会哲学的首推斯宾塞（Herber Spencer），他将社会视为一个有机体，而达尔文在生物界中观察到的"适者生存"规律可应用于解释与分析社会发展。

② 黄俊杰. 十九世纪末年日本人的台湾论述：以上野专一、福泽谕吉、内藤湖南为例 [J]. 开放时代，2004（3）：39.

③ 夏建中. 文化人类学的理论学派：文化研究的历史 [M]. 北京：中国人民大学出版社，1997：23.

④ 福泽谕吉. 文明论概略 [M]. 北京编译社，译. 北京：商务印书馆，1959：3.

⑤ 福泽谕吉. 文明论概略 [M]. 北京编译社，译. 北京：商务印书馆，1959：4.

⑥ 远山茂树. 福泽谕吉 [M]. 翟新，译. 北京：中国社会科学出版社，1990：102.

到西方殖民主义文明观的深刻影响。

福泽谕吉在《文明论概略》中将中国与朝鲜划为半开化国家，称"现代世界的文明情况，要以欧洲各国和美国为最文明的国家，土耳其、中国、日本等亚洲国家为半开化的国家，而非洲和澳洲的国家算是野蛮的国家"①。虽然福泽谕吉在《文明论概略》中将亚洲国家归为"半开化国家"，但不久之后其在发表的其他文章中还是将朝鲜认定为处于野蛮的发展阶段。如1875年10月7日，福泽谕吉在《邮政报知新闻》上发表的《与亚洲各国的和平和战争同我们的荣辱无关之见解》一文中，就称朝鲜为"亚洲的一小野蛮国，其文明程度远远落后于日本"、称朝鲜人为"野蛮的朝鲜人"② 等，认为朝鲜还处于"野蛮阶段"。又如，次年11月1日，在福泽谕吉发表的《要知论》一文中，同样出现了蔑视朝鲜的语句，如"朝鲜人顽固至极""野蛮之常不值得奇怪"③ 等。

如果按福泽谕吉文明观中体现出的西方殖民主义文明观的特点，如他在《文明论概略》中宣称的那样"文明既有先进和落后，那末，先进的就要压制落后的，落后的就要被先进的所压制"④，那么，处于半开化阶段并逐渐上升到文明阶段的日本就应该压制处于"野蛮"状态的朝鲜，为日本此后侵略朝鲜找到了"合理"的借口。

福泽谕吉基于文明观的文明开化论是其对外观的理论基础。19世纪80年代后，福泽谕吉以指导朝鲜、中国"文明开化"为借口，使日本对朝鲜与中国的侵略正当化，正是其文明观中体现的西方殖民主义文明观这一特点导致的必然结果。

---

① 福泽谕吉. 文明论概略［M］. 北京编译社，译. 北京：商务印书馆，1959：9.

② 亜細亜諸国との和戦は我栄辱に関するなきの説（1875年10月7日）［M］//慶応義塾. 福澤諭吉全集：第20卷. 東京：岩波書店，1963：145-151.

③ 要知論（1876年11月1日）［M］//慶応義塾. 福澤諭吉全集：第19卷. 東京：岩波書店，1962：577-579.

④ 福泽谕吉. 文明论概略［M］. 北京编译社，译. 北京：商务印书馆，1959：168.

三、福泽谕吉与"征韩论"

如前所述，明治初期日本政府内部的内治优先派虽然反对征韩论，但在之后不久的 1875 年 9 月便蓄意在朝鲜挑起了云扬号事件。云扬号事件的发生，让日本国内的对朝强硬论日益高涨，再度燃起征韩论。

当时的日本舆论以云扬号事件为契机，有支持征韩论的倾向。同样是在 1875 年 10 月 7 日，福泽谕吉发表的《与亚洲各国的和平和战争同我们的荣辱无关之见解》一文中，福泽谕吉反对当时再度燃起的征韩论，称"朝鲜只不过是亚洲的一小野蛮国，其文明程度远远落后于日本。即使同朝鲜进行贸易也不能得到任何利益，因此武力介入朝鲜只会增加外债，即使成功，对于日本的利益也毫无益处，日本也不会得到欧美各国的承认。如今，是我们同外债这个敌人进行斗争的时候了。首先，压倒这个敌人，打好安定的基础后，再进行炮舰的战争"。① 这段话反映出福泽谕吉反对征韩论有两个方面的原因：一是在经济方面侵略朝鲜对于日本没有利益可言，认为时机不合适，稳定财政才是日本当务之急，"打好安定的基础后，再进行炮舰的战争"；二是在同欧美国家修改不平等条约方面不会给日本带来帮助。其实，这两个理由都是福泽谕吉从 1874 年日本征台事件后得出的结论。② 但是，这两个理由也都掩盖了日本征韩、征台的真实原因，其后福泽谕吉本人也承认其真实原因是调和国内的矛盾。③

如前所述，1876 年 2 月，日本胁迫朝鲜签订了《日朝修好条规》。该条约除否定中国与朝鲜的传统宗属关系外，还规定：除开放釜山外，朝鲜政府须在 20 个月内，在本条约规定的沿海五道再开放两个通商口岸，并给予日本人各种方便；日本有权随时测量朝鲜沿海、编制海图；承认日本在朝鲜的领事裁判权。该条约规定了朝鲜单方面开放港口和日本单方面享

---

① 亜細亜諸国との和戦は我栄辱に関するなきの説（1875 年 10 月 7 日）［M］//慶応義塾. 福澤諭吉全集：第 20 卷. 東京：岩波書店，1963：148-149.

② 有关福泽谕吉对中日征台和议的评论在下一节中论述。

③ 一大英断を要す（1892 年 7 月 19 日—7 月 20 日）［M］//慶応義塾. 福澤諭吉全集：第 13 卷. 東京：岩波書店，1960：414.

有领事驻在权和领事裁判权①，为日本对朝鲜进行经贸上的掠夺提供了"依据"。

然而，该条约的签订却使士族群情激奋，被认为是使西乡隆盛、板垣退助的征韩论破灭的政府开始走向征韩的行动。② 加之，如前所述，同年3月日本政府下令废除士族带刀，8月废除士族的家禄制，士族阶级的利益和特权进一步被剥夺，因此更加愤怒。

对此，10月20日，福泽谕吉在《人的言行被情欲所控制的解释》一文中，再次强调了征韩的无益性，称"主张征伐朝鲜者未详细观察朝鲜的情况，如果考虑到征伐的轻重以及征伐会带来的影响，必定会引起像前些年一样的骚乱"。③ 这里同样可以看出，福泽谕吉之所以反对征韩论，是因为当时日本还没有完全完成国内改革，在这种情况下发动征韩战争势必会使国内更加混乱。

如前所述，10月末日本相继爆发了熊本敬神党之乱、秋月之乱、萩（属长州藩）的前原一诚之乱等士族叛乱。其中，秋月之乱是因秋月党对《日朝修好条规》没有把朝鲜划为日本附属国而表现出的不满；萩的前原一诚之乱则是前原等以云扬号事件为契机高唱征韩论而发动的叛乱。④

11月1日，福泽谕吉发表《要知论》，反对士族高唱的征韩论。《要知论》主要论述了同外国人交往时，经常因不了解外国而引起误会，并对这种误会感到愤怒，强调了解对方的重要性。对于当时征韩论者认为朝鲜人在江华岛炮击日本军舰是"侮辱我国旗，败坏我国独立之名誉"的这种不满情绪，福泽谕吉称"正因为不了解朝鲜的内情才会白白地生气，引起多余的顽疾。本来朝鲜人顽固至极，发现外国船只马上进行炮击，犹如我国往时。回想当时之人一定想象得到，一提起外国人就认为卑鄙，不假思

---

① 外務省調査部. 日本外交文書：第9卷 [M]. 東京：日本国際協会，1940：117.

② 信夫清三郎. 日本政治史：第3册 [M]. 吕万和，等译. 上海：上海译文出版社，1988：14.

③ 人の言行情欲に制せらるることを解す（1876年10月20）[M] // 慶応義塾. 福澤諭吉全集：第19卷. 東京：岩波書店，1962：569.

④ 井上清. 日本军国主义：第2册 [M]. 姜晚成，译. 北京：商务印书馆，1985：115.

索地对其进行炮击。如果对其野蛮状态不足以感到意外，那么对其发炮也不应该感到耻辱"。福泽谕吉认为，因为朝鲜人顽固、野蛮，对其行动感到愤怒是无知的行为，士族征韩论者的这种不满正是因为不了解朝鲜，"和朝鲜征伐的议论一样"。①

从以上3篇文章可以看出，福泽谕吉从"对日本经济上的无益性""士族不了解朝鲜的野蛮状态"等方面来说明其反对征韩的正当性，以此来反对当时士族高唱的征韩论，其目的就是调和士族与政府之间的矛盾，避免士族与政府之间因征韩论再度发生冲突，给国内造成混乱。反对士族的征韩论也可以看作福泽谕吉对政府的支持。

四、《通俗国权论》与福泽谕吉的朝鲜观

1877年，西南战争结束后，日本结束了士族割据的局面，国家权力进一步集中。这一战争使原来的激进征韩派全部受到了处分，但日本政府并没有因此放弃征韩论。② 同时，参加西南战争的自由民权派士族开始从武装反抗转变为合法的政治斗争，自由民权运动不断高涨。

1878年，福泽谕吉面对自由民权运动的高涨，"预感到民权观念不仅在学者、士族范围内有影响力，而且已深入到一般民众之中，于是，由原来主张士族要避免与政府发生冲突，改为倡导包括工农商在内的人民与政府的调和"。③ 9月，福泽谕吉同时出版了《通俗民权论》和《通俗国权论》。两书之所以同时出版，是因为福泽谕吉"考虑到如果不谈国权只谈民权会引起社会上很多人误解其宗旨"，并主张"在国内主张民权，是为了在国外主张国权"。④

《通俗国权论》坚持了民权和国权应并存而不可分离的观点，同时又

---

① 要知論（1876年11月1日）［M］//慶应義塾. 福澤諭吉全集：第19卷. 東京：岩波書店，1962：579.
② 井上清. 日本军国主义：第2册［M］. 姜晚成，译. 北京：商务印书馆，1985：115.
③ 远山茂树. 福泽谕吉［M］. 瞿新，译. 北京：中国社会科学出版社，1990：151.
④ 通俗国権論緒言［M］//慶应義塾. 福澤諭吉全集：第4卷. 東京：岩波書店，1959：603.

明确主张外事优先，国权具有优先于民权的地位。福泽谕吉分析了当时国际上弱肉强食的残酷现实，称"所谓友好条约、万国公法好似非常美丽，但那不过是外表的仪式名目，交往的实质只不过是争权贪利。……百卷万国公法不如数门大炮，几册友好条约不如一筐弹药"，要保持国家的独立只能是强化兵力、军备，"拥有大炮弹药，并非为主张道理所准备，而是制造无道理的器械"，在当前的"禽兽世界"，"各国交际之道只有两条，消灭别人或被别人消灭"。① 福泽谕吉还认为，唤起国民国权意识最有效的方法是外战，称"振奋一国民心，感动全体的方便之法，莫如外战。一千七百年前神功皇后征服三韩，丰太阁出师已过去三百年，人们对此尚不能忘怀。时至今日，世上的所有征韩论足以证明日本人追念千百年之古代而不忘其荣辱。也许征韩论者不选择对手的话，就不可以随便说他们是喜欢征伐外国的人吗？若果真是那样的话，所谓的外国不一定限于韩，英法也是外国，俄国也是外国，也可以对其进行征伐。也许因为英法俄是强国而敌不过，但可面向南美，南美可以征伐的弱国甚多。也许南美由于遥远而不能去，在亚洲中有暹罗、安南等诸国，但他们远不比日本弱小。抛开这些，特别提倡征韩论，如果全国人民听到此议论，即使没有此念的人们也会去好好地了解朝鲜与日本之间的区别。可以说战争长时间持续感动人心的力量是强大的"。② 可见，福泽谕吉主张的外战对象，除了朝鲜之外，还做了假设，如英国、法国、俄国，南美各国，东南亚的泰国、越南等国，但因为英国、法国、俄国强大而敌不过，南美各国遥远而不能去，东南亚的泰国、越南等国不比日本弱小又都被其一一排除。因此，福泽谕吉主张的外战对象只能是国力比日本弱小、路途又近的朝鲜。

　　书中，福泽谕吉没有承认将外战对象指向朝鲜的真正目的，即外战可以调和国内矛盾。西南战争结束后，日本国内士族的叛乱已基本平定，自由民权运动由武装反抗转为合法的政治斗争，国内的矛盾由士族与政府之间的矛盾转变为包括工农商在内的人民大众与政府之间的矛盾。福泽谕吉

---

① 通俗国権論［M］//慶応義塾. 福澤諭吉全集：第4卷. 東京：岩波書店，1959：637.

② 通俗国権論［M］//慶応義塾. 福澤諭吉全集：第4卷. 東京：岩波書店，1959：641.

就是为了调和这种矛盾，改变了此前因调和士族与政府之间的矛盾而反对士族高唱的征韩论，在《通俗国权论》中开始主张把朝鲜作为当时外战的唯一对象，为其以后积极鼓吹侵略朝鲜埋下了伏笔。

19世纪60年代，福泽谕吉只提及了朝鲜的国名，无任何其他的相关论述，其朝鲜观也无从考察。进入19世纪70年代，福泽谕吉的朝鲜观表现为对朝鲜的蔑视，在其论著中多次称朝鲜为"小野蛮国"，还处于"野蛮阶段"，称朝鲜人"野蛮"等，并最终将朝鲜视作外战的唯一对象。

第三节　平视中带有蔑视：福泽谕吉的中国观

一、日本历史上的中国观与福泽谕吉

日本人的中国观在中、日关系发展史中几经变迁，到近代为止经历了3次大的变迁。这种变迁以日本社会内部结构的动荡与重组，以及外部国际秩序的调整与重建为其实现前提，以"实力主义""现实主义""国家利益优先"原则为其价值取向。[①]

日本人中国观的第一次变迁发生在隋唐时期。根据日本人最早的正史史书《日本书纪》记载，在该书中出现的中国王朝有：周（2次）、汉（2次）、魏（3次）、晋（2次）、隋（1次）、唐（96次）、吴（31次）。与出现的朝鲜国名相比相差悬殊，其中新罗和百济就分别出现了433次和407次。[②] 从魏朝开始，日本就被纳入了朝贡体系。607年，小野妹子奉命出使中国，从此日本同中国正式建立外交关系。据《隋书》记载，其所献国书中有"日出处天子致书日没处天子无恙"的表述，从用语中可以看

---

① 王屏. 论日本人"中国观"的历史变迁［J］. 日本学刊，2003（2）：33. 本节内容相关部分主要参考了此篇文章。

② 井上秀雄. 古代日本人的外国観［M］. 東京：学生社，1991：84.

出，日本产生了欲与中国对等的意识。663 年，日本参加了白春江战役①，在挑战"华夷秩序"的同时，也试图构建自己的小"华夷秩序"。此后，随着唐朝的衰落，日本对中国的称谓由"邻国"变成了"藩国"。这就是日本人中国观的第一次变迁。②

日本人中国观的第二次变迁发生在明朝时期。唐朝衰落后，日本停止了派遣遣唐使。进入 10 世纪后，中、日之间的正式外交基本中断。直至室町时代，特别是足利义满时期，日中、日朝之间的外交才重新恢复，室町幕府与明朝开始了正式的外交往来。此时，日本又被重新纳入了"华夷秩序"。义满、义持、义教三位将军都曾接受明朝皇帝的正式册封。并且，义政、义澄、义晴都使用过"日本国王"这一称号，但在日本国内正式场合并不使用这一称号。这就是日本人中国观的第二次变迁。③

到了德川幕府时期，德川家康废除了足利义满时期从中国获得的"日本国王"的封号，开始自称"日本国大君"。1616 年，中日勘合贸易废除，并且日本在 17 世纪 30 年代颁布了 5 次"锁国令"，于 1641 年正式进入锁国状态，与中国只在长崎保留贸易关系。中国也于 1717 年开始实行海禁。此时，西方势力向东方的渗透还无法触动东亚固有的国际秩序的根基。从 18 世纪初到 19 世纪中叶，亚洲的"主体性"还没有从根本上遭到西方的破坏，华夷秩序仍是东亚国际关系的基本格局。这一时期，日本在政治与外交上基本游离于华夷秩序之外，但在文化上与中华文明仍有共识。19 世纪中叶，以中国为中心的"华夷秩序"受到了西方列强的冲击。由于中日甲午战争中中国的战败，日本社会开始普遍蔑视中国，这就是日本人中国观的第三次变迁。④

---

① 663 年，唐朝、新罗联军与日本、百济联军在白春江（现韩国西南部的锦江）入海口发生的一次海战，以唐朝、新罗联军的彻底胜利和百济的灭亡而告终。这次战役是中、日之间的第一次交锋，改变了当时东亚国际关系的格局。又称为"白江之战""白村江之战""白江口之战"。

② 王屏. 论日本人"中国观"的历史变迁 [J]. 日本学刊，2003（2）：34-47.

③ 王屏. 论日本人"中国观"的历史变迁 [J]. 日本学刊，2003（2）：34-47.

④ 王屏. 论日本人"中国观"的历史变迁 [J]. 日本学刊，2003（2）：36-47.

其实，早在锁国时代，日本就出现了对华夷秩序的批判，否认传统的"一元论中国观"。① 中国在鸦片战争中战败，使日本士人改变了对中国的传统印象，可以说是日本近代蔑华与侵华思想的开端。② 1862年，跟随日本德川幕府的派遣船"千岁丸号"到上海的随员亲身感受到了清朝内政外交的衰败，对昔日尊崇的中国已经产生了蔑视的心理。③ 此时，虽然中国在日本人心中的地位急剧降低，但由于他们对自身的评价也不高，所以"平视型"对华观成为当时社会的主流认识。④

福泽谕吉大部分人生正好生活在日本人中国观的"第三次变迁"中，其中国观和此时大部分的日本士人一样，也主要经历了从"平视"到蔑视的变迁过程。但是，福泽谕吉对中国的完全蔑视是在朝鲜甲申政变之后，即《脱亚论》发表之后，早于日本普通民众，也可以说他引导了日本民众对中国的蔑视。

二、福泽谕吉的儒学观⑤

如前所述，福泽谕吉从小就接受了系统的包括儒学在内的汉学教育，这可谓他认识中国的开始。其深厚的儒学功底也是其认识儒学弊端进而批

---

① 有关锁国时代日本人的中国观参见廖建林. 锁国时代日本海外扩张思想孕育：从"一元论中国观"到"日本中心主义"[J]. 求索，2004（9）：251-253.

② 有关鸦片战争时期日本人的中国观，参见崔昆仑. 试析鸦片战争时期日本士人的中国观[J]. 甘肃社会科学，2011（2）：115-118.

③ 有关论述"千岁丸"随员的中国观的论文主要参见王晓秋. 幕末日本人怎样看中国：1862年"千岁丸"上海之行研究[M]//日本学：第1辑，1989：140-157；冯天瑜."千岁丸"上海行：日本人1862年的上海视察[M]. 北京：商务印书馆，2001；横山宏章. 1862年日本人眼中的上海：长崎派遣船"千岁丸"随员们的中国观[J]. 档案与史学，2004（6）：58-64等.

④ 杨栋梁、王美平. 近代社会转型期日本对华观的变迁[J]. 日本研究，2008（3）：3-4. 杨栋梁、王美平两位学者将近代日本人的对华观的演变概括为由"仰慕"变为"平视"，旋即又由"平视"变为"蔑视"。

⑤ 有关对福泽谕吉的儒学观的论文主要参见王家骅. 论福泽谕吉对儒学的批判与继承：兼评汉译《劝学篇》和《文明论概略》[J]. 世界历史，1992（5）：50-59；赵福超. 福泽谕吉对近代中国的认识[J]. 贵州社会科学，1996（1）：102-107；佐藤贡悦. 重评福泽谕吉的儒学观与"脱亚论"[J]. 中山大学学报（社会科学版），2006（3）：1-5等.

判中国的基础，正如鹿野政直所说："反对儒教主义本来就是他鄙视中国、朝鲜的一根理论支柱。"①

福泽谕吉从小就感受到的门阀制度的儒学名分思想，是其最初批判的对象。出身于幕末下级武士家庭的福泽谕吉，父亲的遭遇及自身的经历都引发了他对封建门阀制度的憎恨。学习洋学，特别是三次欧美之行后，福泽谕吉对西方文明有了真实的感受，更加推崇西方的平等、自由之思想，对门阀制度的儒学名分思想更加憎恨。福泽谕吉"用以批判儒学名分思想、封建门阀制度和专制统治的思想武器是经他改造的西方启蒙学者的天赋人权论、自然法思想和社会契约论"②。对于福泽谕吉来说，以前是基于本人亲身经历的不平等，现在用以批判不平等的思想武器同样是自己有了亲身感受的西方文明的新思想。

明治维新废除了封建身份等级制度，取消了武士特权，不同阶层人民之间实现了形式上的平等。1872 年，福泽谕吉开始发表《劝学篇》，其中第一篇和第二篇都是讨论有关人与人平等关系的内容，并且开篇第一句话就是"'天不生人上之人，也不生人下之人'，这就是说天生的人一律平等，不是生来就有贵贱上下之别"③。福泽谕吉开篇就以天赋人权论直接批判封建社会的身份等级制度，足可见其对封建身份等级制度的憎恨。

福泽谕吉认为儒学是"虚学"，批评其为"不切实际的学问"，并对儒学和日本国学进行了批判，认为"所谓学问并不限于能识难字，能读难懂的古文，能咏和歌和作诗等不切人世实际的学问。这类学问虽然也能给人们以精神安慰，并且也有些益处，但并不像古来世上儒学家和日本国学家们所说的那样可贵"。为了说明儒学是"不切实际的学问"，福泽谕吉还举例进行了说明，称"自古以来，很少汉学家善理财产；善咏和歌，而又精于买卖的商人也不多。因此有些具有心机的商贾农人，看到子弟全力向

① 鹿野政直. 福泽谕吉［M］. 卞崇道，译. 北京：生活·读书·新知三联书店，1987：172.
② 王家骅. 论福泽谕吉对儒学的批判与继承：兼评汉译《劝学篇》和《文明论概略》［J］. 世界历史，1992（5）：51.
③ 福泽谕吉. 劝学篇［M］. 群力，译. 北京：商务印书馆，1996：2.

学，却担心家业中落，这种做父亲的心情是可以理解的，这就是这类学问远离实际不切合日常需要的证明"。同时，福泽谕吉认为，应当把儒学等"不切实际的学问"视为次要的，而提倡以西方科学技术为内容的"实学"。①

福泽谕吉在写作《劝学篇》和《文明论概略》的19世纪70年代，对儒学及其封建意识形态与其造成的社会弊病，进行了较为全面且尖锐的批判。② 福泽谕吉对儒学及其造成的社会弊病的批判有许多可取之处，也是日本真正实现近代化必须消除的弊病，但同时其也"承认儒学道德在'私德'方面（即在个人与家庭领域）的有效性，认为儒学的'五伦'道德是'永不移易'的，并倡导'报国尽忠'作为日本国民道德"。③ 对此，日本学者佐藤贡悦也认为："分析福泽谕吉的儒学批判，不难发现其否定的言辞几乎都是针对儒学的政治思想领域而发，换言之，关于儒学道德思想的批判，乃是它与政治思想紧密地纠缠在一起而无法分开的缘故，所以只不过是间接地否定而已。"④ 并且，福泽谕吉继承了儒学的某些内容，如"天"观念、与儒学有联系的"实学"以及构成福泽谕吉"实学"重要组成部分的"穷理学"等。⑤

此后的1882—1884年和1898年两个时期，福泽谕吉在《时事新报》上集中发表了批判儒学的文章，如1882—1884年发表的《不知汉学主义无效吗?》《儒学主义的后果十分可怕》《儒教主义》《德教之说》等文章和1898年发表的《排外思想的系谱》《排外思想与儒教之主义》《儒教主义之害在于其腐败》《儒教复活之责在于今之当局者》《我辈毋宁是古主

① 福泽谕吉. 劝学篇［M］. 群力，译. 北京：商务印书馆，1996：3.
② 王家骅. 论福泽谕吉对儒学的批判与继承：兼评汉译《劝学篇》和《文明论概略》［J］. 世界历史，1992（5）：55.
③ 王家骅. 论福泽谕吉对儒学的批判与继承：兼评汉译《劝学篇》和《文明论概略》［J］. 世界历史，1992（5）：54.
④ 佐藤贡悦. 重评福泽谕吉的儒学观与"脱亚论"［J］. 中山大学学报（社会科学版），2006（3）：4.
⑤ 王家骅. 论福泽谕吉对儒学的批判与继承：兼评汉译《劝学篇》和《文明论概略》［J］. 世界历史，1992（5）：57.

义之主张者》等文章，这些文章在深入批判儒学的同时，也对明治政府复活儒学的政策进行了批判。①

然而，正如中国学者王家骅所说："由于福泽谕吉是在思想文化背景与欧美截然不同的东方国家传播作为外来文化的西方近代思想的，而且由于福泽谕吉本人自少年时代起即深受儒学思想熏陶，所以，他所宣扬的近代思想必然会受其固有思想与思维方式的影响而发生变形（如他的天赋人权论）。尽管福泽谕吉在主观意识上，要批判儒学，提倡西方近代文明，但实际上，在福泽谕吉的思想中，传统与近代是复杂地交织在一起的，他自觉或不自觉地继承了传统儒学的某些思想与概念。"②

在福泽谕吉的思想中，批判儒学与引进西方文明互为手段、互为目的。福泽谕吉通过批判儒学，使其成为引进西方文明的参照物，进而推动西方文明在日本的传播，反过来又利用西方文明在日本的传播进一步对儒学进行批判。福泽谕吉批判儒学的同时，还批判以儒学作为政治思想基础的中国，发现中国的社会弊端，以此来警示日本政府，并把中国与引进西方文明的日本相比较来增强日本的自信心，从而产生蔑视中国的心理。批判儒学是福泽谕吉蔑视朝鲜与中国的依据之一，贯穿其各个时期的朝鲜观与中国观，特别是在中国观中更加明显。

三、福泽谕吉对中英鸦片战争的认识

如前所述，中国在鸦片战争中战败，是导致日本士人中国观发生变化的一个重要节点，可以说是日本近代蔑华与侵华思想的开端。同样，有关鸦片战争的看法也是福泽谕吉早期中国观的一个重要内容。

福泽谕吉对鸦片战争后中国的亲身感受，可能来自其在 1882 年 3 月 28 日发表的《压制亦快乐哉》一文中有关其 1862 年随遣欧使节团途经中

---

① 王家骅. 论福泽谕吉对儒学的批判与继承：兼评汉译《劝学篇》和《文明论概略》[J]. 世界历史，1992（5）：50-59.

② 王家骅. 论福泽谕吉对儒学的批判与继承：兼评汉译《劝学篇》和《文明论概略》[J]. 世界历史，1992（5）：49.

国香港，在中国香港买鞋时英国人蛮横对待中国人的情景。① 这次经历之后，福泽谕吉在发表的论著中多次提到了鸦片战争。

福泽谕吉在 1865 年写成但并未出版的《唐人往来》一书中，就鸦片战争的结果，称"全世界无人指责英国，唯有嘲笑唐人而已。此全系由于唐人不查世情，不知遵循道理而行事，自己疏忽大意，自作自受"。② 在分析鸦片战争的起因时，福泽谕吉认为，由于英国商人向中国贩卖鸦片，中国官员欲禁止此买卖，但英国商人拒不听从。林则徐"未讲明道理愤而收缴"，销毁英商的鸦片，英国指责未经谈判辨明是非就销毁英国人货物，于是出兵进攻中国。③ 对于中国在鸦片战争中的正义行为，福泽谕吉颠倒是非，称中国对英国没有讲明道理而过于求全责备，把中国的战败归为清政府的"反复无常""轻启衅隙""天罚"等。④

对于中国在鸦片战争中的失败，福泽谕吉在《清英交际始末》中称，"虽似乎与我国无关，但两国毕竟是唇齿相依的邻国，岂能不知悉其始末端详"。⑤ 在随后出版的《世界国尽》一书中，福泽谕吉表现出对中国历史及古代文明的敬重以及对中国衰落的同情，称"支那是亚细亚的一大国，（中略）以往古陶虞的时候起，已经走过四千年，重视仁义五常，风俗民情淳厚，是闻名于世的古国。如今其文明已后退，风俗日渐衰落，不修德行不加强国力，以为除我之外没有能人，对世界盲目无知而高枕无忧。1841 年和英吉利开战，战败赔款两千一百万，被迫开放五口岸，还有不吸取教训的无智之人，无理地以弱兵再开兵端，一败再败，造成今天的悲剧，真是叫人可怜"。⑥ 在《劝学篇》中也有相似的表述，福泽谕吉称

---

① 圧制も亦愉快なる哉（1882 年 3 月 28 日）[M]//慶応義塾. 福澤諭吉全集：第 8 卷. 東京：岩波書店，1960：66.

② 唐人往来 [M]//福澤全集：第 1 卷緒言，東京：時事新報社，1898：30. 转引自宋成有. 福泽谕吉中国观变迁评述 [M]//日本学：第 3 辑，1991：100。

③ 西洋旅案内 [M]//慶応義塾. 福澤諭吉全集：第 2 卷. 東京：岩波書店，1959：126.

④ 宋成有. 福泽谕吉中国观变迁评述 [M]//日本学：第 3 辑，1991：99.

⑤ 清英交際始末：序 [M]//慶応義塾. 福澤諭吉全集：第 2 卷. 東京：岩波書店，1959：540.

⑥ 世界国尽 [M]//慶応義塾. 福澤諭吉全集：第 2 卷. 東京：岩波書店，1959：605.

"至于象（像）中国人那样，觉得除本国以外似乎没有别国存在，一见着外国人就呼为夷狄，把他们看作四只脚的牲畜，贱视他们，厌恶他们，不计量自己的国力，而妄想驱逐他们，结果反为夷狄所窘"。①

关于鸦片战争，福泽谕吉在多部论著中基本上表达了同样的观点，从中可以看出：一是在分析中国在鸦片战争中失败的原因时，福泽谕吉认为失败是清政府以天朝自居、不思进取、国内专制统治的黑暗等统治弊病造成的，对中国的封建文化进行了严厉的批判；二是在分析鸦片战争的过程中，福泽谕吉的观点虽有失偏颇，但并没有明显地表现出蔑视中国、侵略中国的思想；三是在分析鸦片战争的失败时，福泽谕吉主要是将中国作为一个反面教材警示日本，希望日本避免将来重蹈覆辙。

四、福泽谕吉对日本侵台事件的评论

如前所述，1874 年 5 月，日本挑起了对中国台湾的侵略，并于同年 10 月与清政府签订了《中日北京专条》。11 月 16 日，关于中、日两国达成的和议，福泽谕吉在明六社发表了题为《征台和议之演说》② 的演讲，其内容还刊登在了 11 月第 21 号的《明六杂志》上。从这篇演讲中，我们可以分析福泽谕吉对日本侵台事件的认识。

对于中、日两国就日本侵台事件签订条约，福泽谕吉认为这是由于日本政府的"勤奋"，"最后让支那支付了 50 万两的赔偿金，应该为国家祝贺"，"若以今日日本之状况与支那相比较，孰是得意扬扬之人？我辈即是得意扬扬之中的一人"。其后，福泽谕吉主要从三个方面对日本侵台事件进行了分析。

首先，福泽谕吉认为，从这次事件的结局来看，中国"名利丧失殆尽"；日本"保住了独立国之体面"，但在经济上得到的赔偿不足以支付军费；西洋诸国从战争中得到了大量的经济利益，甚至超过了日本得到的

---

① 福泽谕吉. 劝学篇［M］. 群力，译. 北京：商务印书馆，1996：5.
② 征台和議の演説（1874 年 11 月 16 日）［M］//慶応義塾. 福澤諭吉全集：第 19 卷. 東京：岩波書店，1962：539-542.

赔偿。

福泽谕吉认为日本侵略中国台湾虽然"只是日本与支那间之事"，但其利害得失涉及了西洋诸国。西洋人与中日之间签订的条约没有直接关系，其关系只是表现在贸易上。日本出兵之后，无论是日本还是中国都忙于整顿军备，双方购入船舰、武器的货款金额非常大，且都从西洋商人的手中购入，"西洋人乃卖主，而日本与支那乃买主"。因此，关于这次事件的和平与战争虽然只与中日双方有关，但因军需物资的买卖加入了西洋诸国，必须说是三方的关系。

关于中国，福泽谕吉表现出了蔑视。他说，中国拥有巨大的财富，依靠广袤的土地，既不和也不战，迟疑因循，浪费巨额的财富，整顿无用的军备，向长年以来视之为奴隶的日本支付 50 万两白银①的赔偿金，暗中谢罪，名利丧失殆尽，并且"只有所失毫无所得"，必须说是失策至极，"看支那之情况真是可怜"。而关于日本，他称，日本是只有中国 1/20 的小国，但不能以国土的大小议论国家的强弱。即使兵力微弱，如果不气馁的话，也能够保全国家的独立。从日本在此次事件的纠纷中取得了胜利，得到了体面，可以知道已经是无可挑剔、真正满足的时候，但如果从国家文明的大计来考虑的话还不应该满足。今后，"我日本即使不能趁西洋诸国之乱取得临时之利益，也要警惕不让他辈趁我亚细亚之事变赚取利益。战争发生之时要使用我国产之刀枪盔甲，总之由西洋购入军用物资时，除了胜败之外还须考虑经济上之得失"。关于西洋诸国，福泽谕吉指出西方人虽说不喜欢战争，但也有人说工人之辈对于因为军备而使经济繁荣感到高兴，因此等待战争。日本军费的大部分只是帮助了西洋诸国的商业，在经济上应该说所失超过了所得。始终只是得到而没有失去的是西洋诸国的商人。此次，日本与中国已经购入的还有签订合同的物资之货款大概达到了300 万两白银，如果平均有三成的佣金，其利益有 90 万两白银，比日本得到的赔偿金还要多。"推测西洋人之内心，将来大概会常常祈祷亚细亚诸

---

① 包括向日本支付的抚恤银 10 万两，为"修道、建房等件"支付的 40 万两白银。

国之间发生不和之争斗吧。"

福泽谕吉从经济得失的角度将西洋诸国也纳入有关日本侵台事件的分析中。在分析中，福泽谕吉将"东洋—西洋"作为对立图式的双方进行了明确的区分，反映出了属于东洋一侧的日本将同西方对抗的意图。这也体现出了其在此后提出的"东洋盟主论"①的部分内容。

其次，福泽谕吉认为，战争关系到国家的荣辱、国权的盛衰，不能以经济上的得失一概而论。他说，通过此次对中国的胜利，日本国民风气一变，开始明确地区分内外，巩固了国体的根基，以此影响到与西洋诸国的交际，如会给日本同西洋诸国在修改不平等条约上带来积极的影响。对中国能赢得"光明正大"的谈判，"对于我国已毫无遗憾"。"如果真能预见会达到如此盛大之形势，无论什么东西都不值得吝惜，什么事情都不能成为顾虑。所谓经济上之一些得失不值得议论。"

可见，福泽谕吉认为，日本在侵台事件中得到的政治利益，可谓是日本在侵台事件中取得的最大利益，远超取得的经济利益。它可能会给日本同欧美各国在修改不平等条约上带来积极的影响。然而，还不到一年时间，同样是在《与亚洲各国的和平和战争同我们的荣辱无关之见解》一文中，福泽谕吉否认了日本对中国台湾的侵略在政治上给日本同欧美各国在修改不平等条约上带来了积极的影响。② 同时，还可以看出，福泽谕吉认为加强国权是日本首要的事情，可以不惜一切代价去争取加强国权等政治上的利益，对外侵略不过是加强国权的手段。另外，福泽谕吉还掩盖了侵略中国台湾给日本带来的另一个好处，即在 1892 年 7 月福泽谕吉发表的《需要一大决断》中所称，侵略中国台湾可以调和日本国内的矛盾，利于内治。③

最后，福泽谕吉认为，如今日本的困难在于同外国的交际，而克服这

---

① 有关"东洋盟主论"的内容将在下一章论述。
② 亜細亜諸国との和戦は我栄辱に関するなきの説（1875 年 10 月 7 日）［M］//慶応義塾. 福澤諭吉全集：第 20 卷. 東京：岩波書店，1963：147.
③ 一大英断を要す（1892 年 7 月 19 日—7 月 20 日）［M］//慶応義塾. 福澤諭吉全集：第 13 卷. 東京：岩波書店，1960：414.

一困难的方法就是"学习"。他说，日本的敌人是西洋诸国，并且其敌人"非兵马之敌，乃商卖之敌。非武力之敌，乃智力之敌。此智战之胜败只在于今后我国人民如何学习"。

福泽谕吉认为的"如今日本的困难在于同外国的交际"，或许是其从日本修改条约的失败中认识到了同西洋诸国交际的困难。早在 1869 年 2 月，日本明治政府就向各驻在国公使提出了修改条约的愿望，但各国公使以"修改的内容缺乏具体性"和"期限未满"为由予以拒绝，日本修改条约的愿望未能实现。1871 年 12 月，日本派出以岩仓具视为特命全权大使的使节团，赴欧美考察的同时，"为修约之准备进行谈判"，但修改条约的愿望再次遭到了美、英等国的拒绝。1873 年 9 月，岩仓使节团成员全部返回日本，其外交成果虽然甚微，但一年多的考察改变了日本政府首脑人物的思想。① 从此，日本政府除了致力于修改条约的外交努力外，在国内开始以西方资本主义文明为目标大力推行改革，在亚洲实行以实现"东洋政略"为目标的外交政策，希望以此来奠定修改条约的基础。

福泽谕吉没有明确指出学习的内容，他此时正致力于宣传的西方资本主义文明。如前所述，1872 年，福泽谕吉发表了《劝学篇》，其中心思想就是以"学问"培养日本人民的独立人格，振奋民族精神，从而保持日本民族的独立，可以概括为"一人独立则一国独立"。如果从福泽谕吉对日本侵台事件的分析来看，其"一人独立"只是"一国独立"的途径之一，而对外侵略则是加强国权即"一国独立"的另一个途径。同时，也可以看出，福泽谕吉在《劝学篇》开篇主张的"天不生人上之人，也不生人下之人"的平等观，只适用于国内，而同中国、朝鲜等亚洲邻国的交往中则不存在他所谓的"平等"，体现的完全是弱肉强食的社会进化论的世界观。这种世界观在日本侵台事件发生一年后其发表的《文明论概略》一书中也有所体现。所谓的"非兵马之敌""非武力之敌"则完全体现出福泽谕吉的欧美国家观与亚洲观的不同，限于日本自身实力的相对弱小，在追求与

---

① 信夫清三郎. 日本外交史：上册［M］. 天津社会科学院日本问题研究所，译. 北京：商务印书馆，1980：144.

欧美国家平等这一目的上使用武力不再是现实的手段，而"商卖""智力"则成了实现这一目的的现实手段。"商卖"上的利益，即经济上的利益。实际上，日本在近代自始至终也未能在同欧美国家的交往中实现"商卖"。日本经济利益的实现只是体现在了对中、朝等亚洲邻国的殖民利益和战争赔款上。或许是受侵台事件中得到的赔款远远低于西洋诸国在贸易中所得利益的刺激，其后福泽谕吉在朝鲜甲申政变以及中日甲午战争时期向中国索要的赔款数额都是惊人的数字。①

　　由于侵台事件不仅在经济上没有给日本带来利益，而且在同西洋诸国修改条约上也没有给日本带来帮助，因此就成了云扬号事件期间福泽谕吉反对当时士族高唱的征韩论的重要原因。如同样在《与亚洲各国的和平和战争同我们的荣辱无关之见解》一文中，福泽谕吉称，"朝鲜只不过是亚洲的一小野蛮国，其文明程度远远落后于日本，即使同朝鲜进行贸易也不能得到任何利益。因此，武力介入朝鲜只会增加外债，即使成功，对于日本也没有益处，日本也不会得到欧美各国的承认"。②

　　侵台事件是日本明治政府的第一次对外侵略。从福泽谕吉论述中可以看出，其不仅完全没有论及日本的侵略罪行，而且能够感到日本在侵台事件中的胜利给其带来了信心与鼓舞。这种信心与鼓舞助长了其对日本明治维新以来取得进步的自负心，同时也催生了其对懦弱的清政府的蔑视。然而，这种信心与鼓舞也使福泽谕吉过高地估计了日本自身的实力，当侵台事件的胜利给日本带来的政治利益不能实现时，其中国观又回到了"平视型"的中国观。我们可以从福泽谕吉在之后发表的《文明论概略》中，将中国与日本同归为处于"半开化"阶段的国家中发现这一变化。

　① 朝鲜甲申政变时期，福泽谕吉向中国提出了 2000 万元的赔款要求；甲午战争时期则提出赔偿金"应以几亿来计算"。

　② 亜細亜諸国との和戦は我栄辱に関するなきの説（1875 年 10 月 7 日）[M] //慶応義塾. 福澤諭吉全集：第 20 卷. 東京：岩波書店，1963：148-149.

福泽谕吉将近代西欧国际体系①中适用于欧洲国家与非欧洲国家之间的"外在原理"用于处理同中国、朝鲜等亚洲邻国的关系上，希望以此来实现欧洲国际体系中适用于欧洲国家之间的"内部原理"，即实现日本与欧洲国家的平等关系。虽然侵台事件并没有实现福泽谕吉期望的上述目的，但将其积极鼓吹的对中国、朝鲜等亚洲邻国的侵略作为调和国内矛盾、加强国权的手段，并以此来实现日本同欧洲国家的平等关系，是近代日本政府一直都没有放弃的政策。对西欧国际关系体系的运用，也注定了福泽谕吉的亚洲观必将走向"脱亚论"。

19世纪六七十年代，福泽谕吉的中国观主要表现为"平视型"，只是在日本侵台胜利后表现出一时的蔑视，其对中国的"平视"主要来自其对中、日两国实力的认识，日本尚不存在蔑视中国的实力；而其一时的蔑视主要来自侵台事件胜利后其对日本国家实力的自负。

---

①　近代西欧国际体系确立于 1648 年的维斯特伐利亚公会上，其赖以存在的三大基石是"国家主权的概念、国际法的原则以及势力均衡的政治"。但西欧国际体系是一个二重原理的体系，它包含适用于欧洲国家之间的"内部原理"和适用于非欧洲国家的"外在原理"。其"内部原理"是指欧洲国家之间以平等的主权国家间的关系为原则。为了调整国家间的关系，发挥作用的是权利均衡、国际法以及经济上的从自由贸易到相互保护主义。其"外在原理"是指对于非欧洲国家在政治上表现为武力进攻，在国际法上表现为侵略意识（如协定关税、领事裁判权等），在经济上将其视为从属于西欧国家。

第三章

福泽谕吉"东洋盟主论"视角下的朝鲜观 与中国观

如前所述，这一时期福泽谕吉除发表了有关对外观的重要著作《时事小言》外，还创办了《时事新报》，发表了大量有关朝鲜与中国的评论。在《时事小言》中，福泽谕吉提出了"东洋盟主论"，成为这一时期其朝鲜观与中国观的指导思想。围绕朝鲜发生的壬午兵变和甲申政变，福泽谕吉的"东洋盟主论"得到了具体实践。中法战争的爆发以及甲申政变的失败宣告了福泽谕吉对华、对朝的"东洋盟主论"的暂时失败。此后，福泽谕吉提出了"脱亚论"，但对其朝鲜观与中国观来说内容与实质并未发生改变。

第一节　19 世纪 80 年代前半期的中、朝、日关系

《江华岛条约》签订后，由于日本势力逐渐侵入朝鲜政治、经济等领域，朝鲜的社会矛盾和民族矛盾进一步加剧。在开港地区，朝鲜民众普遍敌视日本人，向日本人投掷石块的事件时有发生。朝鲜儒生也纷纷上书，强烈要求抵制外来势力，尤其是日本势力。以 1881 年 3 月"万人疏"事件①为契机，朝鲜广大儒生以赶走日本人、惩办卖国贼为主要内容的反侵略斗争迅速蔓延至全国。在这样的背景下，朝鲜爆发了元山津事件。

---

① 1881 年，朝鲜全国爆发了大规模的儒生举疏抗争运动，其中尤以反对元山、仁川开港和与美对立的斗争规模最大，以致出现万人联名上书。

1882 年 3 月 31 日，日本大仓组社员儿玉朝次郎、三菱会社的大渊吉威和本愿寺的僧侣莲元宪诚无视朝、日两国的外交规定，擅自超出游步区域，在朝鲜安边府遭到二三百名居民的袭击，其中莲元宪诚当场死亡，儿玉朝次郎和大渊吉威身受重伤，这就是所谓的"元山津事变"。

在元山津事变还未得到解决的情况下，朝鲜又爆发了反封建、反侵略的壬午兵变。7 月 23 日，朝鲜士兵因不满闵氏一族的腐败统治和日本人对朝鲜内政的干涉而发动兵变，杀死亲日派大臣并袭击了日本公使馆，日本驻朝公使花房义质逃归长崎。

日本政府得到朝鲜兵变的消息后，于 30 日召开了紧急内阁会议，商讨对策。日本政府一方面压制了黑田清隆等提出的立即开战论；另一方面决定了以派遣军舰作为后盾，同朝鲜进行谈判的方针。8 月 10 日，驻朝公使花房义质率领 4 艘军舰、3 艘运输船及陆军 1 个大队开赴朝鲜。花房义质向朝鲜国王提出惩罚凶手、抚恤受害的日本人、赔偿损失、开放杨花津等地、驻扎保卫使馆的日本军队等多项要求。30 日，朝鲜被迫同日本签订《济物浦条约》①。通过该条约日本不仅获得了巨额赔款，还扩大了在《日朝修好条规》中没有取得的侵略权益，特别是以保护公使名义取得的驻兵权。

在壬午兵变中，清政府作为宗主国应邀迅速出兵镇压了兵变。清政府在此过程中重申了中朝之间的宗藩关系，改变了以往对朝鲜采取的放任自主不干涉政策，开始采取积极干预的政策。如通过同朝鲜签订《中朝水陆

---

① 1882 年 8 月 30 日，朝、日双方签订了《济物浦条约》，其主要内容如下：朝鲜政府在 20 天内捉拿凶徒并从严惩办，若在期内未能捕获，则由日本国办理；朝鲜政府给日本受害者家属和负伤者支付 5 万元日抚慰金；日本所受损失和保卫公使的水陆兵费用 55 万日元，由朝鲜政府支付，分 5 年还清；日本公使馆的若干警备和兵营的设置和修缮，由朝鲜政府负责，若朝鲜兵民守律一年，则日本公使视作不用警备，可撤兵；朝鲜派大员到日本向日本政府谢罪。

通商事宜章程》①，明文规定了中、朝两国之间的宗藩关系和一系列利益；派陈树棠、穆麟德、马建忠等驻朝鲜，干涉朝鲜内政；根据朝鲜的请求派员帮助朝鲜练兵；清军驻留朝鲜等。与此同时，清政府对朝推行"以夷制夷"的外交政策，希望借助欧美列强的力量阻止日本对朝鲜的侵略，从1882 年起劝告朝鲜先后同美国、英国、德国、意大利、俄国、法国建立了外交关系，彻底向西方资本主义国家开放。

壬午兵变后，清、日两国在朝势力不断加强，并产生了对立。同时，在朝鲜国内，守旧派与开化派的矛盾和对立也逐渐激化。开化派以富国强兵为目的，实施了一系列改革。为保证改革的顺利进行，开化派利用清、日之间的矛盾积极开展对日外交。1884 年 12 月，主张"联日排清"政策的开化派发动了武装政变。开化派杀死守旧派的几名主要大臣，组成以开化派为核心的新政府，颁布了具有资本主义改革性质的政治纲领。守旧派依靠驻朝清军赶走了日本军队，推翻了新政府，重新掌握了政权，金玉均等开化派人士逃亡海外。甲申政变以"三日天下"宣告失败，但它无疑是朝鲜近代第一次具有资本主义改革性质的政变。

甲申政变后，朝鲜不仅没能够追究日本在政变中的责任，还签订了谢罪、赔款的《汉城条约》②。1885 年 2 月，为了解决在甲申政变时中、日之间的纠纷及善后事宜，日本任命政府参议伊藤博文为全权代表赴中国谈

---

① 1882 年 10 月 4 日，中朝签订了《中朝商民水陆贸易章程》，章程由前文和 8 个条目组成。主要内容如下。（1）在前文中明确声明该章程"系中国优待属邦之意，不在各与国一体均沾之列"。（2）由北洋大臣选派商务委员驻扎朝鲜各开放口岸，朝鲜国王亦遣派大员驻扎天津，并分派他员至中国已开口岸，充当商务委员。这样，把朝鲜国王同清之北洋大臣视如同格，肯定了朝鲜的属国地位。（3）规定了单方面的领事裁判权，即中国在朝鲜享有领事裁判权，朝鲜在中国则无不享有。（4）允许两国商民在双方的通商口岸居住和进行贸易，允许朝鲜商民在北京进行贸易，允许中国商民在朝鲜的杨花津、汉城开设行栈经商。（5）在鸭绿江两岸的中国栅门和朝鲜的义州、图们江两岸的中国珲春和朝鲜的会宁，允许中朝边民自由贸易。（6）清朝的兵舰可以自由游弋于朝鲜沿海或停泊出入于朝鲜各港口，担任朝鲜海防之任。

② 《汉城条约》主要内容：（1）朝鲜修国书致日本表示歉意；（2）作为日本被害家属的抚恤金和商民的货物损失赔偿费，朝鲜政府在三个月内支付 11 万日元；（3）20 天内捉拿杀害日人的凶手，并予以严惩；（4）重建日本使馆和兵营，朝鲜政府在 3 个月内支付建筑费 2 万日元等。

判。经过多次谈判，两国政府于 4 月签订了中日《天津条约》。该条约主要内容如下：自条约签订 4 个月内，中国撤出驻朝鲜的军队，日本撤出护卫公使馆的军队；朝鲜军队由朝鲜政府聘请数名外国武官进行演练，中、日两国不得派员教练；将来朝鲜若发生变乱或重大事件，中、日两国或一国派兵，应先照会另一方，事情办妥立即撤回，不得驻留。从该条约内容可以看出，虽然清政府在朝鲜甲申政变中同日本军队的较量取得了胜利，但在外交上做出了让步，使日本在朝鲜取得了同清政府同等的权利。

综上所述，这一时期中朝日三国之间的关系主要是围绕朝鲜壬午兵变和甲申政变展开。在解决壬午兵变和甲申政变的过程中，中国虽然加强了对朝鲜的干涉，但由于日本的介入以及西势东侵的国际形势的影响，实际上中国在朝鲜的影响力正日渐削弱。而在此过程中，日本通过日朝《济物浦条约》和中日《天津条约》，在朝势力得到逐步加强。围绕朝鲜问题中日之间的矛盾逐渐加深。但是，对于朝鲜来说，中国干涉朝鲜的目的与日本干涉朝鲜的目的完全不同。中国作为半殖民地半封建国家，干涉朝鲜只是为了维护封建传统的宗藩关系；日本作为新兴的资本主义国家，干涉朝鲜是为了侵略朝鲜，并最终将其变成自己的殖民地。

第二节 "东洋盟主论"

如前所述，1876 年 2 月，朝日签订《江华岛条约》，条约第一条就载明"朝鲜国自主之邦，保有与日本国平等之权"。它表明日本从否定中国与朝鲜的传统宗藩关系入手，要逐渐排除中国的在朝势力，以实现其最终独占朝鲜的侵略野心。

朝鲜壬午兵变前夕，日本的国内外形势发生了巨大变化。在日本国内，自由民权运动蓬勃发展，与政府形成了对抗的局面。在国际上，西方列强逐渐向帝国主义阶段发展，不断入侵东亚地区。面对这样的国内外形势，福泽谕吉的亚洲观也随之发生改变。

19世纪70年代末80年代初正是日本"亚细亚主义"的形成时期。"亚细亚主义"也被称为"亚洲主义""大亚洲主义""兴亚论"等。"亚细亚主义"强调，如果抵抗西方列强对亚洲的侵略，亚洲各族人民要以日本为盟主，共同实现亚洲的近代化。

1881年7月，福泽谕吉发表《时事小言》一书，提出了和"亚洲主义"实质基本相同的"东洋盟主论"①。福泽谕吉认为，日本应该成为"东洋盟主"，以假设防止"延烧"为理由，指导中国与朝鲜"文明开化"。

福泽谕吉对国际形势进行了分析，认为"本来亚洲和欧洲两大洲相对，亚洲北部的西伯利亚已成为俄国的管辖范围，南部的印度已被英国所辖，总之，亚洲的一半已经落入西洋人之手……若计算一下独立的家国，著名的只有波斯、暹罗、支那、朝鲜以及日本"②。

面对这样的国际形势，希望日本成为"东洋盟主"的福泽谕吉否定了中国和朝鲜等其他亚洲国家成为"东洋盟主"的可能性，认为"若已经决定同欧美列强相抗衡，在此基础上采用什么方法，由谁来准备，由谁担任盟主，是一个大问题。波斯、朝鲜国力贫弱力不足恃，亚洲最大的国家支那亦不可指望"③。

福泽谕吉对中国成为"东洋盟主"的可能性进一步进行了否定。首先，福泽谕吉认为，中国不引进西方文明就会亡国，引进的话政府就会被颠覆，"二者必居其一"④。福泽谕吉还主张"在此变动之际，我日本决不能袖手旁观"⑤，表现出以武力干涉中国的野心。其次，福泽谕吉认为，中

①　在《时事小言》这本书中，福泽谕吉并未直接使用"东洋盟主论"这一词语，据笔者目前看到的资料，"东洋盟主论"这一称谓最早可能来自坂野润治。「東洋盟主論」と「脱亜入欧論」：明治中期アジア進出論の二類型［M］//佐藤誠三郎、R. ディングマン. 近代日本対外態度. 東京：東京大学出版会，1974：35-49.
②　時事小言［M］//慶応義塾. 福澤諭吉全集：第5巻. 東京：岩波書店，1959：183.
③　時事小言［M］//慶応義塾. 福澤諭吉全集：第5巻. 東京：岩波書店，1959：185.
④　時事小言［M］//慶応義塾. 福澤諭吉全集：第5巻. 東京：岩波書店，1959：114.
⑤　時事小言［M］//慶応義塾. 福澤諭吉全集：第5巻. 東京：岩波書店，1959：114.

国引进西方文明的速度非常缓慢，不能期待像日本一样迅速完成。① 最后，福泽谕吉否定和批判了"汉儒者之流"对中国的崇拜，认为他们"总是视支那为上国，称支那为大国、文国，又是富国，不可轻易与之作对"。②

对亚洲其他国家特别是中国进行否定后，福泽谕吉认为日本应成为"东洋盟主"。他说，"方今，东洋列国中能成为文明中心或盟主、抵挡西洋诸国的国家，除日本国民还能有谁？必须有保护亚细亚东方是我们的责任这种思想准备"。③

福泽谕吉又指出了日本作为"东洋盟主""保护"东洋诸国的真实原因，并以"延烧"来进行比喻。其所谓的"延烧"，就是"让我们看一下预防火灾。假如我一家是石屋，房屋相连的邻居却是木造板屋的话，绝不可安心。如果为了巩固好火灾的预防，防护自家并为近邻进行预防，发生火灾进行救援时自不用说，平安无事之时同其主人商量，紧要的是让其建造和我家一样的石屋"。福泽谕吉甚至认为，"或者根据时机也可强制其建造。或者当事情紧迫之时，毫不客气地掌管其土地，可以以我之手重新建造。这并非真正地爱护邻居，又非憎恨，只是担心自家被延烧"④，同样表现出为了日本有必要以武力干涉近邻国家的野心。

福泽谕吉称，"如今西洋诸国以其威势压迫东洋之态势，如同火灾之蔓延"。面对这样的国际形势，福泽谕吉进一步提出防止"延烧"的所谓"有效方法"，并把武力干涉的对象指向了中国与朝鲜，称"东洋诸国特别是我国的近邻支那与朝鲜等国愚钝，不能抵挡西洋诸国之威势，就如同木造板屋，怎能抵挡火势之蔓延？因此，我日本应以武力进行援助，不仅是为了他国的利益，也是为了我们自身的利益。以武保护之，以文诱导之，使之迅速效仿我国进入近代文明，或者在不得已的情况下，以武力胁迫其

---

① 時事小言［M］//慶応義塾. 福澤諭吉全集：第5卷. 東京：岩波書店，1959：185-186.

② 時事小言［M］//慶応義塾. 福澤諭吉全集：第5卷. 東京：岩波書店，1959：212.

③ 時事小言［M］//慶応義塾. 福澤諭吉全集：第5卷. 東京：岩波書店，1959：186.

④ 時事小言［M］//慶応義塾. 福澤諭吉全集：第5卷. 東京：岩波書店，1959：186-187.

进步"。福泽谕吉还否定了和中国、朝鲜一起对抗西洋的可能性，他说"辅车相依、唇齿相助是用于同等国家之间，指望与如今的支那、朝鲜相倚赖，真是迂阔之极"①。

福泽谕吉否定了其他东洋国家特别是"亚洲最大的国家"——中国成为"东洋盟主"的可能性，并认为日本作为东洋的文明国必须成为"东洋盟主"，指导中国、朝鲜"文明开化"以对抗西洋。福泽谕吉所说的"使之迅速效仿我国进入近代文明"即"亚洲的文明开化"，就是"亚洲的日本化"②，这必将导致"日本应以武力进行援助"的结果。

福泽谕吉否定中国成为"东洋盟主"，是基于其"文明开化论"对中、日两国的不同认识。1877 年，西南战争后，日本结束了士族割据的局面，使明治政府的权力进一步集中，日本从此进入了一个向近代化稳步发展的新时期。至 1881 年，经过两年多发展的日本近代化取得了一定的成绩。虽然此时的中国正由于 1861 年以来洋务运动的开展有了一定的发展，但中国这种基于"中体西用"理念的发展，在福泽谕吉看来与日本的近代化不可同日而语。因此，此时的福泽谕吉否定中国成为"东洋盟主"，就是基于他所认为的中、日两国已处于不同的文明发展阶段。同时，其中国观也必定从之前的"平视型"向"蔑视型"转变。

"东洋盟主论"的提出隐含福泽谕吉对日本文明开化程度的肯定，即日本已成为"东洋文明之魁"，同时也隐含蔑视中、朝两国的必然性，即朝鲜与中国还同处于"半开化"，甚至"野蛮"的阶段。由于在"东洋盟主论"中，福泽谕吉认定中、朝两国已处于同一文明发展阶段，在本质上已经毫无差别，这就预示着其朝鲜观与中国观会逐渐趋同。"东洋盟主论"的提出，标志着福泽谕吉以其文明开化论为理论基础的对朝、对华观的确立。"东洋盟主论"的实质就是以指导朝鲜、中国"文明开化"为借口，

① 時事小言［M］//慶応義塾. 福澤諭吉全集：第 5 卷. 東京：岩波書店，1959：187.
② 坂野潤治.「東洋盟主論」と「脱亜入欧論」：明治中期アジア進出論の二類型［M］//佐藤誠三郎、R. ディングマン. 近代日本対外態度. 東京：東京大学出版会，1974：42-43.

使日本侵略朝鲜、中国的行动正当化。

"东洋盟主论"中隐含的福泽谕吉蔑视的朝鲜观延续了其此前蔑视的朝鲜观；而其中国观则由此前主要表现为"平视型"的中国观转变为对中国隐含有蔑视。中国观转变的原因，是福泽谕吉认为日本与中国的文明开化程度已经不同，中、日两国已不是同处于"半开化"的阶段，日本已经成为"东洋文明之魁"，而中国还处于"半开化"阶段，甚至是野蛮阶段。

第三节　"朝鲜盟主论"：福泽谕吉的朝鲜观

一、壬午兵变时期福泽谕吉的朝鲜观

（一）壬午兵变前夕福泽谕吉的朝鲜观

1."朝鲜盟主论"

如前所述，1882 年 3 月福泽谕吉创办了《时事新报》。创刊后不久的 3 月 9 日，福泽谕吉就发表了《朝鲜国之变乱》，对李载先的谋叛事件①进行了评述，提醒日本政府对朝鲜国内的"攘夷"风潮要加以关注，并加强同朝鲜人的交际。②

两天后的 3 月 11 日，福泽谕吉又发表了《论与朝鲜之交际》③。福泽谕吉首先对日本在与朝鲜交际中所处的地位进行了评述，认为"与朝鲜相比，日本强大，朝鲜弱小。日本已经进入文明阶段而朝鲜尚未开化……日本通过谈判打开了和朝鲜的贸易，是日本的荣耀，在世界上也值得夸耀。如今朝鲜同其他西洋各国缔结条约，但只有我日本是最早的友好国家，在

---

① 　1881 年，大院君一派谋求清除闵妃一派势力，拥戴大院君的庶长子李载先（高宗的异母兄弟）的未遂事件。

② 　朝鮮国の変乱（1882 年 3 月 9 日）［M］//北原マス子，等. 資料新聞社説に見る朝鮮：（5），서울：高麗書林，1995：9-10.

③ 　「朝鮮の交際を論ず」（1882 年 3 月 11 日）［M］//慶応義塾. 福澤諭吉全集：第 8 巻. 東京：岩波書店，1960：28-31.

交际上自然占据座首的位置"。可见，福泽谕吉强调了日本在朝鲜的"优越性"。并且，福泽谕吉把此时日本在朝鲜的地位与开港时期美国在日本的地位相比较，认为"我国最初被迫同美国缔结了友好贸易条约，从开国初期到旧幕府末年，美国常常占据交际之座首的位置。维新之际，英国稍致力于日本之国事，其势好像就向英国人转移。如今，在我国国民一般所见之处，尊重美国人，美国人也自然亲近我国，这正是与其他国家不同之处"。福泽谕吉由此得出结论，认为"如果我日本同朝鲜之关系可以看作如美国同日本之关系"，那么"同朝鲜之关系，我国不仅不可等闲视之，其国内的治乱兴废、文明程度之进与退，不可成为楚越之观"。对于朝鲜这样国家"不开化"，人民"愚昧落后"的情况，日本应"以我日本之国力，帮助、推进邻国之文明，两国交际开始之时，在今日可以说是犹如我日本之责任"，"我辈如此忧虑朝鲜之事，希望其国文明开化，因此我们热心地讨论即使以武力也要帮助其进步"。可见，福泽谕吉把日本在朝鲜的"优越性"作为指导朝鲜"文明开化"的根据，甚至提出了以武力迫使朝鲜"文明开化"的主张。

对于当前的国际形势，福泽谕吉指出，"方今，西洋诸国文明日益进步，其文明进步的同时兵备也日益增进，其兵备增进的同时其吞并的野心也自然日益增进，满足其欲望的地方在亚洲的东方显而易见"。

基于上述认识，福泽谕吉再次重复了"东洋盟主论"和"延烧"论。福泽谕吉称："我辈不是自己夸耀自己的国家，平心静气地看，可以说在亚洲之东方能胜任盟主的国家只能是我日本。我国已经是盟主。在什么样的情况下才可与邻国支那和朝鲜等联合共事呢？必须效仿我国共同达到近来之文明。否则的话，其国还存于旧套之中，任凭其人民顽固、愚昧，不仅不可联合共事，甚至会成为给我国带来祸患的媒介。虽说辅车相依、唇齿相助，但无论是如今的支那还是朝鲜，能为我国发挥'辅''唇'的实际效果吗？依我辈所见万万不能保证。如果说不幸至极的话，不能保证其国土不会成为被西人所蹂躏的地方。正因为现在的支那由支那人所支配，朝鲜由朝鲜人所支配，所以我辈虽不感到十分担忧，但如果万一发生如把国土授之于西洋人之手的大变动之际,该如何?"文章结尾福泽谕吉又重申了防止"延烧"的道理,认为"这即是我辈在本论中关于朝鲜国之事,特别提醒政府注意之缘由",表现出希望日本政府积极干涉朝鲜的国事。

4月17日,福泽谕吉发表《花房公使为何不渡韩》,对花房义质公使长时间未到朝鲜赴任进行了责难。① 20日,福泽谕吉又发表了《花房公使赴任》,对花房公使赴任进行了评述。② 这两篇文章都主要涉及日本和朝鲜交际的问题,体现了福泽谕吉对朝鲜问题的重视,是《论与朝鲜之交际》发表后更加具体的有关朝鲜问题的评论。

与《论与朝鲜之交际》这篇文章的题目一样,文中主要论述如何与朝鲜进行交际,由此可见,朝鲜问题已经成为福泽谕吉亚洲观中的一个具体课题。福泽谕吉把朝鲜开港时期日本同朝鲜的关系与日本开港时期美国同日本的关系相类比,由此认为日本在朝鲜具有"优越性",并把它作为日本指导朝鲜"文明开化"的依据。而日本在中国并不具有和在朝鲜相同的"优越性",同时由于当时日本围绕中国台湾、琉球和朝鲜问题正与中国发生纠纷与竞争,还没有足够的实力进一步干涉中国的国事,所以与朝鲜问题不同,中国问题还未成为福泽谕吉亚洲观中的具体课题。③ 因此,此时福泽谕吉的"东洋盟主论"在实质上完全可以看作"朝鲜盟主论"。随着元山津事变的爆发,福泽谕吉对朝鲜的"东洋盟主论"变得更加具体。

2. 对元山津事变的认识

关于1882年3月31日发生的朝鲜元山津事变,福泽谕吉在《时事新报》上连续发表了《朝鲜元山津之变报》《必须向朝鲜政府要求》两篇社论及漫谈《朝鲜与日本类似》。

① 「花房公使は何故に渡韓せさるや」(1882年4月17日)[M]//北原マス子,等.资料新聞社説に見る朝鮮:(5),서울:高麗書林,1995:11-13.
② 「花房公使赴任」(1882年4月20日)[M]//北原マス子,等.资料新聞社説に見る朝鮮:(5),서울:高麗書林,1995:13-14.
③ 坂野潤治.「東洋盟主論」と「脱亜入欧論」:明治中期アジア進出論の二類型[M]//佐藤誠三郎、R.ディングマン.近代日本対外態度.東京:東京大学出版会,1974:41-42.

关于元山津事变发生的原因，福泽谕吉认为主要有两点。一是朝鲜人民顽固、愚昧是造成元山津事变的主要原因。他称，"朝鲜人是未开化的民族。况且是朝鲜东北咸镜道元山津地方，位置极其偏僻，人民极其顽固愚昧，……视侨居的我国人如鬼畜或海盗，希望早日消灭"①。二是朝鲜国内的"攘夷"风潮也是元山津事变发生的原因之一。福泽谕吉指出，朝鲜人从壬辰倭乱开始就讨厌日本人，称日本人为"壬辰彻骨之仇的旧敌"②。

并且，福泽谕吉在尚未得到详细报告的情况下，断定此次事件由朝鲜人挑起，称"一定是朝鲜顽民无谋的暴举，日本人遭到突然的袭击，屠杀被他们常常视为鬼畜、海盗的数百名的侨民，以此谋求自己的痛快显而易见"③，表现出对朝鲜人根深蒂固的偏见。同时，福泽谕吉认为，现在的朝鲜和开港时期的日本非常相似，与旧幕府时代日本人向美国公使投掷石子相比，此次发生的元山津事变确实是一大事变，日本政府必须进行严正的交涉。④

为了防止将来再发生同样的事件，福泽谕吉劝告日本政府在朝鲜的釜山、元山和仁川三个港口停靠军舰作为警备船，所需费用对于日本政府来说只不过是"九牛之一毛"，这样做的话，"在国内可以避免商民之怨恨，在国外可以消除朝鲜政府之猜疑"⑤。

福泽谕吉在5月12日发表的《必须向朝鲜政府要求》一文中，进一步认定朝鲜人挑起了元山津事件，希望日本政府向朝鲜政府提出如下三个要求。第一，废除各居留地的游步规程，日本人可以自由地在内地旅行。

---

① 朝鲜元山津の变报（1882年4月25日）[M]//庆应义塾. 福泽谕吉全集：第8卷. 東京：岩波書店，1960：83-84.
② 朝鲜元山津の变报（1882年4月25日）[M]//庆应义塾. 福泽谕吉全集：第8卷. 東京：岩波書店，1960：88.
③ 朝鲜元山津の变报（1882年4月25日）[M]//庆应义塾. 福泽谕吉全集：第8卷. 東京：岩波書店，1960：84.
④ 朝鲜元山津の变报（1882年4月25日）[M]//庆应义塾. 福泽谕吉全集：第8卷. 東京：岩波書店，1960：88.
⑤ 朝鲜元山津の变报（1882年4月25日）[M]//庆应义塾. 福泽谕吉全集：第8卷. 東京：岩波書店，1960：85.

第二，各居留地的周围 10 里（日本里程）乃至 20 里之间，可以进行贸易通商。在内地大都市开设年市，开市期间允许日本商人行商。第三，对死伤者的家属或本人支付抚恤金。并且，福泽谕吉认为，以上三个要求是为保证将来不再发生同样事变必不可缺的条件，朝鲜政府只有迅速答应此条件才能保全两国的关系。同时，福泽谕吉希望日本政府为了使日本商民能够专心地推进日、朝两国的贸易，在朝鲜三个港口常驻军舰，增加各居留地的巡查，架设经过对马岛到达釜山的海底电缆。①

在此过程中，福泽谕吉对朝鲜的"东洋盟主论"变得更加具体，进入具体的实践阶段。此时，福泽谕吉希望日本政府派军舰常驻朝鲜、增加巡查等以武力保护日本在朝侨民、扩大两国贸易；并希望架设电报线，避免出现像元山津事变那样无法同国内及时联系的情况。常驻军舰、增加巡查、架设电报线等内容都是对朝鲜国事的干涉，如果这些都实现的话，将为日本进一步指导朝鲜"文明开化"打下基础，同时也是实现对朝鲜"东洋盟主论"的途径。在朝鲜壬午兵变时期，福泽谕吉认为其建议未得到实施是造成日本人"被害"的重要原因。

（二）对壬午兵变的评论

如前所述，1882 年 7 月 23 日，朝鲜士兵因不满闵氏家族的腐败统治和日本人对朝鲜内政的干涉而发动了兵变。壬午兵变中，朝鲜士兵杀死亲日派大臣并袭击了日本公使馆，致使公使花房义质逃归长崎。兵变后，清政府应闵妃一派的请求迅速出兵进行了镇压。其间，福泽谕吉在《时事新报》上发表了大量文章，对壬午兵变进行了评论。

1. 对壬午兵变的认识及朝鲜政界的分析

7 月 31 日和 8 月 1 日，福泽谕吉连续两天在《时事新报》上发表《朝鲜事变》一文，通过壬午兵变发生后花房公使从长崎发至外务省有关壬午

---

① 朝鮮政府へ要求す可し（1882 年 5 月 12 日）［M］//慶応義塾. 福澤諭吉全集：第 8 卷. 東京：岩波書店，1960：96.

兵变的电报介绍了朝鲜壬午兵变的情况①，并断定发动此次兵变的"无疑是所谓号称斥和党之顽固党一类"，认为"当今之朝鲜国王乃持开国主义者，其父大院君乃主张斥和守旧之顽固主义者，其权势甚是强大。因此，当时在朝鲜政府一部分参与外交政略之人，按当时之情况不得已须乃持开国主义之人，其势力本不强大，常常因被斥和顽固党掣肘、压制，不能充分地实行其计划。然而政府外之普通社会，斥和锁国议论纷纷。或数百人联名抗疏极谏，或欲罢黜当今之国王，恢复锁国攘夷之政权，若概括今日之情况，全国上下几乎可谓乃斥和锁国党之大团结"。②

同时，福泽谕吉还认为，壬午兵变爆发后，日、朝之间已处于战争状态，称"日本与朝鲜两国之间，7月23日后其交往已经断绝，可谓已非和亲修好之交际，而成了战场相见之交际"③。

对于壬午兵变后日本政府的对朝政策，福泽谕吉建议应该在朝鲜任命"国务监督官"，由花房公使兼任，"监督该国万机国务，至少应辅翼保护开国人士，委任于该国之政府"④。"设置此监督官，监督全国政务改良期间，短则六七年，长则十数年，让一队护卫兵驻扎在京城，衣食住等须全由朝鲜政府供给。"⑤ 设置"国务监督官"的设想也是福泽谕吉对朝鲜的"东洋盟主论"的实现途径之一，已经表现出其将朝鲜变为日本殖民地的意图，同时这也证明了福泽谕吉所谓的"东洋盟主论"的本质。

此后，福泽谕吉对朝鲜政界势力的分布进行了分析。他说，"今日其执政之大臣，大体上乃50岁以上至70岁左右之老者。其主义亦守旧，墨

---

① 朝鮮の事変（1882年7月31日—8月1日）[M]//慶応義塾. 福澤諭吉全集：第8卷. 東京：岩波書店，1960：243-244.

② 朝鮮の事変（1882年7月31日—8月1日）[M]//慶応義塾. 福澤諭吉全集：第8卷. 東京：岩波書店，1960：245.

③ 朝鮮の事変（1882年7月31日—8月1日）[M]//慶応義塾. 福澤諭吉全集：第8卷. 東京：岩波書店，1960：247-248.

④ 朝鮮の事変（1882年7月31日—8月1日）[M]//慶応義塾. 福澤諭吉全集：第8卷. 東京：岩波書店，1960：249.

⑤ 朝鮮の事変（1882年7月31日—8月1日）[M]//慶応義塾. 福澤諭吉全集：第8卷. 東京：岩波書店，1960：249.

守周公孔子之道，仰视支那之广袤，保守本国 500 年来之旧物，未能前进
一步，即以大院君为首，……仅李载完作为国王之从弟 27 岁，其余无一
人 50 岁之下。此外，在朝在官之保守党繁盛如云，不能逐一列举。然而，
另一方必定乃改进党。……其中，如闵泳翊、鱼允中、洪英植虽被称为壮
年有势者，但政府全部之权利都掌握于十之七八之保守党之手，无实现改
进主义之途径。改进之幸在于国王一人，其 30 余岁，锐意进取，为采取
改革进步之路，专门依靠改进党之壮年辈保持其地位，有时必须压制原来
之老先生。……原本少壮之华士族中，虽说锁国论者甚多，但 40 岁以上
之老者中可称为改进者之人屈指可数"①。

　　福泽谕吉还对保守党与改进党之间的关系进行了说明，并再次断定发
动此次事变的是保守党。他说："保守之老大执权者如脑，改进之年轻有
力者如腕。虽说手腕因常活动而灵活，而下令支配其活动、左右其进退的
在于政府之脑髓——老者之意愿。政治上如此之状态，保守（党）经常保
守旧物可永远保持地位吗？改进（党）经常呈现其活力，定可压倒故老，
孰能制胜，迟早会不可避免诉诸于腕力。"②"发动此次京城事变的乱贼原
本与先前的（李载先之乱、元山津事变中的朝鲜人——笔者注）乃同类，
是以政府为目标举事？还是仅乃袭击我日本之公使馆？虽不知其详情，但
若以政府为目标，明显乃以政府中之改进部分为敌。""若已经与改进为
敌，此贼徒不仅在朝鲜妨碍其国家之开明，且现已违背持改进主义之国王
的旨意，无论是在法律上还是在情面上都乃国贼，必须说乃王室之罪人。
在此，我辈日本人若详查我敌之所在，可断定其敌不在王室，不在改进
党，只在保守顽冥之类。"③

---

① 朝鮮政略（1882 年 8 月 2 日—4 日）［M］//慶応義塾. 福澤諭吉全集：第 8 卷. 東京：
　　岩波書店，1960：252-253.
② 朝鮮政略（1882 年 8 月 2 日—4 日）［M］//慶応義塾. 福澤諭吉全集：第 8 卷. 東京：
　　岩波書店，1960：253.
③ 朝鮮政略（1882 年 8 月 2 日—4 日）［M］//慶応義塾. 福澤諭吉全集：第 8 卷. 東京：
　　岩波書店，1960：254.

对作为保守党首领的大院君杀害王妃①、世子妃及其他保守党人士，福泽谕吉也阐述了自身看法，认为"从《朝鲜事变续报》来看，大院君为了掌权，杀害了王妃、世子妃、李最应、金辅铉、闵台镐、闵镰镐与尹雄烈。原来此事变乃由朝鲜保守与改进之倾轧而产生，李氏以下五人中，除尹氏外皆保守主义者，保守党杀害保守者似乎不可思议。且大院君为了掌权杀害王妃与世子妃，在众人看来，骨肉之间杀害儿媳、孙媳在人情方面难于理解，但若详细了解他国 20 年来之情况，似乎亦足可解开疑惑"②。

而对于大院君一派为何未在兵变中杀害国王，福泽谕吉则认为"未杀害而是将国王囚禁，可推测乃为了利用其名使其虚有其位，乃今后以国王之命控制国内、以国王之名同国外进行交往之奸策"③。

福泽谕吉还进一步称，"如今之大院君政府正乃以这些暴徒组织而成，如其煽动者、指挥者立于新政府之朝廷，洋洋得意。加之，大院君本人亦非当日之指挥者，仅乃煽动声援之根本"，并认为此次在朝鲜袭击、杀害日本人的"一定乃大院君一派"④。大院君正是在这次兵变中"利用士兵之不满而举事，其举动最活跃、其成功也最迅速"⑤。

福泽谕吉曾在发表的《朝鲜政略备考》一文中，对朝鲜的地理、风土人情、身份制度、科举制度、宗教、官职、租税、政府的腐败及官员的俸禄等进行了详细说明。⑥ 福泽谕吉对朝鲜政界的分析较为全面、准确，体现了其对朝鲜的充分了解以及对朝鲜非常高的关注度，而这也是其分析朝鲜问题的基础。

---

① 此时，福泽谕吉应该还未得到闵妃没有被害的消息。
② 朝鲜事变続報余論（1882 年 8 月 8 日—10 日）［M］//慶応义塾. 福澤谕吉全集：第 8 卷. 東京：岩波书店，1960：264-265.
③ 朝鲜事変続報余論（1882 年 8 月 8 日—10 日）［M］//慶応义塾. 福澤谕吉全集：第 8 卷. 東京：岩波书店，1960：268.
④ 朝鲜事変続報余論（1882 年 8 月 8 日—10 日）［M］//慶応义塾. 福澤谕吉全集：第 8 卷. 東京：岩波书店，1960：272.
⑤ 大院君の政略（1882 年 8 月 15 日—16 日）［M］//慶応义塾. 福澤谕吉全集：第 8 卷. 東京：岩波书店，1960：288.
⑥ 朝鲜政略備考（1882 年 8 月 5 日—14 日）［M］//慶应义塾. 福澤谕吉全集：第 8 卷. 東京：岩波书店，1960：275-285.

（三）对壬午兵变中日本出兵的必要性的评论

如前所述，在元山津事变后，福泽谕吉曾在"应在朝鲜三港常驻军舰""增加保护居留地的巡查""架设用于急用的电报线"等方面对日本政府进行过劝告。此时，福泽谕吉认为"若在元山津事变后 4 个月期间，早早地做好了如此之警备，可防患此事变于未然"。①

对于处理壬午兵变的对策，福泽谕吉指出，"我政府传令海陆军，可做好军舰、陆军参加外战之准备。同时可任命遣韩特派全权办理大臣，委任其和战文武之全权，俟花房公使抵京，共同率军舰、陆军火速前往京城。然而，朝鲜暴徒之性质还不知其详，尤其是花房公使从韩国撤回后，情况完全不知。只有陆海军之兵力十分强大，才是万全之策"②。

并且，福泽谕吉指出实施朝鲜政略的"第一要务在于兵力"③，并对于政府关于壬午兵变的处理感到高兴。他说，"尤其乃用兵之时机一日亦不可贻误。此便乃我辈关于此次兵变根据一封电报便即刻讨论军舰、陆军进行对外作战准备之缘由。舆论对此毫无异议，政府之计划果然符合我辈之想法吗？三艘军舰已出发，井上外务卿既然从马关出发，小仓之若干分营兵应作为花房公使之护卫兵派向仁川。政府处置之迅速使我辈不胜欣喜"④。

福泽谕吉还批评某些舆论者是"只管倡导和平，乃只要看到兵字就感到吃惊之人"⑤，并再次表明日本向朝鲜出兵的"正当"理由："此次把我国作为敌人的既非王室又非改进党，而乃他国朝野上下之保守顽固党，若

---

① 朝鮮の事変（1882 年 7 月 31 日—8 月 1 日）［M］//慶応義塾. 福澤諭吉全集：第 8 卷. 東京：岩波書店，1960：245-246.
② 朝鮮の事変（1882 年 7 月 31 日—8 月 1 日）［M］//慶応義塾. 福澤諭吉全集：第 8 卷. 東京：岩波書店，1960：246.
③ 朝鮮の事変（1882 年 7 月 31 日—8 月 1 日）［M］//慶応義塾. 福澤諭吉全集：第 8 卷. 東京：岩波書店，1960：255.
④ 朝鮮の事変（1882 年 7 月 31 日—8 月 1 日）［M］//慶応義塾. 福澤諭吉全集：第 8 卷. 東京：岩波書店，1960：255.
⑤ 朝鮮の事変（1882 年 7 月 31 日—8 月 1 日）［M］//慶応義塾. 福澤諭吉全集：第 8 卷. 東京：岩波書店，1960：255.

政府出现一时落入顽固党手中之情况，非其国最上最贵国王之本意，又出现了改进党出于无力之情况，我日本既为了两国交际之情谊，又为了保护宇内之文明，暂时借我兵力扫除他国全面之迷雾，乃我国在道德信义上不可推辞之义务。"①

同时，福泽谕吉警告派往朝鲜的军队要遵守军纪，指出朝鲜的风俗习惯，如同女人接触、坐的位置等都与日本不同，因此需要注意②，认为云扬号事件就是因为风俗习惯不同引起的"误会"③。福泽谕吉还认为，朝鲜人之所以把壬辰倭乱称为"彻骨之恨"，也是因为当时日本军队不遵守军纪。④ 福泽谕吉将侵略朝鲜看成了理所当然的事情，将朝鲜人民对侵略的反抗归结于日本军队不守军纪，显然是其具有西方殖民主义特点的文明观的真实体现。

8 月 10 日，接到日本政府训令的花房率领 4 艘军舰、3 艘运输船及陆军一个大队开赴朝鲜。对于日本在处理此次事变中要具备强大兵力的必要性，福泽谕吉指出，"朝鲜之内乱与日本无关，今之逆徒非原来正当之政府，我文武全权办理公使视察他国之情况，欲尽量帮助其旧政府。旧政府果真毫无能力、不足以统治国内之人民，不能尊奉外部之条约，详查国家之实力全部归贼徒之事实，并非不能进一步承认它乃朝鲜之新政府并缔结新条约，当处理如此情况之时，无论是和是战，不可或缺的在于兵力。并且，欲容易地解决如此之事情，需要迅速地利用战争之机会使兵力变得强大，因此我辈从最初就忠告出兵之事。虽说或许世间有议论，恐惧军队的通常乃书生，不敢责备。我辈希望的乃与永日地操练人数少之兵力相比，

---

① 朝鮮の事変（1882 年 7 月 31 日—8 月 1 日）［M］//慶応義塾. 福澤諭吉全集：第 8 卷. 東京：岩波書店，1960：256.

② 朝鮮政略（1882 年 8 月 2 日—4 日）［M］//慶応義塾. 福澤諭吉全集：第 8 卷. 東京：岩波書店，1960：258.

③ 朝鮮政略（1882 年 8 月 2 日—4 日）［M］//慶応義塾. 福澤諭吉全集：第 8 卷. 東京：岩波書店，1960：258.

④ 朝鮮政略（1882 年 8 月 2 日—4 日）［M］//慶応義塾. 福澤諭吉全集：第 8 卷. 東京：岩波書店，1960：258-259.

不如一时利用强大之兵力迅速结束"①。

同时，福泽谕吉还为自己希望日本派兵的主张进行了辩解，称"大大地显示兵力，迅速结束谈判乃必要的。但如我辈本月四日之社说所述，派兵虽重要，所希望的乃不要误用。况且犹如此次兵力仅乃为万一之事变所准备，或者说不会实际使用"②。

福泽谕吉又以英国为榜样，认为如英国因生麦事件与日本进行谈判时一样，壬午兵变必须以武力解决并取得谈判之抵押。他说，"总之，占据釜山或者江华岛以外之任何一个要冲作为谈判之抵押，紧要的是迅速地结束。在要求赔偿之谈判上，以武力取得抵押，实在乃通常之事情，无须感到奇怪"③。

其后，福泽谕吉还提出了必须出兵朝鲜的四个理由。一是要保护去朝鲜进行谈判的公使。他说，"上月23日暴动以来，朝鲜国内之情况无法详知。总之，朝鲜没有力量保护在韩之日本人。且若是大院君之政府，只是倡导虚饰外表的和平之说，出于遁词的一时之策，其内心想法不仅不保护我，可以明确乃要伤害我之人，这可通过此前发生之事实来证明。要进入如此之国家商谈事情，作为我国政府之使者不可只身独步，这当然乃身经百战之心得，护卫之兵力不可少"④。二是要保护在朝侨民和商人。他说，"在釜山、元山从事两国贸易之侨民甚多。然而，这些日本人完全乃从事商贸之人，乃身不带寸铁防卫之人，如今正值他国暴徒正盛之时，无法预知有何等之变化。在已过去之3月31日，元山津之凶徒突然爆发，我侨民老幼、妇女有躲避灾难逃至釜山又回到长崎的。如此之暴乱，几乎都是无

---

① 朝鮮事変続報余論（1882 年 8 月 8 日—10 日）［M］//慶応義塾. 福澤諭吉全集：第 8 卷. 東京：岩波書店，1960：269.

② 朝鮮事変続報余論（1882 年 8 月 8 日—10 日）［M］//慶応義塾. 福澤諭吉全集：第 8 卷. 東京：岩波書店，1960：273.

③ 出兵の要（1882 年 8 月 18 日）［M］//慶応義塾. 福澤諭吉全集：第 8 卷. 東京：岩波書店，1960：290.

④ 出兵の要（1882 年 8 月 18 日）［M］//慶応義塾. 福澤諭吉全集：第 8 卷. 東京：岩波書店，1960：290-291.

规律之时势，为了我国商人不可没有严格之保护"①。三是为了保证谈判的进行。他说，"我问罪使在他国登陆后迅速展开谈判，袭击我公使馆、屠杀我人民的乃何人所为？指挥者又是何人？教唆、煽动、声援的是何人？追究其事实，处死几名作为首领之人，对我被害者家属让其支付相当之抚恤金，并让其偿还我政府问罪之实际支出，犹如我国民在诉讼中须由败诉一方支付诉讼费用之惯例，关于如此之谈判可由我方介入罪人之处刑。抚恤之金额、问罪发生之实际费用，亦由我方计算其多寡要求之，限定时日要求其答复。若乃非常重要之谈判，依当时之情况，选择要冲之地以兵力占据，声明谈判不结束不归还此土地，就如把它作为谈判之抵押。若达到我方要求之目的，可谓乃和平之结局。否则，若他方无论如何亦无答应我方要求之意、更加无礼之时，不得已开启战端攻击其守卫之要冲，须迫使其签订城下之盟"②。四是可以保证朝鲜今后不再 "攘夷"。他说，"或和或战，以何为结局如今尚难预料。无论是和是战，总之（不）答应我方之要求，一日不可结束。如其一时支付赔偿金一定会有困难，因此至其支付完了为止，兵力不可松懈，俟其结束乃紧要的。让其在精神上真实地悔恨此前之错误，只管以和平为主。若眼下仅乃由于似筹款无着而延期，我士兵驻在其土地亦无益处。通过我辈之臆测，决不能相信大院君之心中所想仅乃如此。若其对日本真有友好之意，推倒数年前国内建立之洋夷侵犯之石碑，并撤销国内攘夷之首领，大院君之政略今年今月改变一新之确凿证据明确宣告于国内，其必定会困窘。若以如此暧昧之政府为对手商谈事情，要有思想准备，其信义不可依赖，为加强其信义，必须使用我方之兵力"③。

壬午兵变的发生，给了福泽谕吉进一步发表其关于朝鲜问题评论的机

---

① 出兵の要（1882 年 8 月 18 日）[M] //慶应義塾. 福澤諭吉全集：第 8 卷. 東京：岩波書店，1960：291.

② 出兵の要（1882 年 8 月 18 日）[M] //慶应義塾. 福澤諭吉全集：第 8 卷. 東京：岩波書店，1960：291-292.

③ 出兵の要（1882 年 8 月 18 日）[M] //慶应義塾. 福澤諭吉全集：第 8 卷. 東京：岩波書店，1960：292.

会。在评论中，福泽谕吉表现出希望使用武力解决壬午兵变的对朝强硬论，一直强调使用武力的重要性。其间，福泽谕吉为了达到反对清政府干涉日朝之间关于处理壬午兵变谈判的目的，还曾从历史形成角度对中朝之间的宗藩关系进行了否定。

（三）对《济物浦条约》的评论

8月20日，花房公使率兵抵达朝鲜京城后，立即向朝鲜国王提出惩罚凶手、抚恤受害的日本人、赔偿损失、开放杨华津等地、驻扎保卫使馆的日本军队等各项要求，并限期3日给予答复。3日期满后，未得到答复的花房立即撤回仁川。30日，朝鲜被迫同日本签订了《济物浦条约》。通过该条约日本不仅获得了巨额赔款，还扩大了在《日朝修好条规》中没有取得的侵略权益，特别是以保护公使的名义取得的驻兵权。该条约对于朝鲜来说是丧权辱国的条约，而对于日本来说则是加快了侵朝的步伐。关于《济物浦条约》，福泽谕吉进行了如下评论。

第一，福泽谕吉赞扬日本政府及其外交官在谈判中取得的"成绩"。福泽谕吉得到《济物浦条约》签订的消息后，感到非常喜悦。他称，"首先，横在日朝两国间之杀气妖氛被以如此和平之手段一扫而光，对两国交情倍增、变得日趋亲密感到高兴。还感到高兴的是，此条约足以满足我日本国民之希望。最后，可见此次之处理同事先我辈所主张之意见毫无差别，我心中暗自不胜喜悦，听到此处理首先不外乎盛赞"①。日本政府及其花房公使在"内有大院君一派之斥攘论，外有支那之嫉妒、猜疑，英美其他诸国军舰在近海来往"的情况下，"日本政府、花房公使之处境可谓非常之困难，活动不大自由"②，"但克服此困难并迅速地解决，其结果之美好可以评为欧洲第一流之外交家，除了枝节问题之长短大小，不能给予一

---

① 朝鲜事件談判の結果（1882年9月4日）［M］//慶応義塾. 福澤諭吉全集：第8卷. 東京：岩波書店，1960：328.
② 朝鲜事件談判の結果（1882年9月4日）［M］//慶応義塾. 福澤諭吉全集：第8卷. 東京：岩波書店，1960：328-329.

点儿之批判"①。

第二，福泽谕吉认为谈判取得成功，关键在于兵力。福泽谕吉认为，"外交上之事件莫不如说多数由背后兵力之精不精决定成败，如此次之谈判不得不说最明显"。并且，福泽谕吉还对在这次事件处理过程中军队的作用进行了说明，称"在朝鲜事件发生之际，我辈就曾谈论过有必要派出大规模之军队。实际上若仅为保护公使一人之安全，本来不需要太多之士兵，但想要进行和平之谈判、得到和平之结果，对于朝鲜人要知彼知己，朝鲜之势力如何亦不能同日本敌对，此次之结局，不战则和，战则亡国，必须使其觉悟其祸不仅乃卖国之道理、形势。否则，由于其顽固、倨傲，再惹出什么事端，可谓会造成两国之交际不得已破裂。此乃用兵之第一着眼点"②。对于条约的达成，福泽谕吉认为"不得不说完全乃日本兵快速到来促成了如此美好之结果"③。"关于两国交际之错综复杂，应知道非用兵所能解决。或者说兵力之用途不只是在战争中，善于用兵不经常作战，紧要的乃将其放在不战之范围内，如佩戴杀人之刀不一定杀人一样。"④ 福泽谕吉再次提醒日本政府为了避免"破坏两国之情谊"，注意驻朝军队的纪律，"此次特别地告诫士兵并在军队中下达特别之命令，以谨慎忍辱作为在韩国驻在时首要之注意事项，使朝鲜朝野人士第一次对我士兵之勇猛、对我士兵之谨慎与正直感到吃惊"⑤。

第三，福泽谕吉提醒日本政府注意中国"教唆"朝鲜反对日本。他说，"此次关于清国政府之举动，我辈不能理解之地方甚多。一方面，称

① 朝鮮事件談判の結果（1882 年 9 月 4 日）［M］//慶応義塾. 福澤諭吉全集：第 8 卷. 東京：岩波書店，1960：328.
② 朝鮮新約の実行（1882 年 9 月 6 日）［M］//慶応義塾. 福澤諭吉全集：第 8 卷. 東京：岩波書店，1960：329-330.
③ 朝鮮新約の実行（1882 年 9 月 6 日）［M］//慶応義塾. 福澤諭吉全集：第 8 卷. 東京：岩波書店，1960：331.
④ 朝鮮新約の実行（1882 年 9 月 6 日）［M］//慶応義塾. 福澤諭吉全集：第 8 卷. 東京：岩波書店，1960：331.
⑤ 朝鮮新約の実行（1882 年 9 月 6 日）［M］//慶応義塾. 福澤諭吉全集：第 8 卷. 東京：岩波書店，1960：331.

朝鲜为清国之属邦，试着胡乱地妨害日韩两独立国间之事；另一方面，在局外旁观，暗中忠告韩廷，以模糊暧昧之陈腐手段，如要瞒着其他人。在其心中仅认为日本有进行侵略之远大志向，欲逐步吞并邻国雄飞于东洋，结成一个疑团而不知解开，自家疑心之暗鬼被斥，可谓仅其自身在辛苦地奔劳"①。福泽谕吉认为，中国怀疑日本在汉城驻兵、在杨花津开设贸易市场、公使领事及其属员和家属到内地旅行，不仅自寻烦恼，而且"流言告密，倾尽种种手段教唆朝鲜人"②。因此，福泽谕吉希望"我政府以及实地当局之公使等，对于中国烦恼之原因不可轻视，以我之赤心对待韩廷，广交韩人，提醒注意不能使清国政府之计谋得逞，可谓乃非常重要之事情"③。

第四，福泽谕吉认为对于朝鲜的 50 万美元赔款日本应该返还，用于朝鲜引进文明，日本监督其使用。他称，"我政府要求金额之多少与我无关，只是让韩廷担负实际之费用，让其悔罪，进行惩罚，只是永远地维持两国间交际之意。然而，推查朝鲜财政之状况，只是要求朝鲜能够负担的、适当之少量金额，得到惩罚之实际证明足矣"。同时，福泽谕吉也对政府的做法表示了反对。他说："推查如今朝鲜之国情，50 万元之赔款，使他国国民胆寒，惩罚此举以儆将来，不可不亲近日本，不可不进行外交，革除旧弊，不可不推进日新月异之文化，人心一变，与我国之方向甚是一致，共同协作，会采取使东洋之面目一新之国策吗？"④ 随后，福泽谕吉又分析了朝鲜国内的政治情况，认为如今朝鲜持"斥攘论"的是朝鲜人民，很难改变朝鲜人民的"斥攘论"，此次的 50 万美元赔款对于朝鲜人民

---

① 朝鮮新約の実行（1882 年 9 月 6 日）［M］//慶応義塾. 福澤諭吉全集：第 8 卷. 東京：岩波書店，1960：332.
② 朝鮮新約の実行（1882 年 9 月 6 日）［M］//慶応義塾. 福澤諭吉全集：第 8 卷. 東京：岩波書店，1960：332.
③ 朝鮮新約の実行（1882 年 9 月 6 日）［M］//慶応義塾. 福澤諭吉全集：第 8 卷. 東京：岩波書店，1960：332.
④ 朝鮮の償金五十万円（1882 年 9 月 8 日）［M］//慶応義塾. 福澤諭吉全集：第 8 卷. 東京：岩波書店，1960：334.

无关痛痒。① 所以，要使朝鲜和日本"共同走向日新月异之文明"，只能是让其引进文明之新事物。② 此次的 50 万美元赔款，"一旦得到后，再把它赠予朝鲜政府，希望成为他政府引进新事物费用之一部分补助。然而，此补助金赠予后，为防止他政府滥用或用于其他无益有害之方面，我政府必须监督其对于此赔款之使用"③。福泽谕吉认为返还此次赔款会取得一举三得的效果："表明我政府之举乃为了义而非为了利；使朝鲜之朝野感到我政府之宽大，激起其共同开进文明之念；又乃使清朝释然，消除其猜疑之权宜之计。"④ 甲申政变前，日本政府确实返还了朝鲜当时尚未偿还的 40 万美元赔款⑤，但应该看到日本返还赔偿金只是为了缓和日朝之间的关系，实现日本自身的目的。

综上所述，福泽谕吉在壬午兵变前强调的日本在朝鲜的"优越性"及其后主张的在朝鲜设置国务监督官等内容，都体现了其基于文明观对朝鲜的蔑视。福泽谕吉的文明观是其对外观的理论基础。壬午兵变前，福泽谕吉基于其文明观提出的"东洋盟主论"实质就是：以指导朝鲜、中国"文明开化"为借口，使日本对朝鲜与中国的侵略正当化。福泽谕吉对壬午兵变的认识也无不体现出"东洋盟主论"的思想。此后，由于中法战争的爆发以及甲申政变的失败，福泽谕吉的亚洲观由"东洋盟主论"逐渐地转向了"脱亚论"。

---

① 朝鮮の償金五十万円（1882 年 9 月 8 日）［M］//慶応義塾. 福澤諭吉全集：第 8 卷. 東京：岩波書店，1960：335-336.

② 朝鮮の償金五十万円（1882 年 9 月 8 日）［M］//慶応義塾. 福澤諭吉全集：第 8 卷. 東京：岩波書店，1960：336.

③ 朝鮮の償金五十万円（1882 年 9 月 8 日）［M］//慶応義塾. 福澤諭吉全集：第 8 卷. 東京：岩波書店，1960：336-337.

④ 朝鮮の償金五十万円（1882 年 9 月 8 日）［M］//慶応義塾. 福澤諭吉全集：第 8 卷. 東京：岩波書店，1960：337.

⑤ 信夫清三郎. 日本外交史：上册［M］，天津社会科学院日本问题研究所，译. 北京：商务印书馆，1980：201.

二、甲申政变时期福泽谕吉的朝鲜观

（一）福泽谕吉与朝鲜开化运动

以 1876 年日朝间签订的《江华岛条约》为契机，福泽谕吉与朝鲜开化派有了最初的接触。《江华岛条约》缔结后，金玉均、朴泳孝等通过朝鲜向日本派遣的第一次修信使金绮秀一行，了解了日本短期内迅速实现文明开化的真实情况，并将日本看作"文明开化"的榜样。作为开化派领袖的金玉均对于日本的文明开化非常关心。1880 年，金玉均通过僧人李东仁了解了福泽谕吉在日本的名望。李东仁作为釜山东本愿寺的住持于 1879 年 6 月上旬偷渡至日本，据说这次偷渡得到了金玉均等开化派人士的指导与帮助。1880 年 4 月，李东仁在东京浅草别院寄宿时，通过庆应义塾的学生、东本愿寺僧侣寺田福寿的介绍认识了福泽谕吉。这是福泽谕吉与朝鲜开化派的初次接触。①

1881 年 2 月，朝鲜向日本派出了被称为"绅士游览团"的视察团，其一行接触日本朝野各界人士，全面地考察了日本的各种政府设施、工矿企业和教育事业等。鱼允中作为"绅士游览团"的 12 名朝士之一，于"绅士游览团"回国后留在日本继续同日本各界人士接触，特别是就关于文明开化同福泽谕吉充分地交流了意见，并让自己随员中的俞吉濬和柳定秀进入福泽谕吉开办的庆应义塾学习。鱼允中回国后，向国王上奏了以富国强兵为主要内容的报告书，使国王对于近代化的热情更加高涨。由于国王高宗的支持，以金玉均为首的开化派的活动更加活跃。特别是，金玉均受到同福泽谕吉接触的李东仁和鱼允中的视察报告的刺激，更加渴望亲自去日本了解日本文明开化的成功经验。1882 年至 1884 年甲申政变前，金玉均对日本进行了三次访问。1882 年 2 月，金玉均实现了首次访日。金玉均在日本逗留 5 个月。其间，金玉均除了结识福泽谕吉外，还同日本的政界要人伊藤博文、井上馨和后藤象二郎等人就朝鲜的文明开化广泛地交换了意

---

① 具仙姫. 福澤諭吉斗 1880 年代韓國開化運動 [J]. 史叢, 1987 (32): 118-120.

见。10月，朝鲜全权大臣兼修信使朴泳孝一行访问日本时，金玉均作为朴泳孝的顾问随行，再次访日。在日期间，朴泳孝、金玉均依靠福泽谕吉选拔能够帮助朝鲜进行改革的日本顾问。①

1883年1月4日至16日，福泽谕吉发表《明治十六年前途之望》一文，称"因支那之关系，朝鲜之事决不可忽视，要知道日本同支那之关系会影响至整个东洋。我日本作为'东洋文明之魁'诱导支那与朝鲜，努力使其同我们一起共同分担喜忧，必须知道若以文说明不听，有必要以武胁迫"②。在此，福泽谕吉再次明确了"东洋盟主论"中对朝鲜与中国的一贯主张，即"以文诱导，以武胁迫"。

同月，修信使朴泳孝一行归国时，福泽谕吉将其学生牛场卓造、井上角五郎、高桥正信等派往朝鲜，开办洋学校和发行报纸。③ 对此，福泽谕吉于11日至13日发表的《牛场卓造君赴朝鲜》一文中称，朝鲜人绝非野蛮，现在只是犹如迷失了方向，对其"不可以威胁迫，不可以利侵占，只有纠正其人心之非，使其自己明白事物道理之一法"。如今的朝鲜与日本百余年前延享、明和年代相同，据说朝鲜没有经常阅读洋书的士人、不知世界为何物、不理解文明开化为何物、除了本国只了解日本与中国，闻知其他国家只知道一味地憎恶，不知引进开明的元素。为了改变这种情况，"朝鲜要导入文明开化，其国内无开启其路之人，若外来者，不可以威胁迫、以利诱惑，眼下最重要的只有纠正其人心之非使其自己拨开云雾这一手段"④。福泽谕吉认为，朝鲜没有文明开化的真正原因是闭关锁国，"不知引进开明之元素"，并提出了解决手段，即"导入文明开化"以"纠正人心之非"。

福泽谕吉将牛场卓造等去朝鲜同西洋人来到东洋相类比，认为西洋人

① 具仙姬. 福澤諭吉과1880年代韓國開化運動 [J]. 史叢, 1987（32）：120-123.
② 明治十六年前途之望（1883年1月4日—1月16日）[M] //慶応義塾. 福澤諭吉全集：第8卷. 東京：岩波書店, 1960：479.
③ 远山茂树. 福澤谕吉 [M]. 翟新, 译. 北京：中国社会科学出版社, 1990：217-218.
④ 牛場卓造君朝鮮に行く（1883年1月11日—1月13日）[M] //慶応義塾. 福澤諭吉全集：第8卷. 東京：岩波書店, 1960：479-501.

来到东洋未开之国，诱导其文明开化的方便之法除了政治、商卖上的交际之外，还有作为传教士传播宗教之人，以及传教的同时教授医术，广泛地接纳病人，以此为缘分收拢民心之人。福泽谕吉对牛场卓造的期望就是效仿西洋人，同朝鲜人接触，"如传教士控制愚民一样"控制朝鲜人，"只有以学者之精神控制朝鲜人，控制其内心后，其自然会明白事物之道理，其国之文明开化欲阻止亦阻止不了"。福泽谕吉说，他多年的志向就是"扬国威于海外"，而"扬国威于海外"不能只是理解为兵马的远大计划，以学问上的实力控制其人心也非常重要，可以称为"文权"，"今天开其端者乃牛场君一行"①。福泽谕吉虽然认为朝鲜人"绝非野蛮"，但是将日本人等同于西洋人，称朝鲜人是东洋的"愚民"，并希望利用"文权"达到"扬国威"于朝鲜的最终目的，这其中同样体现了其"东洋盟主论"的思想。

然而，被福泽谕吉寄予厚望的牛场卓造于1883年5月返回了日本。牛场卓造到朝鲜后开展福泽谕吉希望的开化活动，但由于朝鲜保守势力的强大以及清政府对朝鲜干涉的加强，完全没有开展洋学的余地。因此，4个月后，牛场卓造和高桥正信从朝鲜返回了日本。②

而井上角五郎却很快得到了朝鲜政界的承认，并作为朝鲜政府博文局的主任参与了朝鲜最初的近代报纸《汉城旬报》的创刊。《汉城旬报》确实起到了文化宣传的效果，但由于采用纯汉文，难以被普通大众阅读。福泽谕吉曾写信给井上角五郎，劝告其在《汉城旬报》中采用朝汉文混用体。井上角五郎还未来得及实践福泽谕吉的劝告就因为"汉城旬报事件"被迫回国。③

事实上，福泽谕吉对朝鲜的开化活动以失败而告终。不可否认福泽谕吉与开化派的接触以及通过其学生在朝鲜的开化活动给朝鲜的文明开化带

---

① 牛場卓造君朝鮮に行く（1883年1月11日—1月13日）[M]//慶応義塾.福澤諭吉全集：第8卷.東京：岩波書店，1960：502-506.

② 井上角五郎.漢城之残夢[M]//東京：春陽堂，1891：25.转引自具仙姬.福澤諭吉斗1880年代韓國開化運動[J].史叢，1987（32）：131。

③ 具仙姬.福澤諭吉斗1880年代韓國開化運動[J].史叢，1987（32）：132-134。

来了很大影响，但从福泽谕吉的言论中可以看出，这些无非是达到其所谓的"文权"扩张的一种途径。

（二）支持朝鲜募集外债

壬午兵变后，为了改变朝鲜财政困难的局面，开化派代表金玉均第二次赴日时曾向日本政府表达借款的请求，但日本政府以无信任状为由拒绝借款。1883年5月，美国驻汉城公使福特的译员尹致昊由东京带回日本外务大辅吉田清成的口信：如有国王的委任证书可募得借款。[①] 1883年6月，金玉均为了为朝鲜政府募集300万元的外债，携带国王的外债募集委任状第三次访日。

同月，福泽谕吉连续发表了《朝鲜政略之急在于挪用我国资金给它》《挪用日本之资金给朝鲜无风险》《挪用资本给朝鲜对我国甚是有利》三篇文章，希望日本政府及各界人士积极满足朝鲜募集外债的要求，其原因主要有如下三个。

第一，福泽谕吉认为日本应以借给朝鲜资金为手段来达到对其进行"学问上诱导"的目的。他说，"文明国"与"非文明国"之间展开交际不外乎通过四种策略：一是以武力伤害其人民，由此利用其子孙；二是以宗教诱导其民心，逐渐地引导其走向开明；三是以学问结成交际之源；四是以资本结缘。日本同朝鲜之间的交际，第一种策略如直接使用武力，虽然奏效非常迅速，但对于引导朝鲜文明开化非常缓慢，且一旦开启兵端，就会波及整个东洋。第二种策略如利用宗教，但与日本士人相同，朝鲜上流士人不信佛法，很难引入宗教，且今日日本的佛教人士精神颇为腐败，不可指望利用其教化邻国之人。第三种策略如以学问对其进行启蒙，但朝鲜的文化非常之低，虽说学问上诱导的效力深远，却不适合当前朝鲜的民情。因此，只有第四种策略如日本借给朝鲜资金，在今日最适合彼此，"可以以第四种策略打开事物之开端，以第三种策略为最终之结局"[②]。在

---

① 曹中屏. 朝鲜近代史［M］. 北京：东方出版社，1993：108.
② 朝鲜政略の急は我資金を彼に移用するに在り（1883年6月1日）［M］//慶応義塾. 福澤諭吉全集：第9卷. 東京：岩波書店，1960：5-7.

被寄予厚望的福泽谕吉的弟子牛场卓造对朝鲜的开化活动并没有取得成功的情况下，福泽谕吉倡导借给朝鲜资金来实现以学问启蒙朝鲜的最终目的，虽说可能是当时最合适的策略，但这掩盖了福泽谕吉的最终目的，即以此实现其对朝鲜的"东洋盟主论"。同时，福泽谕吉将日本与朝鲜的关系视为"文明国"与"非文明国"的关系，如果按其主张的文明观，当其倡导的借给朝鲜资金来实现以学问启蒙朝鲜的最终目的不能实现时，第一种策略使用武力必定会成为福泽谕吉最后的主张。

第二，福泽谕吉认为朝鲜有偿还外债的能力，日本借给朝鲜资金不会带来风险，并且会得到"取得抵押、缔结条约"与"促进其内部改革"一举两得的效果。对于朝鲜需要资金的原因，福泽谕吉称此前的朝鲜政府"可谓倾尽国力于中国古流之虚文"，如今朝鲜的有志之士想要在国内建立起事业，除了使用外国的资本外毫无其他的手段。因此，为了朝鲜考虑，利用外资不仅适合朝鲜的国情，并且由于其国情紧迫也不得不利用之。对于认为朝鲜没有能力偿还日本借款的主张，福泽谕吉指出朝鲜的国力并不弱小，有承担相当于日本国债 1/9 的能力，有三四千万，日本借给朝鲜资金的决策在经济上毫无风险。同时，"当我国政府或人民借给朝鲜政府资本或欲在朝鲜开展事业之际，取得抵押、缔结条约，不容怀疑根据其条约会自发地产生促进其内部改革之机会。为了他国，若利用外债实行了国内之改革，必须说乃一举两得之上策"①。

第三，福泽谕吉认为对于日本来说，挪用日本的资金给朝鲜，既可以在经济上得到利益，又可以缓和国内的矛盾。他称，当前朝鲜需要资金，其用途只是为了开展文明事业，而文明事业的开展只能依赖外国，即手段不外乎雇用外国人、从国外购买物品。在朝鲜人看来，"西洋人不容易接近"，"支那人不知近代文明"，不值得依赖，而在学习西洋文明方面"日

---

① 朝鮮政略の急は我資金を彼に移用するに在り（1883 年 6 月 1 日）［M］//慶応義塾.
福澤諭吉全集：第 9 巻. 東京：岩波書店，1960：7-9.

本之资历可谓乃支那之十倍还有余"，"仰仗我日本乃必然之趋势"①。

并且，福泽谕吉对日本贷款给朝鲜的好处进行了说明。他说，日本的资金借给朝鲜，"成为我国人被其所雇用而得到之薪资部分甚多，或者说输入从我国制造之船舰枪炮到种种之日常用品之资金也甚多。若从这一点看，日本人借给邻国资金，首先得到忙于自家事业最合理之报酬，同时又得到其借款利息之返还，可谓一举两得"。同时，在日本国内，不能取得职位的有学问之人"动不动就成为街谈巷议之原因"，因此，"把如此之人物派往朝鲜从事实业，犹如转移对我多余之痛苦去满足其不足之痛苦，其有利之处不仅限于奖励我国之学术，还可谓间接地对维持我社会之和平给予了少许帮助"。对于朝鲜国内的改革，"等待时机不如创造时机"，"对于当今之朝鲜创造其大变革之时机甚是容易，若我日本人不着手，只会突然落入他人之手"。② 福泽谕吉在这里表明了贷款给朝鲜的真实目的，即不仅能得到经济上的利益还能消除国内的矛盾，否定了之前所谓的"借给朝鲜资金来实现以学问启蒙朝鲜"的目的。同时，福泽谕吉希望日本政府积极创造"改革"朝鲜的时机，表达了对日本政府对朝政策的不满。

为了募集 300 万元的资金，金玉均在日本逗留了 10 个月，其间福泽谕吉也为其借款的事情奔走，③ 但日本改变了原来的态度，金玉均空手而归。其原因是，此时朝鲜正与日本商讨解决无关税贸易的问题。日本为了在未来的新协定中保留与获取更多的特权，并将新的不平等条约强加给朝鲜，不愿给开化派提供更多的支持。④ 由此可见，日本政府对朝政策经历了对开化派从支持到不支持的变化过程。

对此，福泽谕吉发表了自己的主张，认为当前朝鲜面临着严峻的国际形势。一是朝鲜之所以与已经成为法国保护国的安南命运不同，是因为当

---

① 朝鮮国に資本を移用すれば我を利すること大なり（1883 年 6 月 5 日）［M］//慶応義塾. 福澤諭吉全集：第 9 卷. 東京：岩波書店，1960：10-11.

② 朝鮮国に資本を移用すれば我を利すること大なり（1883 年 6 月 5 日）［M］//慶応義塾. 福澤諭吉全集：第 9 卷. 東京：岩波書店，1960：11-12.

③ 远山茂树. 福泽谕吉［M］. 瞿新，译. 北京：中国社会科学出版社，1990：75.

④ 曹中屏. 朝鲜近代史［M］. 北京：东方出版社，1993：108.

时西洋文明之力还不能到达朝鲜而只能到达安南，但在西洋文明之力能够到达东洋各个港口的今日，日本要"好好努力不让西洋文明压倒"，"如朝鲜如今僻在一方能够保持其体面之好机会，不能叫它再次从我日本之头上经过"①。二是英国、俄国、日耳曼三国有可能分割朝鲜。日耳曼欲在朝鲜建立据点，这样的事件一旦发生，朝鲜就会成为日耳曼的保护国。如果法国完成了对安南的占领，日耳曼满足俄国在朝鲜元山港附近设置东海海军基地的愿望，以及满足英国在朝鲜的贸易上取得特权的话，它们对朝鲜成为日耳曼的保护国就不会持有异议，"或者在非常困难之情况下，英国、俄国、日耳曼可以三分朝鲜之利"②。在此，福泽谕吉提出朝鲜可能被欧洲列强分割，以此来提醒日本政府改变其对朝政策。

　　基于对以上朝鲜面临的国际形势的分析，福泽谕吉认为日本政府应该对朝鲜多加关注。首先是希望此前因休假回到日本的驻朝公使竹添进一郎早日赴朝。其次是希望关注有关大院君回国③的传闻。虽然大院君回国一事是一时的讹传，朝鲜国内的骚动又归于平静，但从这时起朝鲜的开化派，即"热切盼望朝鲜独立、致力于输入文明之人士"，"其所持之方针顿时转向了北京，因此朝鲜独立、输入文明之速度有减慢之迹象"。在大院君归国之际，朝鲜政治上必定会产生大的变动，须多加关注④。

　　福泽谕吉通过弟子在朝鲜从事的开化活动失败后，同开化派的联系为其保留了实现其对朝鲜的"东洋盟主论"的可能性。当金玉均为朝鲜到日本募集资金时，福泽谕吉在舆论上给予了其大力支持，这种支持也是为了更多地保留日本介入朝鲜的机会。对国际形势的分析，也是为了提醒日本政府改变对朝鲜的消极政策。

---

① 安南朝鮮地を換へば如何なりし歟（1883 年 10 月 20 日）［M］//慶応義塾. 福澤諭吉全集：第 9 卷. 東京：岩波書店，1960：223-225.

② 日耳曼の東洋政略（1883 年 11 月 9 日—11 月 10 日）［M］//慶応義塾. 福澤諭吉全集：第 9 卷. 東京：岩波書店，1960：225-257.

③ 朝鮮壬午兵变后，大院君被清政府软禁于中国保定。

④ 眼を朝鮮に注ぐべし（1884 年 4 月 22 日）［M］//慶応義塾. 福澤諭吉全集：第 9 卷. 東京：岩波書店，1960：467-468.

（三）对甲申政变的认识

1883 年 5 月，法国在与中国有关安南的主权问题上放弃以前和平方案的消息传到日本时，在日本朝野引起了强烈反响。日本国内的强硬论者认为，法国与安南的关系和日本与朝鲜的关系完全相同，都是要摧毁中国的宗主权，认为这是日法联合夹击中国的最好时机。① 日本外务卿井上馨认为这是从朝鲜驱逐中国势力的良机，策划对朝鲜采取积极政策。②

1884 年 8 月，福泽谕吉指出日本在朝鲜的利害绝不是微不足道。他说，安南事件的焦点在于中国视安南为属邦，法国称安南为"独立的国家"，好像同中国与朝鲜的关系一样，朝鲜人格外注意此争论的胜败。其结局就是中国不能争得安南，甚至永远地保有其本土也几乎没有希望。因此，"朝鲜人之感觉是，或失望沮丧，或疑惧害怕，或加强依靠自己之意识。总之，发现不能依靠支那应该乃不言而喻的"。由于中国减少了在朝鲜的驻兵、吴长庆病逝、穆麟德被免职等事情的发生，"不能说支那与朝鲜两国之关系还如同从前。支那丧失了在朝鲜之权势，朝鲜失去了对支那敬畏之心，其关系好像日趋冷淡"。福泽谕吉提醒日本当局，"现在正乃面临日韩交际非常紧急之时刻。这正乃当局之人注意再注意、丝毫不能马虎之缘由"③。

1884 年 10 月，伊藤博文命令《汉城旬报》主编井上角五郎④和金玉均、朴泳孝研究具体的政变计划。休假回国的驻朝公使竹添进一郎也奉伊藤博文之命返回朝鲜。竹添进一郎到达朝鲜后，召集岛村外务书记官和井上角五郎，表示日本政府已经决定攻打中国，对朝鲜也要伺机而动，为了博取人心，已经决定将壬午兵变后日本向朝鲜索要的 40 万美元赔款退还

---

① 信夫清三郎. 日本外交史：上册［M］. 天津社会科学院日本问题研究所，译. 商务印书馆，1980：200.

② 远山茂树. 福泽谕吉［M］. 瞿新，译. 北京：中国社会科学出版社，1990：75.

③ 朝鮮に在る日本の利害は決して軽少ならず（1884 年 8 月 9 日）［M］//慶応義塾. 福澤諭吉全集：第 10 卷. 東京：岩波書店，1960：9-10.

④ 井上角五郎因"汉城旬报事件"于 1884 年 5 月回国后，又于同年 8 月返回了朝鲜。

给朝鲜。① 11 月 1 日，竹添进一郎公使谒见朝鲜国王，提出退还壬午兵变的赔款 40 万美元，并赠送汽艇一艘，山炮两门。开化派认为日本改变了对朝政策，于是开始着手实施政变。12 日，竹添进一郎向日本政府提出甲、乙两策，甲策为"煽动亲日派发动内乱"；乙策为克制政策，请求本国选择决定。与此同时，法国于 10 月初开始占领中国台湾基隆，23 日起对中国台湾实行海上封锁，并向清政府提出割让台湾。日本政府认为，朝鲜问题固然重要，但台湾一旦变成法国领土，日本将丧失南进的可能性，造成更严重的后果。因此，日本政府决心对中国台湾问题倾注全力，并答复竹添进一郎说，让开化派实施政变的"甲策不妥当"。12 月 4 日，日本政府不同意竹添进一郎实施甲策的训令还未到达汉城的情况下，开化派伙同日方发动了甲申政变。②

政变爆发后，金玉均等赶到昌德宫，迫使国王请求日本公使率兵保护。竹添进一郎接到"日本公使来卫朕"的国王诏令后，率领 100 多名日军抵达高宗和闵妃等业已赶到的景祐宫，对其进行"保护"。6 日，驻朝清军接到以朝鲜政府名义发出的出兵照会后，吴兆友和袁世凯率领约 1500 名士兵，协同由清军训练的左、右两营，进攻王宫，同守卫王宫的日军展开战斗，取得胜利。金玉均、朴泳孝和徐光范等跟随日军逃往仁川，后亡命于日本。政变期间，朝鲜民众对于日本公使干涉朝鲜内政非常愤怒，袭击了公使馆，共造成 10 名日本军人和官员以及 30 名日本侨民丧生。甲申政变在守旧派和驻朝清军的联合镇压下以"三日天下"宣告失败。

关于甲申政变，福泽谕吉发表了以下几点看法。

第一，福泽谕吉认为甲申政变的失败是必然的。福泽谕吉称，壬午兵变后中国政府加强了对朝鲜的干涉，在朝鲜事大主义进一步扩张，并且由

---

① 所谓"退还 40 万美元"，当指壬午兵变赔款 50 万美元中尚未偿付的部分免于偿付。参见信夫清三郎. 日本外交史：上册［M］. 天津社会科学院日本问题研究所，译. 商务印书馆，1980：201。

② 信夫清三郎. 日本外交史：上册［M］. 天津社会科学院日本问题研究所，译. 商务印书馆，1980：201-202.

于"如闵氏外戚也作为所谓的事大党之一，其势力在朝廷非常显著"，国王及其近臣希望的"保守自国独立之大意，达成平生之目的"的愿望，"原本就不可能成功"。①

第二，福泽谕吉认为甲申政变肯定是由独立党主导的。福泽谕吉对金玉均、朴泳孝等以及"日本党"进行了说明，称金玉均、朴泳孝、洪英植、徐光范等想辅佐国王保全朝鲜的独立，可以称为"独立党"。他们上年偶然有缘到过日本，又因为当时日本政府先于英、美诸国承认朝鲜的"独立"，进行平等的外交，其"独立"看来只有日本认可，所以在朝鲜执独立主义者时常被称为"日本党"。如果"独立党"被称为"日本党"，那么"事大党"可命名为"支那党"，正如日本同中国相对，但其实日本对朝鲜只是国与国之间的正常交往关系，当然不可能参与他国的国事。况且其朝臣之间内部的私情，绝不是日本能知道的。因此，即使哪一个人被称为"日本党"也只是偶然之事，实际只不过可分为"事大党"和"独立党"两派。② 福泽谕吉否认了日本政府及其本人同开化派的联系，企图掩盖日本政府及其本人参与了甲申政变的事实。并且，福泽谕吉将开化派与"事大党"相对立，暗示了清政府是镇压甲申政变的主谋。

福泽谕吉进一步认定政变是由"独立党"发动的，称"此次政变，暗杀高官闵泳翊等其他数名大臣之暗杀者，当时不知为何人，亦不必问，从事先我辈听闻之朝鲜国内之形势，若进行臆测，或许乃事大、独立两党之倾轧，独立党先出手？不容置疑"③。

第三，福泽谕吉认为必须追究中国与朝鲜在甲申事变中的责任。福泽谕吉称，中国与朝鲜是"加害者"，只有日本是"受害者"。他

① 朝鲜事变（1884 年 12 月 15 日）［M］//慶応義塾. 福澤諭吉全集：第 10 卷. 東京：岩波書店，1960：138.
② 朝鲜事变（1884 年 12 月 15 日）［M］//慶応義塾. 福澤諭吉全集：第 10 卷. 東京：岩波書店，1960：138-139.
③ 朝鲜事变（1884 年 12 月 15 日）［M］//慶応義塾. 福澤諭吉全集：第 10 卷. 東京：岩波書店，1960：139.

说，中国人与朝鲜人的野蛮粗暴比想象的要严重得多，日本人蒙受的耻辱和损害远远超出了想象。关于甲申政变的处理，福泽谕吉认为必须追究中国与朝鲜的责任，"一定要让应该承担责任之支那人与朝鲜人深深地谢罪，一定要让其赔偿损失，一定要让其保证将来不再发生，不实现这些决不能罢休"①。同时，福泽谕吉还强调日本政府派井上馨特派全权大使赴朝处理该政变时，要以军队为后盾。他说，"现在驻扎在仁川公使馆之护卫兵仅有 160 名，护卫大使本就不足，一定要新派遣两三大队之军队跟随大使"②。

第四，福泽谕吉表现出对开化派的同情，并认为杀害开化派不能解决朝鲜的问题，文明开化才是朝鲜的立国之本。他说，朝鲜政府对朝鲜"独立党"、其他参与者及家属进行了屠杀，如"人间婆娑世界之地狱出现在朝鲜京城"。朝鲜人"产生独立之精神乃自然之事，欲留亦留不住。因此，此次趁机杀尽了独立党，甚至还有其家属，只是杀尽了人，但其精神不能杀尽，可以明确的是数年之内又可能出现第二个独立党。只要朝鲜存在，此党就不会消失。此次拼命地残杀只不过乃无益之劳。要说的是，若韩廷之事大党害怕国家还会有独立党之祸，应早早地洗清固陋之儒教主义而采用西洋之文明开化，采用文明之同时扩张武备，可使国家巩固万年。即有强大之文明，外患尚不足惧"。③

甲申政变爆发前，福泽谕吉对朝鲜的主张同日本政府的朝鲜政策大体一致，都是希望利用中法战争这一有利时机使朝鲜获得"独立"，但日本政府在最后时刻放弃了最初的政策，开化派伙同在朝的日本公使竹添进一郎等在没有得到日本政府不实施政变训令的情况下，按照最初计划发动了甲申政变。从甲申政变后发表的评论来看，福泽谕吉首先否认了日本政府

---

① 朝鮮事変の処分法（1884 年 12 月 23 日）［M］//慶応義塾. 福澤諭吉全集：第 10 卷. 東京：岩波書店，1960：147-149.

② 朝鮮事変の処分法（1884 年 12 月 23 日）［M］//慶応義塾. 福澤諭吉全集：第 10 卷. 東京：岩波書店，1960：147-148.

③ 朝鮮事変の処分法（1884 年 12 月 23 日）［M］//慶応義塾. 福澤諭吉全集：第 10 卷. 東京：岩波書店，1960：223-227.

及其本人参与了甲申政变，并认为中国的干涉是事变失败的重要原因，要追究中国与朝鲜在事变中给日本造成"伤害"的责任。福泽谕吉在表现出对开化派同情的同时，提出了"采用文明之同时扩张武备"这一实现朝鲜独立的方法。甲申政变的失败宣告了福泽谕吉对朝鲜的"东洋盟主论"的暂时失败，也是其后其提出"脱亚论"的原因之一。

（四）否定日本政府及其本人参与甲申政变

如前所述，福泽谕吉在甲申政变失败后曾否认朝鲜存在所谓的"日本党"，其实质就是为了否认日本政府参与了甲申政变，并且福泽谕吉对甲申政变的评论也都是基于这一点。然而，从甲申政变的领导者金玉均和作为政变幕后人物活动的井上角五郎留下的文章来看，福泽谕吉作为民间人士确实参与了政变。①

1884 年 12 月 17 日，福泽谕吉发表《朝鲜没有日本党》一文，再次否认朝鲜存在"日本党"。他称，此次事变完全是"事大党"和"独立党"之间在朝鲜的倾轧，或者可谓是"守旧与改进之争"。朝鲜国内有"支那党"之名是非常适合的说法，"支那政府干涉朝鲜之内政，喜欢其干涉者即是支那党"，而日本只是和朝鲜缔结了友好通商条约，除此之外无其他任何关系。然而，朝鲜人看见希望维持自国独立的人就称为"日本党"，其名甚至传到了日本。"原本在他国主张独立之人，我辈主要乃喜欢他们认可独立，百事有羡慕我日本之情，但此仅乃对方之事，非我国所了解。总之，在如今混乱之情况下，朝鲜有日本党之名，世间或理解为如支那党之支那二字，产生日本人同朝鲜之内政、内事有关系等嫌疑也无法预料。"②

福泽谕吉本人直接参与甲申政变可以说是无可争辩的事实。首先，在思想上，福泽谕吉通过和开化派的接触将自己文明开化的思想传播给了开化派，同时派遣自己的弟子在朝鲜从事开化宣传活动，特别是通过井上角

---

① 具仙姬. 福澤諭吉과 1880 年代韓國開化運動 [J]. 高大史學會. 史叢, 1987 (32)：135.
② 朝鮮国に日本党なし（1884 年 12 月 17 日）[M] // 慶応義塾. 福澤諭吉全集：第 10 卷. 東京：岩波書店, 1960：143-144.

五郎主编的《汉城旬报》对开化思想进行了传播。其次，在人员上，如前所述，福泽谕吉将自己的学生牛场卓造、高桥正信、井上角五郎派到朝鲜从事开化活动，其中井上角五郎成为发动甲申政变的幕后人物。最后，在对政变的直接援助上，"据井上角五郎说，关于这次事变，福泽谕吉曾说过：'不仅仅停留在书面指导上，而且亲自挑选人员、进行培训、还嘱咐准备用具及其他一切所需之物'"，"福泽谕吉和井上、金玉均一起商量了互相联络的密码电报，后来井上因此而被捕，福泽谕吉住宅被搜查，他自己也被警察署传讯"。① "政变所需的日本刀、枪枝（支）、弹药，也大多是井上与福泽谕吉联系后秘密运入朝鲜的。"②

福泽谕吉虽然极力否认日本政府及其本人参与了甲申政变，但事实可以证明他本人甚至可谓是甲申政变的"指导者"。福泽谕吉这一做法反映出他为了日本的"国家利益"可以不择手段、颠倒黑白，这在其后有关"乙未事变""旅顺大屠杀"等评论中得到了淋漓尽致的体现。

综上所述，这一时期福泽谕吉的朝鲜观主要表现为对朝鲜的蔑视。其蔑视主要是基于其文明观，希望日本政府及其本人以"指导者"的身份指导朝鲜进行"改革"，来实现其对朝鲜的"东洋盟主论"。同时，政变失败后其间也夹杂着其对朝鲜开化派的同情，而这种同情莫不如说是其对日本政府及其本人指导下的甲申政变失败的失望。甲申政变后，开化派在朝鲜政府内的失势以及清政府对朝鲜内政干涉的加强，使福泽谕吉失去了实现其对朝鲜的"东洋盟主论"的可能性，标志着福泽谕吉对朝鲜的"东洋盟主论"的暂时失败，这也预示着福泽谕吉的亚洲观必然从"东洋盟主论"转向"脱亚论"。

---

① 鹿野政直. 福泽谕吉［M］. 卞崇道，译：北京：生活·读书·新知三联书店，1987：149.

② 远山茂树. 福泽谕吉［M］. 翟新，译. 北京：中国社会科学出版社，1990：219-220.

第四节 视中国为竞争对手：福泽谕吉的中国观

一、壬午兵变时期福泽谕吉的中国观

（一）反对清政府干涉朝鲜壬午兵变

朝鲜壬午兵变爆发后，福泽谕吉就认为，在处理同朝鲜的关系中可能会遇到中国的"妨碍"。他说，清政府在此前由其起草的朝美之间的条约草案中，强烈宣称朝鲜为其属国，完全不顾"公法礼仪"。兵变中，"见我依据正义责备朝鲜之不法，独自逞其臆测，以傲慢与猜疑之心，不知是否企图对我之义举妄加妨碍"。因此，"我国亦乃东方之男子国，不能默许如此之粗暴。其理非曲直可通过北京城下之盟裁决，要有如此之思想准备，不容置疑"。① 为了解决朝鲜问题不惜与中国通过"北京城下之盟"来解决，是福泽谕吉第一次因朝鲜问题而建议日本侵略中国。

其间，福泽谕吉还在漫言《咬住其气门》一文中，蔑称中国为"猪尾国"、中国士兵为"猪尾兵"，认为"若同支那诉诸战争，我相信任何事情都可先放于一旁，不顾左右，一直向前咬住其气门乃紧要的。支那之气门在何处？众所周知，其中心北京即是。数年前英法攻入北京之时，借用俄国人之智慧，有咬住北京之例。日本人决不能忘记先例"②。其后，在发表的漫言《害怕猪而不敢前进》一文中，福泽谕吉又把中国喻为朝鲜的"情郎"，蔑称中国人为"猪尾奴"（チャンチャン），认为面对日朝两国因壬午兵变可能发生的战争，日本应采取强硬的外交政策，不要因为在朝

---

① 朝鲜の事変（1882 年 7 月 31 日—8 月 1 日）［M］//慶応義塾. 福澤諭吉全集：第 8 卷.
東京：岩波書店，1960：247.

② 喉笛に喰付け（漫言）（1882 年 8 月 2 日）［M］//慶応義塾. 福澤諭吉全集：第 8 卷.
東京：岩波書店，1960：260.

鲜京城驻有"猪尾奴之军队"而感到害怕。① 并且，福泽谕吉在漫言《向夫人借带子》一文中，设想因壬午兵变将与中国发生战争，讽刺日本政府忽视海军的军备。②

壬午兵变后，朝鲜政府请求清政府出兵进行镇压。对此，福泽谕吉认为清政府将在日、朝两国之间进行"周旋"。他说，"据说，支那人关于此次事件似乎要进行大大地周旋，支那政府之官员已经在京城了。此官员乃关于此次事件而特别派遣之人员？或者乃此前关于同美英缔结条约时驻留之人员？虽不可知，但支那政府承认朝鲜乃属国之妄想决不会消散，反正试着介入日韩之间进行周旋，即制定让韩廷大致进行谢罪之策略。③"

对于为调查兵变清政府向朝鲜派遣军舰之事，福泽谕吉在 8 月 28 日发表的漫言《从芝罘派出的军舰乃"茶夫"》一文中进行了讽刺，称"所谓'茶夫'（チャーフー），我们还未见其译字。但是，若考虑其实际使用之例，如所谓将金钱用在'茶夫'上，乃指未用在衣食住等重要之事情上，而乃浪费在了游玩、放荡、奢侈、好事上，并非用在了为了人生之实际用途上。……此次日本同朝鲜之间发生事变，我日本政府按照一般之道理为追究朝鲜之罪派遣使节，向朝鲜派遣护卫之军舰、士兵之时，吃惊的乃支那政府，不知为何似乎甚是担心，向朝鲜派遣官吏，三艘军舰从芝罘派向仁川，似乎还准备一旦出现情况立即派遣军舰。或者说支那为何从局外来出头露面？"。④

次日，福泽谕吉在《质问支那国论》一文中指出，兵变中清政府与日朝之间的谈判毫无关系，其只是为向日本显示"虚喝"而派出军队。他说："原本朝鲜国民讨厌日本人而杀害日本人，因又要杀害日本人，日本

① 豚が怖くていかれませぬ（漫言）（1882 年 8 月 7 日）［M］//慶応義塾. 福澤諭吉全集：第 8 卷. 東京：岩波書店，1960：263-264.

② 奥様の下紐拝借（漫言）（1882 年 8 月 5 日）［M］//慶応義塾. 福澤諭吉全集：第 8 卷. 東京：岩波書店，1960：262-263.

③ 大院君の政略（1882 年 8 月 15 日—16 日）［M］//慶応義塾. 福澤諭吉全集：第 8 卷. 東京：岩波書店，1960：289.

④ 芝罘より出たる軍艦はチャーフーなり（漫言）（1882 年 8 月 28 日）［M］//慶応義塾. 福澤諭吉全集：第 8 卷. 東京：岩波書店，1960：311.

政府准备兵力事实上乃不得已而为之。朝鲜国民不敌视支那人，同时支那政府似乎至少知道不会敌视它。或许因为此次之乱民不可推测乃朝鲜国中的哪一部分人，可谓乃防备意外之事，毕竟对于以友谊相接之朝鲜，可以断定不需要三艘军舰及军人。"①"支那政府活动如此活跃，如此准备多余之兵力，而此兵力与实际向朝鲜使用相比，毫无疑问无非乃向日本显示虚喝。可谓甚是无益。关于此事变，我政府向朝鲜要求的真的乃寻常普通之要求，丝毫不值得支那政府费心。或许因为朝鲜政府乃支那所属，可谓支那与它有特殊之关系而周旋。我辈日本人不曾了解其所谓所属之事，我日本政府同朝鲜已缔结条约，成为兄弟之国，兄弟之间发生事变，与其他相比，以好意进行协商，若有欲周旋调停之人，只要不妨碍我国之权利与政略应感到高兴，任其好意，但至此并不仅限于支那，无论是英美还是法俄，不可有轻重之别。然而，唯有支那政府从事变报道之初即表现出关心之姿态，甚至准备了兵力，大概可以猜测以我辈不知之所谓所属欲进行活动。我辈仅乃为支那政府感到可悲。"②

在此，福泽谕吉所谓日朝之间是"兄弟之国"的关系，本身就是在《日朝修好条规》下形成的不平等的关系。然而，中国军队仅仅应朝鲜之邀镇压壬午兵变，并非如福泽谕吉所说的是向日本显示兵力。相反，显而易见，日本的出兵才是向朝鲜炫耀武力，并对朝鲜进行掠夺与报复。

在处理兵变的过程中，福泽谕吉对中国出兵迅速且兵力强大表现出少许敬畏，同时基于其文明观也表现出蔑视感，如蔑称中国为"猪尾国"、中国人为"猪尾奴"、中国士兵为"猪尾兵"等。

（二）以否定中朝宗藩关系为由反对清政府干涉日朝谈判

壬午兵变发生不久之后的 8 月 21 日，福泽谕吉开始发表《日支韩三国之关系》一文，以反对清政府干涉日朝关于处理壬午兵变的谈判为目

---

① 支那国論に質問す（1882 年 8 月 29 日—9 月 1 日）［M］//慶応義塾. 福澤諭吉全集：第 8 卷. 東京：岩波書店，1960：321.

② 支那国論に質問す（1882 年 8 月 29 日—9 月 1 日）［M］//慶応義塾. 福澤諭吉全集：第 8 卷. 東京：岩波書店，1960：321-322.

的，对中朝之间的宗藩关系进行了否定。

福泽谕吉对"朝鲜国为中国所属之邦"的来历及其变化进行了说明。他说，"通过读朝鲜国史，又根据其国人口传可知，周武王封箕子于朝鲜，以不臣之礼使用对等之礼仪，但因其后逐渐萧条，开始有了属国之名"①，"但当时交通不便，远隔山川，事实上两国似乎没有交往"②。到了隋唐时期，"隋炀帝攻伐朝鲜未曾得利，唐太宗亦未曾得志，此时朝鲜还非支那所属"③。元朝时期，"元太祖来攻伐，后又撤出，之后又逐渐和好，尊奉元朝。这即是支那所属之开始"④。明朝时期，"高丽衰微，大明洪武二十五年，李成桂兴起，统一了高丽之后之朝鲜，即现在朝鲜国王之家世。今朝鲜发行之书中，有大明太祖高皇帝赐改国号曰朝鲜之语。这足可见仰明之意。大概李氏王朝时期，国中逐渐重文，往来于支那学习之人甚多，自然成了属国之姿态，但其属国之名还不明确。在我日本文禄年中丰公征韩之时，朝鲜向明朝请求援兵保护国家，从百事受明人指挥开始才有了属国之名，明人亦以属国称之，成了双方都不怀疑之事实"⑤。由此可见，福泽谕吉显然歪曲了中朝之间的宗藩关系。一般认为，同中国最早建立宗藩关系的是朝鲜半岛的百济，当时百济与东晋存在册封关系，此后中朝宗藩关系正式确立于唐与统一新罗⑥，由此构架了中国与朝鲜半岛稳定的宗藩关系的框架。⑦

对于朝鲜是否为清朝的属国，福泽谕吉从两个方面进行了否定。第

① 日支韓三国の関係（1882 年 8 月 21 日、23 日—25 日）［M］//慶応義塾. 福澤諭吉全集：第 8 卷. 東京：岩波書店，1960：297.
② 日支韓三国の関係（1882 年 8 月 21 日、23 日—25 日）［M］//慶応義塾. 福澤諭吉全集：第 8 卷. 東京：岩波書店，1960：297.
③ 日支韓三国の関係（1882 年 8 月 21 日、23 日—25 日）［M］//慶応義塾. 福澤諭吉全集：第 8 卷. 東京：岩波書店，1960：297.
④ 日支韓三国の関係（1882 年 8 月 21 日、23 日—25 日）［M］//慶応義塾. 福澤諭吉全集：第 8 卷. 東京：岩波書店，1960：297.
⑤ 日支韓三国の関係（1882 年 8 月 21 日、23 日—25 日）［M］//慶応義塾. 福澤諭吉全集：第 8 卷. 東京：岩波書店，1960：297-298.
⑥ 付百臣. 中朝历代朝贡制度研究［M］. 长春：吉林人民出版社，2008：8-9.
⑦ 孙卫国. 大明旗号与小中华意识［M］. 北京：商务印书馆，2007：20.

一，福泽谕吉认为与明朝相比朝鲜为清朝的属国地位并不明确。他说，清朝通过1636年的"丙子之役"以武力迫使朝鲜成为清朝的属国，一直延续至今，但"其为清朝所属之名义，与大明时相比好像稍不明确"①。其原因是，"原来朝鲜尊崇之所谓中华礼乐、衣冠、文物，自己谓为小中华，对于支那之历史尊重唐虞之三代，其后只承认汉祖之功绩和大明之正统。如人们对晋唐五代赵宋并不信服，作为北狄清朝的属国本来并非心甘情愿，即使在今天朝鲜人亦甚是讨厌清人。在朝鲜凡是若被称为胡人，一定知道是清人。不仅仅知道，如果只是说清朝或者清人，很多人不知到底是哪国人。唯以胡字为清朝之通称，下等社会一般称清国为'オランカイ'，也是夷狄之意。若是大清之皇帝，称为'オランカイ・インクン'，是夷狄皇帝之意。可以说是非常之蔑视"②。福泽谕吉完全否认"丙子之役"后朝鲜于1637年成为清朝属国的事实。朝鲜国内的确在"尊周"意识的左右下，内心始终以明朝为中华正统，把清朝视为夷狄③，但这也不能成为否定朝鲜是清朝属国的依据。

第二，福泽谕吉认为在朝鲜与清朝的朝贡册封关系中朝鲜为清朝的属国也不明确。福泽谕吉认为朝贡册封"不得不说是满清政府妄虚自大之手段，或若附一个美名，可以说是支那政府怀远之政略"④。清朝把朝鲜称为属国"不是以实利为目的，相反因为有属国，自己国家损失亦甚多"。而对于朝鲜，"虽然在名义上心存不快，但实利丝毫没有损失，相反在陆地往来之贸易中有利可图，并且连其名义皆很暧昧，没有明确称为属国"⑤。福泽谕吉还认为，由朝鲜派出的贺使与中国派至朝鲜的册封使没有区别，

① 日支韓三国の関係（1882年8月21日、23日—25日）［M］//慶応義塾. 福澤諭吉全集：第8卷. 東京：岩波書店，1960：298.
② 日支韓三国の関係（1882年8月21日、23日—25日）［M］//慶応義塾. 福澤諭吉全集：第8卷. 東京：岩波書店，1960：298.
③ 孙卫国. 大明旗号与小中华意识［M］. 北京：商务印书馆，2007：78-85.
④ 日支韓三国の関係（1882年8月21日、23日—25日）［M］//慶応義塾. 福澤諭吉全集：第8卷. 東京：岩波書店，1960：299.
⑤ 日支韓三国の関係（1882年8月21日、23日—25日）［M］//慶応義塾. 福澤諭吉全集：第8卷. 東京：岩波書店，1960：299.

只是名称不同而已；朝鲜使用中国年号，是中国人最为夸耀的地方，实际上朝鲜对此不屑一顾，常常以干支纪年，成为惯例，中国也不敢追究其责。总之，"支那朝鲜之关系，好像所属又好像独立，暧昧之间互相欺骗又自欺欺人，以此保全250年之交际，至今也未出现风波"①。福泽谕吉完全否定了清代中、朝两国之间存在宗藩关系的事实。尽管此时各朝贡国的对华交往大多以追求经济利益为目的，但是中朝宗藩关系没有改变其原有的内涵，中朝之间的贸易始终处于低潮。除清初的特殊情况外，朝鲜一直受到清帝王的嘉奖和隆崇，并为其开出许多特例。同时，在朝廷中的站位中，朝鲜也位居各藩属国之首，成为宗藩关系的楷模。②对遵奉正朔这一问题并非如福泽谕吉所述，如朝鲜在同欧美列强签订的通商条约中都采用了汉文及中国年号。③

对于清政府可能以宗主国的身份介入日朝有关壬午兵变的谈判，福泽谕吉认为若清政府以"朝鲜国为中国所属之邦"为由介入日朝谈判的话，日本就必须对清政府进行打击。对于清政府介入的原因，福泽谕吉称"据说清政府对于日本关于台湾与琉球之事没有可公诉之理，对日本怀有不满，有得到时机希望雪除其宿怨之深意"④。若果真有此事，此次朝鲜事变正是好机会，以所谓的所属为借口逐渐介入，"在可以插嘴之地方插嘴，产生不应该产生之纠纷，于是公然呈现敌对之势"⑤。如果清政府好乱求敌的话，"莫不如应他之所望开启战端，对东洋之老大朽木实施一击之下挫败它"⑥。

① 日支韓三国の関係（1882 年 8 月 21 日、23 日—25 日）［M］//慶応義塾. 福澤諭吉全集：第 8 卷. 東京：岩波書店，1960：299-300.

② 宋慧娟. 清代中朝宗藩关系研究［M］. 长春：吉林大学出版社，2007：19-20.

③ 权赫秀. 晚清对外关系中的"一个外交两种体制"现象刍议［J］. 中国边疆史地研究，2009（4）：74.

④ 日支韓三国の関係（1882 年 8 月 21 日、23 日—25 日）［M］//慶応義塾. 福澤諭吉全集：第 8 卷. 東京：岩波書店，1960：305.

⑤ 日支韓三国の関係（1882 年 8 月 21 日、23 日—25 日）［M］//慶応義塾. 福澤諭吉全集：第 8 卷. 東京：岩波書店，1960：305.

⑥ 日支韓三国の関係（1882 年 8 月 21 日、23 日—25 日）［M］//慶応義塾. 福澤諭吉全集：第 8 卷. 東京：岩波書店，1960：305.

福泽谕吉通过否定朝鲜为清朝的属国来说明其反对清政府干涉日朝关于处理壬午兵变谈判的正当性，可以看作其对日本政府对朝政策的支持。同时，这也说明福泽谕吉认为清政府介入日朝关于处理壬午兵变的谈判将影响谈判的结果，损害日本可能取得的利益。

（三）批判李鸿章的对朝政策

日、朝关于壬午兵变的处理，福泽谕吉认为无论和战与否，必须说在于清政府的意见，称在去年春天李鸿章送给朝鲜人橘山的书信中充满了对日本的猜疑。① 他说，李鸿章在信中指出，"因日本国库空虚、国债累累，冀望于夺取他国之土地而填补。然而，其关注、垂涎之地方乃朝鲜同支那之台湾。肆无忌惮地认为日本人乃欲夺取朝鲜、台湾土地之人，不怀好意地观察我之后，其语气似乎称日本人有如此之贼心，必须防备之。并且，作为我日本人定会逞其蚕食鲸吞欲望之证据，乃我政府昔日琉球废藩，被称为吞食琉球国之疆土，且阐明事实之趋势，望取得韩人之信任"②。

并且，福泽谕吉还对李鸿章对日本政府财政状况的评论进行了反驳，称"李鸿章评论我政府之财政，认为国债累累，但以何知道其内容？乃失敬而远望之妄评，不得不为其感到可惜。国家之财政有两种形式：政府之财政与国民之财政。君所言之所谓国库空虚，的确乃我政府之国库？还是国民之国库？若不知就不能成为议论之实体，同时亦不值得说明。仅看一眼我大藏省之报告等，不足以推测日本国之贫富，君大概亦知道吧。况且，国债亦有自身之性质。废除我国封建之士族，其世禄变为国债形式之内容，若他国人不了解，我辈对此亦不好辩解。只有等君明白日本情况之那一日"③。

福泽谕吉又进一步对日本国库空虚的原因进行了辩解。他说："解决

① 支那国論に質問す（1882 年 8 月 29 日—9 月 1 日）［M］//慶応義塾. 福澤諭吉全集：第 8 卷. 東京：岩波書店，1960：313-314.
② 支那国論に質問す（1882 年 8 月 29 日—9 月 1 日）［M］//慶応義塾. 福澤諭吉全集：第 8 卷. 東京：岩波書店，1960：314.
③ 支那国論に質問す（1882 年 8 月 29 日—9 月 1 日）［M］//慶応義塾. 福澤諭吉全集：第 8 卷. 東京：岩波書店，1960：314.

此困难之方法，夺取邻国之土地乃上策吗？夺取你政府所辖之台湾岛，攻取你常常苦虑之朝鲜，果真可以救我财政之急吗？若乃一个有理财思想之人，毫无理由看不出如此之道理。"①

并且，福泽谕吉以 1874 年日本侵台事件为例，称侵台事件是日本"不得已而发动之战争"，是造成日本国库空虚的原因，并以此来表示日本不会发动战争。他说："如征台之军队仅乃为了名誉之战，事实上正乃君所说的造成国库空虚之原因。不夺取土地尚且如此，若夺取他国之土地，保护其土地，守护其人民，如日本内地一样保护它，可能要花费几许之钱财吧。"②

同时，福泽谕吉对于李鸿章以琉球事件警示日本要夺取朝鲜也进行了反驳。第一，福泽谕吉掩盖了日本蓄意吞并琉球的历史事实。他说，"自古以来琉球乃我一诸侯萨摩藩之附属"。既然萨摩藩"已废除，其附属不应独立存在，仅按照我国内一般之例子下达了废藩之命令"，"如琉球藩亦仅乃实施处置后，废除而已"。③ 第二，基于以上原因，福泽谕吉辩称"如今，朝鲜对于我国（日本），与琉球完全不同"。"以我辈日本人所见，朝鲜作为独立之王国，其内治外交之权利归于一政府。位于政府之上即国王殿下，已同我日本缔结了通信贸易条约，在条约上日本国与朝鲜国相对，日本国天皇陛下与朝鲜国国王陛下相对，其国权不见丝毫之差异。""两国已缔结和平之条约，限于其效力，仅乃谨守我之职分，不可有超越之地方。""朝鲜乃与我对等之邻国，非我 300 藩之一。由于并非我藩，所以并非废除。其理由不乃非常明白吗？若胡乱猜疑，因我国废藩，即认为要攻取邻国朝鲜，其胡乱之猜疑不应仅限于朝鲜，君之本国大清国亦乃我之邻国，或许亦可说有被日本人吞食之虞。但以今日之情况，大概乃君自

① 支那国論に質問す（1882 年 8 月 29 日—9 月 1 日）［M］//慶応義塾. 福澤諭吉全集：第 8 卷. 東京：岩波書店，1960：315.

② 支那国論に質問す（1882 年 8 月 29 日—9 月 1 日）［M］//慶応義塾. 福澤諭吉全集：第 8 卷. 東京：岩波書店，1960：315.

③ 支那国論に質問す（1882 年 8 月 29 日—9 月 1 日）［M］//慶応義塾. 福澤諭吉全集：第 8 卷. 東京：岩波書店，1960：315-317.

己欲保护其安全吧。我政府废琉球并未露出灭大清之端倪。若大清果真乃安全的，那么朝鲜亦乃安全的。我辈交邻之主义只在于对等。大清、朝鲜不在于孰轻孰重，特别请勿因朝鲜而费心。"① 福泽谕吉依据日朝两国签订的不平等条约《日朝修好条规》来主张日本同朝鲜是"平等"的国家，体现出其主张的"平等"并非实际意义上的平等。此后的事实也证明，日本的所作所为正如李鸿章对朝鲜的劝告，其最终的目的是吞并朝鲜，进而侵略中国。

　　福泽谕吉认为，当前日朝之间的紧张关系，其正是李鸿章的"教唆"导致的。他称，朝鲜同英、美等国缔结条约时完全依赖中国，对于日本则"似乎表现出疏远之姿态"。因此，福泽谕吉认为，"大概支那人不喜欢朝鲜与日本交往，欲离间朝日关系并非一朝一夕之事"②。福泽谕吉进一步以上年4月报纸上曾刊登的李鸿章给朝鲜人的书信为例进行说明，称"支那人以虚构之说劝导韩廷，因此在让其讨厌我日本人之计谋中，无非以日本人乃企图夺取朝鲜国土地之人为口实。若让朝鲜人评价日本人，日本人无非乃加藤清正、小西行长之后裔，且近代之清正、行长利用军舰枪炮，其举动实不可测，在自身不能禁止猜疑之基础上，加之若听闻支那人之花言巧语，不得不说更增加了仰慕支那人、恐惧日本人之想法"③。李鸿章"作为清廷之大臣早已成开明之魁首，特别乃关于东洋政略，颇能明了。近来频频苦思焦虑朝鲜之国事，口传对待日本之策，其实未谋求朝鲜之利益，大概亦未希望其变得开明吧。仅乃以朝鲜不明顽固为契机，离间日韩之关系，因而把我日本排斥在东洋之外，亚细亚全权企图由大清一手掌握，无非乃有如此之深意"④。如果东洋出现大的变动，那么李鸿章应承担

① 支那国論に質問す（1882年8月29日—9月1日）[M]//慶応義塾.福澤諭吉全集：第8卷.東京：岩波書店，1960：317-318.
② 日支韓三国の関係（1882年8月21日—8月25日）[M]//慶応義塾.福澤諭吉全集：第8卷.東京：岩波書店，1960：302.
③ 日支韓三国の関係（1882年8月21日—8月25日）[M]//慶応義塾.福澤諭吉全集：第8卷.東京：岩波書店，1960：303.
④ 支那国論に質問す（1882年8月29日—9月1日）[M]//慶応義塾.福澤諭吉全集：第8卷.東京：岩波書店，1960：319.

不可推卸的责任。①

福泽谕吉批判李鸿章的对朝政策，无非是为日本侵略朝鲜寻找口实，并将日后日本侵略、灭亡朝鲜的责任转嫁于李鸿章及清政府。

（四）《兵论》中的中国认识

1882 年 10 月，福泽谕吉连续数日在《时事新报》上发表《兵论》一文，强调强兵取决于国家的财富，若中国广开殖产、贸易，则可成为世界上首屈一指的富国。他说："虽说世界强国如今仅存于欧洲，但看今后十数年之趋势，可以期待东洋出现一强国。依我辈所见，支那国便是。人言常说强兵之根本在于富国。若的确如此，支那非贫穷国家。其国民不缺乏忍耐、勤劳之品质，其国土有丰富之天然、人造之物产。在商卖贸易之便利上，国家两面环海良港甚多，且长江、黄河两大河流深入内地，可谓犹如万里长湾。如今支那亦非贫弱之国家，若日后广开殖产、商卖之源，不使其枯竭，毫无疑问可成为世界第一之富国。可谓强兵之资本在于富有。"②

福泽谕吉还认为，若中国以资本加强兵备，则必将成为一个强国。他说："若支那人以富实之资本由西洋购入军舰，那便乃支那之军舰，购买大炮，那便乃支那之大炮。军舰、大炮之多寡仅在于其资本之多寡。或由本国制造军舰、枪炮，若本国人想使用，只要努力传习其使用之方法，花费十数年之时间并非难事。若支那政府开阔眼界，知道立国之根本在于兵力，知道有必要从西洋诸国学习兵法，知道用钱可以购买武器、制造武器，知道其制作方法、使用方法容易传习，舆论在此方面一定不会爱惜国家之财政。若全国改变兵制，建立强大之海陆军，东洋忽然出现一强国，其势力将几乎不可阻挡。人们或许评价如今之支那军队不振，其人过于文弱，但非人弱而乃兵器弱。此外，其军队之编制弱。今日世界上之战争胜

---

① 支那国论に質問す（1882 年 8 月 29 日—9 月 1 日）［M］//慶応義塾. 福澤諭吉全集：第 8 卷. 東京：岩波書店，1960：320.
② 兵論［M］//慶応義塾. 福澤諭吉全集：第 5 卷. 東京：岩波書店，1959：305.

败取决于兵器之精良与队伍编制之巧拙，人物之强弱仅在第二位来考虑。"①

同时，福泽谕吉还认为，"虽说支那政府真的乃压制政府，其人民真的很卑屈，但改革其兵制不必在意其政体。尊奉如今之帝政，采用如今之将相，征收如今之国税，使国库充足。若增加新式之兵备，可成为一时之强国。如今，仅乃支那政府之眼力还未及于此"②。

并且，福泽谕吉依据邻邦兵备略，详细介绍了中国的兵备状况。第一，福泽谕吉依据对中国兵力的统计，认为经过新式训练、装备新式兵器的中国军队正在增加。第二，福泽谕吉在对近来中国积极制造新式兵器及各地的兵工厂情况进行介绍的基础上，对中国军队进行了评价。福泽谕吉称，从中国军队的实际数量来看，与日本的海陆军几乎相等，海军人数更是达到了日本的一倍，并认为如今日本与中国非常"和睦""和平"，"然而两国间之友好非百年之友好"，虽是一衣带水之邻，但发生事变时中国可能成为敌国。③

福泽谕吉还进一步表示，中国士兵并非像许多日本士人认为的那样怯懦。他说，"古来甚至只有我日本人威吓支那人，不曾有屈服他们之事，而如今没有判断两国人强弱之标准。加之，从一人之体质来说，日本人之腕力不一定超过他们"。福泽谕吉进一步引用贝原的养生训读来说明日本人的体质不如中国人，并表示"据横滨之西洋医生所说，虽然日本人与支那人之骨骼略微相似，但感觉给支那人治病要比给日本人治病容易。大概乃支那人之食物中肉类较多之缘故"④。

关于中国军人看起来怯懦的真正原因，福泽谕吉认为，"支那人之体力不逊于日本人。虽有如此之体力，但为何其军人看起来还是怯懦？即如此前所说，并非人之怯懦，仅乃由于兵制之不健全。比如说，如今之支那

① 兵論 [M] //慶応義塾. 福澤諭吉全集：第5卷. 東京：岩波書店，1959：306-307.
② 兵論 [M] //慶応義塾. 福澤諭吉全集：第5卷. 東京：岩波書店，1959：308.
③ 兵論 [M] //慶応義塾. 福澤諭吉全集：第5卷. 東京：岩波書店，1959：309-311.
④ 兵論 [M] //慶応義塾. 福澤諭吉全集：第5卷. 東京：岩波書店，1959：311-312.

国若不进行兵制整顿，犹如狮子缺少爪牙。爪牙一旦长出，若磨其爪锐其牙，东洋诸国无可抵挡。或者可谓乃大象具有了狮子之爪牙。如今其爪牙已部分磨好。我士人还认为其怯懦，欲进行侮辱吗？我辈不能同士人一起高枕无忧"①。

福泽谕吉还重复了其在《事实小言》中阐述的观点，即中国若引进西方文明可能导致国家灭亡。他说，在当今的国际形势下，由于中国"利用蒸汽船车、电信、邮政、印刷术等近时之文明，使交通方便，打破了数千百年来之压制和卑屈，使其知道民权自由为何物，四亿人民不再羁绊于一政府之下，国势将四分五裂，出现众多之小王国。乘其内乱，会遭受外国之侵伐，广袤之国土将落入外人之手"②。在中国的国土将被西方国家瓜分的时候，福泽谕吉认为日本也应进一步加强兵备，既要防备西方强国，也要与其一同"逐鹿中原"。他说，"方今，无论俄国还是英国、德国、法国亦对中国垂涎欲滴。利用一时之机会，若如此之国家将分取东洋一大富国，以何防卫它？除了大大地使用兵力，必定无其他方便之策。况且，此强国占据近邻，形成与我直接接壤之势"，"加之，若支那国果真不能自立，落入外国人之手，我日本人毫无袖手旁观之理。我亦只能奋起直追，共同逐鹿中原。此乃不可阻挡之势，我日本之兵力将离开消极之防守，忙于积极之远略"③。

至于中国的对朝政策，福泽谕吉认为，日本只有加强兵备以应对将来的"不测"。他说，在与外国的交往中，双方的敌意只是被表面的友情掩盖，谈判的背后须具备兵力，"乃不用依靠有识之士皆能明白之事实"，"军队不仅乃面临战争之际使用之器械，和平之际亦需要"。④

福泽谕吉分析中国兵备时，虽然对中国表现出少许的敬畏，但是其最终目的还是企图通过分析中国兵备的情况来提醒日本政府加强兵备。其原

---

① 兵論 [M] //慶応義塾. 福澤諭吉全集：第 5 卷. 東京：岩波書店，1959：312.
② 兵論 [M] //慶応義塾. 福澤諭吉全集：第 5 卷. 東京：岩波書店，1959：312.
③ 兵論 [M] //慶応義塾. 福澤諭吉全集：第 5 卷. 東京：岩波書店，1959：313.
④ 兵論 [M] //慶応義塾. 福澤諭吉全集：第 5 卷. 東京：岩波書店，1959：313-314.

因主要有三个：其一，当时虽处于和平时期，但在国际交往中也需要有强大的兵力以应对将来的"不测"；其二，为了能对抗或许将会成为日本敌人的中国；其三，当中国被西方瓜分时，日本也要一同"逐鹿中原"。

（五）壬午兵变后的"东洋政略论"

1882年12月7日至12日，福泽谕吉在发表的《东洋政略果真如何》一文中进一步阐述了"东洋盟主论"的思想，同时还对中、朝、日三国之间的关系进行了分析，尤其是着重分析了中国在其"东洋政略"中的位置。

第一，福泽谕吉对其主张的"东洋盟主论"进行了进一步的阐述。他说，"在东洋，日本国已成为文明之魁，……既督促邻国支那，又派遣使节赴朝鲜，与之缔结友好贸易之条约，成为三国新贸易之肇始，不容置疑其着手之誉应归我日本。望在国内永远不愧对于后世之子孙，在外被世界广泛之夸耀。或者其开创者须负有其终之责任。吾人既已开东洋政略之端，然而仅开其端并不可成为荣誉，须担任其终之责任，谋三国之文明。共同伴随文明之恩赐，巩固本国之独立。东方欲复苏，不容西方人酣睡，此乃我最终之责任"①。

第二，福泽谕吉认为中国是妨碍日本"东洋政略"的"罪魁祸首"。他说，因为中国人猜疑日本政府对琉球的"处置"，所以在兵变之际利用朝鲜人的"固陋不明"，使其更加怀疑日本人。与之相反，运用策略使其对中国人更加亲近。② 同时，福泽谕吉称，日本人"蹂躏八道、屠杀京城绝非难事"，而"吾人乃为了百年之大计而非取一时之快者，至少重视和平之主义，其目的仅乃在于东洋三国之文明开进"，并称仅中国不喜欢文明开进，"如今忘记东洋全面之利害而经营自国一局部之私利，其余毒甚至影响日本与朝鲜之交际，逐渐使双方抱有不快之念，乃我辈最不胜遗憾

---

① 東洋の政略果たして如何せん（1882年12月7日—12月12日）[M]//慶応義塾. 福澤諭吉全集：第8卷. 東京：岩波書店，1960：427.
② 東洋の政略果たして如何せん（1882年12月7日—12月12日）[M]//慶応義塾. 福澤諭吉全集：第8卷. 東京：岩波書店，1960：428.

之地方","必须说东洋政略被支那人所害"。①

第三，福泽谕吉认为中国有吞并朝鲜的可能，加强军备是日本抑制中国干涉朝鲜的必要手段。他说，中国欲吞并朝鲜而建"高丽省"，对此俄国等西方国家不会置之不理，这必将引发"东洋之大变动"。日本作为"东洋文明之魁"，"以道理引诱邻国之固陋者，以正确之方法同怀疑者交往，先文后武，通过我之政略与武力来镇静还未引起之东洋波涛，仅此一法"。"属文之政略，发挥其独自之作用甚是不易，若不伴随武力不足以达到政略之目的，乃朝野皆明知之事。"②

对于日本与中国在朝鲜的利害关系，福泽谕吉表示"吾人不仅不妨碍其独立，常希望帮助它，但支那人却频频干涉韩廷之内治外交，甚至危害其独立。吾人作为日本人之本分干涉支那人之干涉，必须抑制它"③。而要抑制中国的干涉，就必须扩张兵备，"今日之时势，若简而言之，扩张兵备乃当务之急，一日不可犹豫"④。

第四，福泽谕吉认为若日本轻视而中国重视"东洋政略"，则在同中国的战争中日本将会失败，并通过想象描绘了中国入侵日本时的"可怕"情景。他说，在日本人没有为增加兵备而增税时，中国人则利用国家殷实的财政增强兵备，加之欧洲人的教唆，中国可能胁迫朝鲜"废国立省"，同时要求日本归还琉球，使中日两国开启战端不可避免。⑤

并且，福泽谕吉想象了中国入侵日本时"残暴"的举动。他说："可以想象我大日本国之士兵由于其武器不完备而败北。无数支那兵尾随军舰

---

① 東洋の政略果たして如何せん（1882 年 12 月 7 日—12 月 12 日）［M］//慶応義塾. 福澤諭吉全集：第 8 卷. 東京：岩波書店，1960：428.
② 東洋の政略果たして如何せん（1882 年 12 月 7 日—12 月 12 日）［M］//慶応義塾. 福澤諭吉全集：第 8 卷. 東京：岩波書店，1960：430-431.
③ 東洋の政略果たして如何せん（1882 年 12 月 7 日—12 月 12 日）［M］//慶応義塾. 福澤諭吉全集：第 8 卷. 東京：岩波書店，1960：432.
④ 東洋の政略果たして如何せん（1882 年 12 月 7 日—12 月 12 日）［M］//慶応義塾. 福澤諭吉全集：第 8 卷. 東京：岩波書店，1960：434.
⑤ 東洋の政略果たして如何せん（1882 年 12 月 7 日—12 月 12 日）［M］//慶応義塾. 福澤諭吉全集：第 8 卷. 東京：岩波書店，1960：437-439.

（据说支那之军舰多数雇佣西洋人指挥）闯入东京湾，毫不费力通过富津炮台，先毁掉横须贺之造船厂，接着由横滨进入品川炮击东京城，数十吨之炮声如雷，无数之霰弹如雨，百万之市民在地上翻滚，只能仰望天空呼喊，俯身对地哭泣。猪尾之军队伴随黑烟一同登陆，进而侵略、抢劫。尚有更可怕之事。趁胜利逞其残暴乃怯懦者所为，多年来同外国人交战常常失败之支那人，千载一遇，若战胜我日本人，其残酷无情，可以想象。文明之战法其本就不知，在掠夺上不会区分是官有还是私有，侮辱妇女，掠夺锦帛钱财，杀害老幼，烧毁民宅，凡人类能想象之灾难皆会发生。数年前，据说支那人在本国袭击法国人之时，杀死妇人，为抢劫黄金之耳环、戒指，非常急迫地剁下其耳朵与手指，金器与人肉一同带走。一闻此事就毛骨悚然。若将来有一日，在我东京以及沿海地方，若遇到如此之惨情会如何？我辈听闻此话，不会毛骨悚然，但一想到我父母妻儿，身体上便变得悚然。"①

因兵变时中国出兵迅速且兵力强大，福泽谕吉感到无法实现当时其以侵略朝鲜为主的"东洋盟主论"，因此其开始围绕中国阐述其"东洋政略"，把中国当作日后日本的主要竞争对手。与分析中国兵备时相同，其最终目的同样是为实现其以侵略朝鲜为主的"东洋盟主论"而警告日本政府必须加强兵备。想象中国将吞并朝鲜以及入侵日本，成为当时福泽谕吉警告日本政府加强兵备的最好口实。

总之，朝鲜壬午兵变时期，福泽谕吉的中国观主要表现为对中国少许的敬畏与蔑视。其敬畏主要来自在处理兵变时中国出兵迅速且兵力强大，加之兵变后对中国兵备的分析使其认识到中国在洋务运动后兵备已有所增强；其蔑视主要是基于其文明观，认为中国在文明开化上落后于日本。

---

① 東洋の政略果たして如何せん（1882 年 12 月 7 日—12 月 12 日）［M］//慶応義塾. 福澤諭吉全集：第 8 卷. 東京：岩波書店，1960：438-439.

二、甲申政变时期福泽谕吉的中国观

（一）再次否定中朝宗藩关系

壬午兵变后，清政府认识到日本是当前威胁朝鲜安全和自己在朝鲜宗主国地位的主要国家。因此，为了抑制日本在朝势力的增长，清政府对朝鲜改变了以往采取的放任其的不干涉政策，开始采取积极干涉的政策。在军事上，清政府决定让已派到朝鲜的吴长庆率领的 3000 人长期驻扎在朝鲜，并赠送给朝鲜政府武器以及将日本式军队别技军改编为清式军队等；在经济和外交上，清政府于 1882 年 10 月同朝鲜缔结《中朝水陆贸易章程》，明文规定了中朝两国之间的宗藩关系及一系列特殊权益，并派马建忠和穆麟德至朝鲜掌管通商、外交、海关等事务。通过上述政策，中朝宗藩关系在实质上得到进一步加强。① 而此时日本政府的对朝政策并不明确，摇摆于对清妥协和援助朝鲜之间。②

面对清政府采取的积极干预朝鲜内政的政策，福泽谕吉于 1883 年 1 月 17 日至 19 日发表《支那与朝鲜之关系》一文，再次对朝鲜为清朝的属国进行了否定。

首先，福泽谕吉认为朝鲜成为清朝的属国是"清人乘战胜之余，胁迫囚徒一般之朝鲜国王取得的；称臣妾、称属国，只是按照战胜者之命令做出的"③，并对表现属国之实的尊奉正朔、贡献贺表、服从征伐调兵及不允许擅自修筑城墙等内容进行了一一否定。对尊奉正朔，福泽谕吉表达了同之前相同的观点，称"朝鲜自古以来极少在公私文书中使用中国年号，一

① 信夫清三郎. 日本外交史：上册 [M]. 天津社会科学院日本问题研究所，译. 北京：商务印书馆，1980：195.

② 信夫清三郎. 日本外交史：上册 [M]. 天津社会科学院日本问题研究所，译. 北京：商务印书馆，1980：199.

③ 支那朝鮮の関係（1883 年 1 月 17 日—1 月 19 日）[M] //慶応義塾. 福澤諭吉全集：第8 卷. 東京：岩波書店，1960：507.

般只用干支纪年"①。"时至今日，所谓朝鲜尊奉中国之正朔只是徒有其名，全国公私上下常常使用自国之年号，若问今年支那之年号是何年，不能回答者甚多"②。对于贡献贺表，福泽谕吉表示，朝鲜对于中国的朝贡不具有朝贡之实，"勉强地称之为属国之岁贡，自己高兴之际，派自家之使节到朝鲜赐给币帛，闻朝鲜国王称其为愿纳，可以说不知哪一个是真实之贡献"③。对于服从征伐调兵及不允许擅自修筑城墙，福泽谕吉称"修筑城堡朝鲜不仅随便进行，关于重要之军事事件亦未听闻朝鲜对支那进行帮助"，如两次鸦片战争以及镇压太平天国运动，朝鲜都没有派出援兵。④ 清朝以武力使朝鲜称臣、尊奉正朔、贡献贺表，前文已做过解释，此处不再赘述。对于朝鲜在重要的军事事件中没有对中国进行帮助及擅自修筑城墙这一内容，正是中国长期以来奉行的"朝鲜为中国所属之邦而内政外交向来归其自主"这一内容的真实反映。

其次，福泽谕吉对《朝美修好通商条约》中声明的"朝鲜为中国所属之邦而内政外交向来归其自主"⑤ 进行了反驳，认为"朝鲜为中国所属之邦"与"内政外交向来归其自主"相矛盾。⑥ 清政府历来以传统的朝贡关系维持着中朝之间的宗藩关系，"朝鲜为中国所属之邦而内政外交向来归其自主"是中朝之间这种宗藩关系的真实反映，并不矛盾。在日朝因云扬号事件签订《日朝修好条规》之前，身为驻华公使的森有礼就曾同清政府总理衙门及李鸿章围绕朝鲜是否为中国属国展开过辩论，其依据国际法中

① 支那朝鮮の関係（1883 年 1 月 17 日—1 月 19 日）［M］//慶応義塾. 福澤諭吉全集：第 8 卷. 東京：岩波書店，1960：507.

② 支那朝鮮の関係（1883 年 1 月 17 日—1 月 19 日）［M］//慶応義塾. 福澤諭吉全集：第 8 卷. 東京：岩波書店，1960：507.

③ 支那朝鮮の関係（1883 年 1 月 17 日—1 月 19 日）［M］//慶応義塾. 福澤諭吉全集：第 8 卷. 東京：岩波書店，1960：508-509.

④ 支那朝鮮の関係（1883 年 1 月 17 日—1 月 19 日）［M］//慶応義塾. 福澤諭吉全集：第 8 卷. 東京：岩波書店，1960：509-510.

⑤ 由于美国的拒绝，《朝美修好通商条约》中并没有声明这一内容，而是在朝美签约前美国接收由朝鲜方面发表的"朝鲜素为中国属邦"之照会的协议。

⑥ 支那朝鮮の関係（1883 年 1 月 17 日—1 月 19 日）［M］//慶応義塾. 福澤諭吉全集：第 8 卷. 東京：岩波書店，1960：511-512.

有关独立国与附属国的知识范畴来否定朝鲜为清朝的属国。而总理衙门及李鸿章都强调"朝鲜为中国属邦内政外交向来归其自主"这一原则。① 福泽谕吉认为其矛盾也是基于国际法中有关独立国与附属国的知识范畴。按当时的国际公法及其惯例，宗主国干涉属国内政外交，尤以外交为最，不但是一种权利，也是一种义务，"中国既放弃宗主国责任，日本自亦不能承认中国之宗主国权利，而妨碍自身之对韩行动"②。

再次，福泽谕吉认为《日朝修好条规》的第一条已经载明"朝鲜国为自主之邦，保有与日本国平等之权"，日、朝两国都认为朝鲜为独立的国家，只有中国不承认。"若支那政府果真认为朝鲜为属邦，见朝鲜自己称自己为独立之国，邻国日本也承认朝鲜是自主独立之国，对这一条约为何没有异议？此条约缔结以来已经过了7年。期（其）间，日本政府派遣外交官让其驻在汉城，朝鲜政府亦接待他办理两国之外交事务，完全没有损害独立国之资格，支那政府始终旁观，未表现出任何之反对。这即是该政府认定朝鲜为独立国之确凿证据"③。《日朝修好条规》是朝鲜在日本的武力胁迫之下与之签订的，并不完全是朝鲜的真实意思，同时日本同朝鲜的外交关系也与清政府奉行的"朝鲜为中国所属之邦而内政外交向来归其自主"并不矛盾。而福泽谕吉将派驻外交官及由外交官办理两国事务这一内容认定为"朝鲜为独立国之确凿证据"，则同样是基于国际法上独立国与附属国的区别。

最后，福泽谕吉认为中国同朝鲜缔结《清国朝鲜商民水陆贸易章程》前后矛盾，不足以确定朝鲜的属邦论。福泽谕吉称，虽然称为《清国朝鲜商民水陆贸易章程》，但其俨然是两国之间的条约，发起者及起草者不会是弱小的朝鲜，而应该是强大的清政府。清政府强迫朝鲜签订此条约是为了充分地显示朝鲜为中国属邦之实。同时，福泽谕吉称如果清政府主张朝

---

① 王信忠. 中日甲午战争之背景 [M]. 北京：国立清华大学出版社，1937：13.
② 王信忠. 中日甲午战争之背景 [M]. 北京：国立清华大学出版社，1937：252.
③ 支那朝鮮の関係（1883年1月17日—1月19日）[M] //慶応義塾. 福澤諭吉全集：第8卷. 東京：岩波書店，1960：512-513.

鲜为属邦，不如不签订条约，一方面称朝鲜为属邦，随便地派驻军队、拘捕国王的父亲大院君；另一方面只是在独立国与独立国之间缔结无用的条约，前后矛盾。对于条约绪言中声明的"此次所订水陆贸易章程系中国优待属邦之意不在各与国一体均沾之列"，福泽谕吉认为朝鲜没有理由拒绝他国在朝鲜享有和清政府一样的最惠国待遇，尤其应该注意该条约的第二条和第四条①，这两条与《日朝修好条规》不同，日本也应该"均沾"中国在朝鲜享有的权利。②

中朝之间《清国朝鲜商民水陆贸易章程》的签订并非清政府强迫，而是中、朝两国在国际形势错综复杂、宗藩关系与条约关系并存、两国均面临调整变动传统的宗藩关系某些环节以应对时局变化等情况下，清政府应朝鲜之请而缔结。对于清政府来说，是为了固藩护本、将宗藩关系与条约关系接轨、用类似的近代条约方式巩固中朝宗藩关系、引入欧美势力进半岛并寻机重申宗藩关系、形成各国力量均衡以阻止日本在半岛势力独大等目的；对于朝鲜来说，是为了因循传统的事大方针以求自保、借助传统宗藩关系的庇护以积蓄国力、急欲从中国得到经济实利以填充国库和弥补财政开支不足、取得外交经验并伺机谋取自主之途等目的。③ 同时，《清国朝鲜商民水陆贸易章程》确实明文规定了清朝与朝鲜的宗藩关系和一系列特殊利益，日本不能享有中朝之间享有的特殊利益。

与第一次主要从中、朝两国宗藩关系的形成历史上进行否定不同，这次福泽谕吉主要从实质上以及与朝鲜缔结的近代条约的矛盾上来进行否定。由此可见，在福泽谕吉的思想中同时存在着东方传统之宗藩观念与近代国际法之宗藩观念两种相互冲突的观念。福泽谕吉之所以再次主要从宗藩关系与朝鲜缔结的近代条约的矛盾上进行否定，或许是因为这样更能显

---

① 第二条规定了处理纠纷时的领事裁判权；第四条是适用于中、朝两国间关于货物运输的税收规定，以及两国国内运输的其他规定。

② 支那朝鮮の関係（1883 年 1 月 17 日—1 月 19 日）［M］//慶応義塾. 福澤諭吉全集：第 8 卷. 東京：岩波書店，1960：513-516.

③ 王蕾. 围绕《中朝商民水陆贸易章程》有关问题的再探讨［M］//韩国研究丛书：第 9 辑，2002：182-183.

示出否定的正当性，更能得到欧美列强的理解。

19 世纪 70 年代以后，中朝关系正处于宗藩体制向近代外交体制的转换时期，被迫在"一种体制两种外交"的构造下运转。日本政府为了达到侵略朝鲜的目的，试图通过与中、朝两国签订条约的方式，利用东方传统宗藩观念与近代国际法宗藩观念之间的矛盾来否定中朝之间的宗藩关系。朝鲜壬午兵变时期及甲申政变爆发前，福泽谕吉为了支持日本实现排除中国的在朝势力，进而侵略朝鲜的目的，对中朝宗藩关系进行了两次否定。综观福泽谕吉对中朝宗藩关系的两次否定，可得出以下几点结论。

第一，福泽谕吉在支持日本政府否定中朝宗藩关系的同时，也丰富了日本政府否定中朝宗藩关系的"依据"。福泽谕吉从中朝宗藩关系与朝鲜缔结的近代条约的矛盾上进行否定，与日本政府利用东方传统宗藩观念与近代国际法宗藩观念之间的矛盾来否定中朝宗藩关系几乎是一致的，可以看作其对日本政府对朝政策的支持。福泽谕吉从中朝宗藩关系形成的历史上及实质上进行否定，可以说丰富了日本政府否定中朝宗藩关系的"依据"，但其明显歪曲了中朝宗藩关系的事实。

第二，虽然两次否定的最终目的相同，但各自的具体目的不同。福泽谕吉否定中朝宗藩关系的最终目的就是为日本政府排除中国的在朝势力，进而侵略朝鲜寻找借口。就其具体目的而言，如前所述，第一次否定主要是来说明其反对清政府干涉日朝关于处理壬午兵变谈判的正当性，防止因清政府的介入而影响到谈判的结果，进而损害日本可能取得的侵略利益；第二次否定则主要是通过中朝宗藩关系与朝鲜缔结的近代条约的矛盾进行否定，或许是这样更能体现出否定的正当性，更能得到欧美列强的理解。

第三，虽然福泽谕吉对中朝宗藩关系进行否定的着眼点主要在中国，但他并非没有看到朝鲜自身的要求。中国的存在是日本实现对朝政策的障碍，因此无论是日本政府还是福泽谕吉都将否定中朝宗藩关系的着眼点放在了中国身上。同时，福泽谕吉也并非没有看到朝鲜自身的要求，如其后福泽谕吉改变了之前所说的"日朝两国都认为朝鲜是独立的国家"，认为朝鲜"没有独立之实"、朝鲜人自己还认为是中国的属国。① 这一看法的改变可以说明福泽谕吉从最初就没有认为朝鲜是独立的国家。朝鲜的态度如何并不会影响日本对朝政策的实施，也改变不了福泽谕吉的朝鲜观。实际上，朝鲜自主观念的产生也是《朝美修好通商条约》以及《清国朝鲜商民水陆贸易章程》签订的原因之一②，是朝鲜面对国际形势必须做出的选择。

此后，福泽谕吉同样对"朝鲜为中国所属之邦"进行了否定，讽刺地说中国所谓的"属邦"不是附庸属国的"属"，是"接属"的"属"，即朝鲜是同中国土地"接属"的邻国。③ 面对朝鲜壬午兵变后日本消极的对朝政策，福泽谕吉辩称日本的对朝政策即使实行退守主义也会受到中国的干涉，并以对中国的对朝政策进行"夸耀"以及想象中国会"废朝鲜国置高丽省"来提醒日本政府要重视对朝政策。④

巨文岛事件期间，日本为了对抗俄国的南下而寻求同中国的"合作"，默认清政府对朝鲜的宗主权。⑤ 此后，福泽谕吉也不再对"朝鲜为中国所属之邦"进行否定，如1892年提出朝鲜政略论时，表示中国视朝鲜为属邦，以宗主国自居，可以大大地致力于朝鲜的改革。⑥ 在甲午战争时期，日本外相陆奥宗光认为英国承认中国对朝鲜的宗主权，不宜以中朝宗属问题作为同中国开战的借口⑦，其间福泽谕吉也几乎没有再提及中朝之间的

---

① 朝鮮国を如何すべきや（1883年3月13日）[M]//慶応義塾. 福澤諭吉全集：第8卷. 東京：岩波書店，1960：580-581.

② 王明星. 朝鲜政府的"决议外交"与朝美条约：兼论《朝美条约谈判》中李鸿章的角色错位 [M]//韩国研究论丛：第4辑，1998：270-287.

③ つがもない（漫言）（1883年1月26日）[M]//慶応義塾. 福澤諭吉全集：第8卷. 東京：岩波書店，1960：523.

④ 朝鮮国を如何すべきや（1883年3月13日）[M]//慶応義塾. 福澤諭吉全集：第8卷. 東京：岩波書店，1960：581-582.

⑤ 王芸生. 六十年来中国与日本：第1卷 [M]. 北京：生活·读书·新知三联书店，1979：310-311.

⑥ 天津条約は廃せざる可らず（1892年10月12日）[M]//慶応義塾. 福澤諭吉全集：第13卷. 東京：岩波書店，1960：536-537.

⑦ 信夫清三郎. 日本外交史：上册 [M]. 天津社会科学院日本问题研究所，译. 北京：商务印书馆，1980：263.

宗藩关系。

由此可见，无论是日本政府还福泽谕吉本人，否定中朝宗藩关系都只不过是其排除中国在朝势力，进而侵略朝鲜的一时借口。福泽谕吉对中朝宗藩关系的否定在追随日本政府对朝政策的同时，在巨文岛事件之前也表现出了比日本政府的对朝政策更加强硬的一面。

（二）对中法战争的评论

1883 年 12 月至 1885 年 4 月，清政府与法国围绕越南的宗主权问题爆发战争，史称中法战争。中法战争期间，福泽谕吉对这次战争表现出极大的关注，发表了大量相关评论。

1. 反复强调加强对华军备的重要性

中法战争爆发前的 1883 年 6 月，福泽谕吉就表示中法"两国将要战争之形势乃明显之事实，不论其战与不战，不拘泥于孰胜孰败，只要观察今日出现之形势，考虑日后此形势对于我日本会有如何之影响，绝非无益之事情"①。

关于中法战争的起因，福泽谕吉认为是由于中国"干涉"了法国在越南的政略，称"安南乃远方之国，其被法国所灭，又被法国所保护"，"支那政府视安南为所属，妨碍了法国之政略，因此开启战端"。福泽谕吉进一步指出，中法战争"原本不关我辈之痛痒"，然而"三国中我辈唯独不能轻易忽视支那政府"。② 究其原因，福泽谕吉认为"今年该政府频频扩张武备，虽说乃立国寻常之事"，但其因"台湾事件""琉球废藩"对日本抱有不满，因此"此次安南之风雨不可期待不会由支那波及至我国"。③对此，福泽谕吉还进行了详细的说明，称若中法开战，战争将不会持续很久，或清政府大败而臣服于法国，或因势均力敌而通过他国的仲裁而归于

---

① 安南の風雨我日本に影響すること如何（1883 年 6 月 9 日）［M］//慶応義塾. 福澤諭吉全集：第 9 卷. 東京：岩波書店，1960：19.

② 安南の風雨我日本に影響すること如何（1883 年 6 月 9 日）［M］//慶応義塾. 福澤諭吉全集：第 9 卷. 東京：岩波書店，1960：19.

③ 安南の風雨我日本に影響すること如何（1883 年 6 月 9 日）［M］//慶応義塾. 福澤諭吉全集：第 9 卷. 東京：岩波書店，1960：19-20.

和平，但无论结果如何，"支那之兵力战后尚存余力乃当然之事。况且，李将军（李鸿章）之政略仅乃在表面扩张势力，当此次事件足以保存中国之体面时，不失寸铁，兵力依然存在。安南之一举，激起国民之杀气，存有兵力，必定会产生使用其之想法，此乃自然之形势。我辈和各位读者共同想象支那人使用此多余兵力之处"。清政府"将先前采购之军舰与新练之士兵负于一隅，同我国发生纠纷。或发生纠纷，不依据万国公法之正则，使用六国纵横之奇策，远交近攻。通常不向我政府申诉，不可期待不会出现军舰直接在琉球海出现之奇观"。① 对于日本政府应对这一问题的方法，福泽谕吉认为就是要加强军备。②

此后，福泽谕吉进一步表示，日本虽是中法战争的旁观者，但"值今日之交通利器发挥其作用之时，千里之彼岸无异于近在咫尺"，同时"他国之政略变化莫测"，"因日本和支那之间有台湾、琉球之关系，可谓支那多少怀有不满之意。且关于朝鲜之事，支那人亦无限地怀疑日本之政策，非常关注日本人之举动，可谓常常成为不安之忧虑。若推测支那人之心事，眼下正忙于处理同法国之关系，不知是否抱有第二个隐患在日本如此之妄想？我辈之考虑乃日本对于支那无丝毫之宿怨，且亦无怨恨其之记忆。人间世界若常被妄想所支配，妄想乃可怕之大敌。古人谓防备意外，仅乃留心此妄想之意。若今日因安南事件清法之间发生纠纷，在支那全国顿时感到杀气，加之日清间因朝鲜并非太平无事，不得不说东洋之大半妖云正黑"。③ 对此，福泽谕吉再次强调了加强军备的重要性。他说，"我日本国民不要安心于今日之太平无事，应觉悟到今日之太平无事仅乃密云间露出之稍许阳光，不特别准备雨具乎？所谓雨具乃何物？乃军舰、大炮、

---

① 安南の風雨我日本に影響すること如何（1883 年 6 月 9 日）［M］//慶応義塾. 福澤諭吉全集: 第 9 卷. 東京: 岩波書店，1960: 20.
② 安南の風雨我日本に影響すること如何（1883 年 6 月 9 日）［M］//慶応義塾. 福澤諭吉全集: 第 9 卷. 東京: 岩波書店，1960: 20-21.
③ 不虞に備豫するの大義忘る可らず（1883 年 6 月 18 日）［M］//慶応義塾. 福澤諭吉全集: 第 9 卷. 東京: 岩波書店，1960: 37-38.

炮台、水雷以及修改征兵、扩张陆军"①。并且，福泽谕吉还以自己做的一个梦为例，称梦见此次清政府频频准备与法国开战，最终与法国经过谈判决定议和后，看见被催促的清政府军队因没有派遣之处感到非常困惑。福泽谕吉想象这些清政府军队将要入侵日本，而对此日本能依靠的就是充足的军备。②

文中，福泽谕吉多次表示清政府因日本侵台事件、"琉球废藩"以及朝鲜问题对日本怀有不满，在中法"纠纷"解决后可能会入侵日本，反复强调为应对"入侵"日本政府应加强军备的重要性。实际上，由于此前清政府在处理朝鲜壬午兵变时曾表现出强大的武力，妨碍了福泽谕吉自身提出的"朝鲜政略"以及日本对朝政策的实现，而中法战争的爆发及想象清政府军队入侵日本只不过是福泽谕吉要求日本加强军备的一个借口而已。

2. 建议加快侵略朝鲜

当1883年5月法国在与清政府有关越南的主权问题上放弃以前和平方案的消息传至日本时，强硬论者就指出法国同越南的关系正如日本同朝鲜的关系一样，都是为摧毁清政府在朝鲜与越南的宗主权，认为此时正是日法联合夹击中国的良机。③ 日本外务卿井上馨也对此观点表示认同，策划对朝采取积极政策。④

10月22日，福泽谕吉发表《若安南与朝鲜互换土地会如何》一文，认为法国将在与中国的"纠纷"中取得胜利，称"最近，法国炮击安南之首都，迫使其缔结安法条约（《顺化条约》——笔者注），其举国成为自己之保护国。因此，眼下与清国发生了有关安南主权之争论，甚是麻烦。

---

① 不虞に備豫するの大義忘る可らず（1883年6月18日）［M］//慶応義塾. 福澤諭吉全集：第9卷. 東京：岩波書店，1960：39.

② 敵の勝つべきを恃まず（1883年6月21日）［M］//慶応義塾. 福澤諭吉全集：第9卷. 東京：岩波書店，1960：60-61.

③ 信夫清三郎. 日本外交史：上册［M］. 天津社会科学院日本问题研究所，译. 北京：商务印书馆，1980：200.

④ 远山茂树. 日本近现代史：第1卷［M］. 邹有恒，译. 北京：商务印书馆，1992：75.

然而，确信无疑的乃法国终究会取得胜利"①。

同时，福泽谕吉指出越南与朝鲜正是位置不同导致了命运迥异。他说，法国的越南政略始于 1867 年。同年，"因法国传教士进入朝鲜内地传播宗教而被朝鲜人杀害，所以有法国军舰攻入汉江口进行猛烈炮击之新鲜事。因此，当年乃法国在东洋特别多事之时，在安南攻取三州，在朝鲜炮击海港。不幸的乃安南以被攻取三州为开端，十七年后之今日悲惨地成为法国之保护国，不再有独立之权利。然而，另一方之朝鲜甚是侥幸，同样乃六十七年炮击以来，不仅未蒙受法国之诛求，至近年杜绝一切之西洋国家，不曾有接受交涉之事"。朝鲜与越南命运迥异的原因是，"朝鲜仅乃位于东洋一偏僻之地，与安南相比，因相隔支那海，西洋蒸汽之力到达此地稍晚一步"。法国"变中国之属邦安南为法国之保护国，不能怨天尤人，因安南位于支那之南边乃甚是不幸。此外，法国能达到其目的，可谓当时法国文明之力正好能到达安南近海之结果。若六十七年法国文明之力超过支那海到达朝鲜近海，不知朝鲜是否亦会因法国而成为第二个安南"？如果朝鲜"变成安南、西贡之邻国，同样会成为第二个安南。若安南和朝鲜互换位置，限于西洋文明之力不能到达，朝鲜即成为今日安南之状态乃必然。……朝鲜、安南仅因位置之不同，导致一个保持独立，一个失去独立这种程度之不均衡"。② 对此，福泽谕吉认为，日本不应再失去侵占朝鲜的机会，称在西洋文明之力已到达东洋各国港口的今天，日本国民应努力不被西洋文明压倒。"如朝鲜至今偏安一隅保持其体面之良机，不能再次让其从我日本头上经过。"③

1884 年 8 月，中法战争爆发后，福泽谕吉建议日本政府利用中法战争的机会加快侵略朝鲜。他说，在越南事件中，中国与越南的关系似乎同中

---

① 安南朝鮮地を換へば如何なりし歟（1883 年 10 月 22 日）［M］//慶応義塾. 福澤諭吉全集：第 9 卷. 東京：岩波書店，1960：223.

② 安南朝鮮地を換へば如何なりし歟（1883 年 10 月 22 日）［M］//慶応義塾. 福澤諭吉全集：第 9 卷. 東京：岩波書店，1960：224-225.

③ 安南朝鮮地を換へば如何なりし歟（1883 年 10 月 22 日）［M］//慶応義塾. 福澤諭吉全集：第 9 卷. 東京：岩波書店，1960：225.

国与朝鲜的关系相同，法国称其为“独立国家”，而中国视其为属国，朝鲜人对这一争论的胜败格外关注。最终的结果就是，中国在失去越南的同时，甚至永远地保有其国土也几乎没有希望。因此，朝鲜人“或失望沮丧，或疑惧害怕，或加强依靠自身之意识。总之，发现不能依靠支那应该乃不言而喻的”。因清政府减少了在朝鲜的驻兵、吴长庆病逝和穆麟德被免职等原因，清政府与朝鲜的关系已大不如前。清政府在朝鲜的权势渐失，朝鲜也失去了对清政府的敬畏之心，两国关系好像日趋冷淡。因此，“如今正乃日韩交际甚是紧迫之时，此正乃当局者注意再注意、丝毫不能马虎之缘由”①。

由于越南与朝鲜同为中国的宗属国，法国对中国对越南宗主权的否定使福泽谕吉看到了实现其“朝鲜政略”的机会。如前所述，其间，福泽谕吉先后两次从形成的历史上和实质上以及与近代条约的矛盾上对中朝宗藩关系进行了否定。同时，中法战争的爆发也促成了日本积极支持的、福泽谕吉积极参与的朝鲜甲申政变的爆发。

3. 将法国取得胜利视为中国人民的“幸福”

在 1883 年 6 月 12 日、13 日连续两天发表的《支那人民之前途甚是多事》一文中，福泽谕吉认为中法两国就越南的所有权“已处于将诉诸武力之危险境地”。对于清政府来说，“战，永无胜算。退，国威日益萎缩。假设支那政府赌上此一役，或忍辱讲和，可成为支那帝国全面输入新文明之媒介”。② 同时，福泽谕吉也表示，中国引进西方文明会造成国家的灭亡。他说，“人民日益见识文明，国家日益复古退守。我辈为支那推算一下寿命，从今以后若能双手屈指数来，大概就乃喜出望外之侥幸吧”③。

此后，福泽谕吉进一步认为此次越南事件使中国“了解”了西方文

① 朝鮮に在る日本の利害は決して軽少ならず（1884 年 8 月 9 日）［M］//慶応義塾. 福澤諭吉全集：第 10 卷. 東京：岩波書店，1960：9-10.
② 支那人民の前途甚だ多事なり（1883 年 6 月 12 日—6 月 13 日）［M］//慶応義塾. 福澤諭吉全集：第 9 卷. 東京：岩波書店，1960：28.
③ 支那人民の前途甚だ多事なり（1883 年 6 月 12 日—6 月 13 日）［M］//慶応義塾. 福澤諭吉全集：第 9 卷. 東京：岩波書店，1960：28.

明，是其引进西方文明的"良机"，并将法国看作中国的"恩人"。他说："此次安南事件，因事情重大全体人民都感到了其利害关系，没有变故与急难，因此有充足时间窥探文明之学问、了解文明之利器，逐渐接近进入文明之大门。加之，若纠葛、纷争因仲裁、和解而圆满结局，可谓支那国民实在乃分外之幸运。然而，要问是谁启蒙他、诱导他，即乃法国。呜呼！支那人之大仇人法国则又乃支那人之大恩人啊！"①

对于中国在中法战争中签订的耻辱条约，福泽谕吉则认为如果"考虑支那人民之利害，依我辈所见，可以为他们祝福"②。福泽谕吉还进一步说明了中法战争将给中国人民带来"幸福"的原因。他说，中国人民与清政府之间的联系不多，自然有独立的风气，但常常苦于受小官俗吏的压制，偶然间因此次通商机会消除了这些压制。如果地方上一直以来存在的通病——土寇海盗之祸，也因外国人而绝迹，"必须说此乃人民之幸福"。因此，自上年以来中法两国因越南事件而发生的"纠纷"，从结果来看虽然清政府在外交上体面受损，但"其人民可谓用国家之体面、荣誉为自己买来了幸福"。③

福泽谕吉将法国取得胜利视为中国人民的"幸福"的观点，此后还出现在了福泽谕吉在巨文岛事件期间对朝鲜问题的认识上。④ 这是基于福泽谕吉具有西方殖民主义特点的文明观必然得出的结论。其实质就是，以所谓促进中国、朝鲜等落后国家的"文明开化"为借口，使西方列强以及以"脱亚入欧"为目标的日本侵略中国、朝鲜等国家的行为正当化。

---

① 佛国は支那の恩人なり（1884 年 3 月 4 日）［M］//慶応義塾. 福澤諭吉全集：第 9 卷. 東京：岩波書店，1960：412.

② 支那政府の失敗支那人民の幸福（1884 年 7 月 7 日）［M］//慶応義塾. 福澤諭吉全集：第 9 卷. 東京：岩波書店，1960：549.

③ 支那政府の失敗支那人民の幸福（1884 年 7 月 7 日）［M］//慶応義塾. 福澤諭吉全集：第 9 卷. 東京：岩波書店，1960：550.

④ 1885 年，巨文岛事件期间，福泽谕吉在发表的《为了朝鲜人民祝贺其亡国》一文中称，"若作为朝鲜国民变得毫无生存之价值，无论是英国还是俄国，任其强占国土，可谓作为英俄之人民才乃大大之幸福"。

4. 视中国为今后西方侵略东洋的媒介

1884 年 9 月 4 日，在《辅车唇齿之古谚语不足恃》一文中，福泽谕吉对当时西方列强对中、日两国的认识，以及中、日两国之间关系的现状进行了分析。他说，"日本、支那之关系恰如辅车唇齿，支那之失败即丧失了其救援，法清交战实际上非我国民应对岸视之之普通事件，其信条似乎甚是合理"。但是，"今日一国之安危存亡，仅由国力之强弱，即蒸汽、电力用法之巧拙多寡决定。日本开国以来维持独立至今保持金瓯无缺之体面，完全乃拜不懈地采用西洋文明之利器所赐，不曾因有支那而增加对日本之重视，大概乃世人熟知毫无疑问之处。不单单如此，就先前之迹象争论之时，支那常常乃对峙之姿态，如其军舰、水陆军之举动，一时引起日本人之注意、警戒心。支那政府之东洋政略绝非没有不让我辈安心之处"。①

福泽谕吉进一步表示，若中国在中法战争中失败，其将成为日后西方列强侵略东洋的媒介，而今后日本要保持独立就要有别于中国。他说，"我国之本色正乃与文明诸国对峙，正乃一心一意扩张国权之时，西洋各国会误认为我日本国乃东洋寻常之一列国吧？这正乃唯一忧虑之处。极弱之支那因轻举而失败，原本乃自得其所，但支那之失败即成为使法国人骄横之媒介。于是，西洋诸国之间虽然仅乃产生中国人好对付之极端说法，但支那代表整个东洋，因在东洋之地理上存有我日本国之名，不可期待在西洋人之心目中不会暗自画有日本人容易对付之妄想之画像"②。对此，福泽谕吉提出了自己的应对之策。他说，"今后处于如此之时势中，该如何？我国保持独立，在东洋提出一新之方法，使西洋人自己有需要大大警戒之处，使其发现在东洋诸国中，作为朋友可以亲近，作为敌人使其忌惮的唯

① 輔車唇歯の古諺恃むに足らず（1884 年 9 月 4 日）［M］//慶応義塾. 福澤諭吉全集：
　第 10 卷. 東京：岩波書店，1960：31-32.
② 輔車唇歯の古諺恃むに足らず（1884 年 9 月 4 日）［M］//慶応義塾. 福澤諭吉全集：
　第 10 卷. 東京：岩波書店，1960：32.

有我日本国之事实，仅有如此之一种方法"①。

福泽谕吉将中国视为今后西方侵略东洋的媒介，并希望日本有别于中国这一论述，体现了福泽谕吉其后所提出的"脱亚论"的内容，即日本为避免"近墨者黑"，"要从内心谢绝亚细亚东方之恶友"，"作为当今之策，我国不应犹豫，与其坐等邻国之开明，共同振兴亚洲，不如脱离其行列，而与西洋文明国共进退"②。这预示着福泽谕吉对自己提出的日本作为文明的"指导者"，指导中国"文明开化"的对中国以及朝鲜的"东洋盟主论"的放弃，其中国观必然会转向"脱亚论"。

5. "中国灭亡论"

福泽谕吉在 1884 年 5 月 15 日发表的《已丧失希望》一文中认为，中国的外患只是欧洲各国，其近来"渐渐致力于外争之迹象似乎乃不可掩盖之事实"③。并且，福泽谕吉进一步认为，中法战争是西方侵略中国的开始，中国将会灭亡。他说，"如今支那自身尚未作（做）好防守之准备，忽然成了欧洲诸国外争之重点。若单单看今日与法国之纠纷，处于或许失去数千万之金钱，或失去台湾一个岛屿之境地，一旦想要结束，支那之忧虑绝不会以今日之一个纠纷而结束。欧洲诸国中，除法国外，不乏英国、日耳曼、俄国等强大之国家。今日英国去，明日法国来，日耳曼来，俄国来，甚至如蕞尔之小国葡萄牙，亦狐假虎威。若我辈偷偷地诊断支那之命脉，相信到底不能支持甚久"④。

福泽谕吉认为中国将要灭亡，原因的主要有两个。一是中国愚昧落后。他说，"观察事情之实际，清朝积年之顽陋，不知西洋文明为何物，不能识别其利器为何物，只相信皇天无亲，唯德是辅等迂阔至极之漫谈，

① 輔車唇歯の古諺恃むに足らず（1884 年 9 月 4 日）［M］//慶応義塾. 福澤諭吉全集：第 10 卷. 東京：岩波書店，1960：32.

② 脱亜論（1885 年 3 月 16 日）［M］//慶応義塾. 福澤諭吉全集：第 10 卷. 東京：岩波書店，1960：238-240.

③ 脈既に上がれり（1884 年 5 月 15 日）［M］//慶応義塾. 福澤諭吉全集：第 10 卷. 東京：岩波書店，1960：18-19.

④ 脈既に上がれり（1884 年 5 月 15 日）［M］//慶応義塾. 福澤諭吉全集：第 10 卷. 東京：岩波書店，1960：19.

将校毫无智慧与谋略，队伍毫无秩序，像驱赶恰似乌合之流民一样之士兵去抵挡外国军队之锋芒。假设因偶然之侥幸获得两三次之胜利，但胜败之大局可以明确地预知乃清兵之挫败。或一旦此次之清法事变以仲裁等方便之策归于和平，但其和约之条目中，已经损失了几分之权利。又发生第二次之变乱，一次又一次，逐渐地消耗国力，终于离归于灭亡不远了吧？大概清国今日之艰难非今日产生，其原因在于积年之顽陋。积顽积陋之余，在今日有十个左宗棠、百个彭玉麟，时运会如何呢？况且左、彭亦乃顽陋之人吧？可谓清廷之大势已去"①。

二是欧洲各国将中国看作"发泄不满"的最佳之处。他说，全世界可以谋利的"野蛮之地"已经遍布了欧洲人的足迹。虽有很多尚未到达的"野蛮之地"，但所花的费用与得到的利益不能相抵，不能再指望还会有像美国、英国东印度公司那样能够得到意想不到利益的地方。因此，"若考虑世界上哪一个国家最适合侵略？应该乃侵略它利益最多，给予利益、传授事务最能让欧洲人满足之国家。其卓识者会自问自答亚细亚洲之支那帝国即是"。侵略中国并将"正因自身贫困而不满"的人移民至中国"取得致富之路"，可消除其不满。② 这一主张与福泽谕吉在 1878 年发表的《通俗国权论》一书中提出的"外战可以调和国内矛盾"③ 的主张基本相同。此后，在中日甲午战争爆发前，针对朝鲜问题福泽谕吉再次提出了这一主张。④ 实际上，这一主张是福泽谕吉在为日本移民朝鲜、中国等地寻找"合理"的借口，体现了其思想中的帝国主义逻辑。这一逻辑在甲午战争后日本移民朝鲜、中国台湾以及九一八事变后移民中国东北都有所体现。

基于以上两个原因，福泽谕吉在 10 月 15 日和 16 日发表的《东洋之波

---

① 清朝の秦桧胡澹庵（1884 年 9 月 8 日）［M］//慶応義塾. 福澤諭吉全集：第 10 卷. 東京：岩波書店，1960：36.

② 支那を滅ぼして欧洲平なり（1884 年 9 月 24 日、25 日）［M］//慶応義塾. 福澤諭吉全集：第 10 卷. 東京：岩波書店，1960：44-45.

③ 通俗国権論［M］//慶応義塾. 福澤諭吉全集：第 4 卷. 東京：岩波書店，1959：641.

④ 一大英断を要す（1892 年 7 月 19 日—7 月 20 日）［M］//慶応義塾. 福澤諭吉全集：第 13 卷. 東京：岩波書店，1960：414-415.

兰》一文中，把中国与当年被欧洲列强瓜分的波兰相比较，称"可以以去年波兰之灭亡为鉴看支那，洪大之东洋老帝国，他日被瓜分，不可期待不会成为被西方数国瓜分之国家"①。并且，福泽谕吉还以法国首相兼外长的名义，虚拟了一份假设将于 1899 年 12 月实施的《支那帝国分割案》。在分割案中，福泽谕吉认为日本应占领中国台湾与福建的一半以及浙江沿海地区，称"日本其地理接近支那，当欧洲各强国达到幸运之时，十数年来不仅为向共同方向发展给予了大力之帮助，常作为东道主提供了不少之方便，今占领台湾全岛和福建省之一半真的乃理所当然之部分。特别是福建、浙江沿海地区，在支那之前代大明之末叶时，成为一时日本兵侵略之地，若历史上乃明白之事实，此次日章旗飘扬在其旧识之土地上乃我日本人满足之地方"②。

可见，"中国灭亡论"以及设计对中国的分割案，表明福泽谕吉放弃了以日本为"东洋盟主"的"东洋盟主论"，转向了"脱亚论"。

综上所述，中法战争期间是福泽谕吉由"东洋盟主论"向"脱亚论"转变的重要时期。同时，中法战争也给了福泽谕吉以及日本政府参与发动朝鲜甲申政变的机会，福泽谕吉与日本政府企图利用这一机会使朝鲜脱离中国而"独立"。此外，相关论述中，福泽谕吉除了基于其文明观对中国的蔑视外，战争之初也曾表现出视中国为潜在敌人的担忧。此后，由于朝鲜甲申政变爆发，福泽谕吉几乎不再关注中法战争，只是在甲申政变后为追究中国在政变中的"责任"时，表达了希望同因越南问题与中国正在进行战争的法国结成同盟的愿望。③

（三）"对华强硬论"

在甲申政变之前，福泽谕吉发表了大量有关对华观的评论，其内容大

---

① 東洋の波蘭（1884 年 10 月 15 日、16 日）［M］//慶応義塾. 福澤諭吉全集：第 10 卷. 東京：岩波書店，1960：75.
② 東洋の波蘭（1884 年 10 月 15 日、16 日）［M］//慶応義塾. 福澤諭吉全集：第 10 卷. 東京：岩波書店，1960：78.
③ 佛国と同盟の疎密（1885 年 1 月 26 日）［M］//慶応義塾. 福澤諭吉全集：第 10 卷. 東京：岩波書店，1960：200-201.

致如下。

第一，福泽谕吉认为应该鼓励更多的日本人去中国，这样可以在国内消除矛盾，在国外扩大国权。他说，"支那乃天赐之富国"，如果日本人出国到中国，"在国内，因眼前利害而兄弟阋墙之事会消失，朝野上下都可自由活动；在国外，扩大经营事业之地，同邻国的关系更加密切，往大说是扩张国权，往小说不容置疑可以成为自己飞黄腾达之些许帮助"。① 这可以说是作为消除国内矛盾、对外扩张国权的一箭双雕之计。

第二，福泽谕吉认为为防止战争，日本应该加强军备，并反对中日之间的"战争必无论"。福泽谕吉暗示中国不愿意放弃琉球，称数年来中国人对于冲绳地方的废藩置县抱有不平。如今，中国又不相称地加强兵备，隐然有考虑之处。对此，日本国内有两种看法：一种看法认为中国将出兵日本，另一种看法认为中国由于国内的情况不可能向日本派兵。以上两种看法无论哪个正确，福泽谕吉都认为中国的军舰"不会驶入东京湾"，但对中国还是有所担心。福泽谕吉进一步坚持了其一贯的主张，即扩张兵备，认为准备兵力并不是想以兵力随便地进行战争，只是想以足够的兵力预防战争的发生。② 由于贸易关系，中日发生纠纷时欧洲列强可能会偏袒中国，福泽谕吉对日本应避免同中国进行战争的"战争必无论"进行了反驳，称欲避免中日之间的战争，"不如日本大规模整顿武备，显示旺盛之进取精神，首先吓倒支那，自然就使其戒除草率之行动"③。

第三，福泽谕吉认为由于中、日两国初学西方文明的道路不同，造成了中、日两国文明开化上的差异，因此要防止日本"被中国的陋习所污染"。福泽谕吉称，日本的文明由"上层人士"传入，中国的文明由"下层人士"传入。由于传入中国的西洋文明最初由"下层人士"接触，所以

---

① 支那行を奨励すべし（1883 年 7 月 20 日）［M］//慶応義塾. 福澤諭吉全集：第 9 卷. 東京：岩波書店，1960：93-94.

② 沖縄想像論（1883 年 8 月 16 日）［M］//慶応義塾. 福澤諭吉全集：第 9 卷. 東京：岩波書店，1960：129-131.

③ 支那との交際に処するの法如何（1883 年 9 月 4 日—9 月 5 日）［M］//慶応義塾. 福澤諭吉全集：第 9 卷. 東京：岩波書店，1960：160.

不能得到真实的评价，导致了今天"上层人士"对西方文明完全不在乎，这是中、日两国在文明开化上存在差异的原因。福泽谕吉进一步称，"到底不可指望今日之支那人开化。若人民不开化，把它作为敌人亦不会感到害怕，作为朋友在精神上亦毫无利益，努力疏远它，防止同流合污，双方之交际只限于商贸，智识之交际全部中断，不采用其国之教义，不效仿其风俗，甚至衣服玩物等物品不管其实用如何，若能够代替，紧要的是抛弃支那之物品。我日本当今乃真正之日新月异之国。担心邻国之陋习污染了我之文明"。① 此处同样表现出了福泽谕吉"脱亚论"的思想内容。

如前所述，1884 年 12 月 4 日，朝鲜爆发了甲申政变。福泽谕吉认为日本政府不能轻视甲申政变中日发生"纠纷"一事，应查明事情的原因，对给日本造成的"伤害"要求清政府进行赔偿。② 福泽谕吉称，"中国人狡猾多诈"，一定会将所有责任"推卸"给朝鲜人，且会对日、朝两国进行调停。并且，福泽谕吉将中国视为此次事件的"责任者"，"可以说此次在京城对我日本国之名誉、权利、利益大加侮辱和大加损害之主谋乃支那人，其教唆的乃支那人，其进行活动的乃支那人"。对于此次事件，福泽谕吉提出了自己的处理意见，即要求中国必须撤出驻扎在朝鲜的所有军队并赔偿日本 2000 万元。③ 对于中国给日本造成的"伤害"，不能因为中国"人民侵犯我国人民并非出自长官之命令，完全乃由于命令未传到而不能制止士兵之暴行"为其设遁词。④

12 月 21 日，日本外务卿井上馨作为全权谈判大使，在两个大队兵力的护卫下前往朝鲜。井上馨在与朝鲜政府谈判时，也希望和清政府代表进行谈判，但遭到清政府派至朝鲜代表的拒绝，理由是他只负有作为宗主国

---

① 支那風擯斥す可し（1884 年 9 月 27 日）［M］//慶応義塾. 福澤諭吉全集：第 10 卷. 東京：岩波書店，1960：50-52.

② 我日本国に不敬損害を加えたる者あり（1884 年 12 月 18 日）［M］//慶応義塾. 福澤諭吉全集：第 10 卷. 東京：岩波書店，1960：146.

③ 朝鮮事変の処分法（1884 年 12 月 23 日）［M］//慶応義塾. 福澤諭吉全集：第 10 卷. 東京：岩波書店，1960：149-151.

④ 支那兵士の事は遁詞を設るに由なし（1884 年 12 月 24 日）［M］//慶応義塾. 福澤諭吉全集：第 10 卷. 東京：岩波書店，1960：151-155.

调查朝鲜内乱的使命，不能同日本全权大使谈判。井上馨只好放弃了同清政府的交涉，而同朝鲜开始谈判，方针是只求确认日本并无参与政变的责任。①

对于井上馨赴朝鲜谈判一事，福泽谕吉认为除了同朝鲜谈判外，还必须向事变的"教唆者、实际活动者支那兵"质询。从名义上说是日本大使同朝鲜政府谈判，但"其实只是同支那人谈判"，中国与朝鲜犹如"一体双头"。如果中、朝两国不能满足日本的谈判要求，日本政府"必须将是非曲直诉诸于武力"。如果与中国诉诸武力，要取得完全的胜利，就必须增加临时军费，"从今日做好军费支出之准备绝非过早之打算"。②

福泽谕吉认为，甲申政变如果能平稳地解决的话，就可以说是"日支韩三国人民无比之幸福"，但如果不是这样的话，则应"断然诉诸武力迅速结局"。如果日本以朝鲜和中国为对象发动战争的话，"朝鲜原本就不值得讨论，因为我眼中之敌人乃支那"，并第一次明确提出要进攻北京。如果战胜中国，那么中国将不能维持国家的独立，而日本的国威不仅能马上照耀东洋，而且欧美各国撤销在日本的治外法权也不言而喻，日本将"永远被尊为东方之盟主"。这次中日之间的战争"乃关系到日本兴废存亡之关键"，日本必须保证战争的胜利。③ "若测算战胜后我日本国永远之利益，感觉到我们日本国民之前途满眼望去春色如海。"④ 如果中、朝两国拒绝日本的谈判要求的话，那么"不想战争都不可以"，中、日两国战争的结果，或"以城下之盟为事情之开端变得平稳"，或"支那舰队侵入东京湾"，无论如何，都"应该下定为了外竞内勉任何东西都觉得不值得可惜

---

① 信夫清三郎. 日本外交史：上册［M］. 天津社会科学院日本问题研究所，译. 北京：商务印书馆，1980：204-205.

② 軍費支辨の用意大早計ならず（1884 年 12 月 26 日）［M］//慶応義塾. 福澤諭吉全集：第 10 卷. 東京：岩波書店，1960：155-157.

③ 戦争となれば必勝の算あり（1884 年 12 月 27 日）［M］//慶応義塾. 福澤諭吉全集：第 10 卷. 東京：岩波書店，1960：159-162.

④ 前途春如海（1885 年 1 月 2 日）［M］//慶応義塾. 福澤諭吉全集：第 10 卷. 東京：岩波書店，1960：178-179.

之决心"。① 为了在中日战争中取得胜利，福泽谕吉认为"御驾亲征之准备最为紧要"②。

1885 年 1 月 7 日，朝鲜全权大臣金宏集与日本全权大臣井上馨在汉城进行谈判。9 日，谈判达成协议，井上馨回避了日本在政变中的责任，签订了以对遇难日侨及烧毁公使馆给予赔偿为主要内容的《汉城条约》。

对于《汉城条约》的签订，福泽谕吉称此次谈判只是完成了有关朝鲜部分的谈判，有关中国部分的谈判还没有实现。③ 在政变中"起认罪作用的乃朝鲜政府，假装不知的乃支那政府"，朝鲜受到中国的胁迫承担了所有责任，但中国对日本所犯的"罪行"不能让朝鲜来承担。如果不能查明中国的"罪行"，就"尚未到高唱万岁之时"。④

福泽谕吉认为，这次事变"甚至九分九厘之责任皆应该由支那自己负责"，日本最终的敌人是中国。同中国的谈判必须派遣特派全权大使到北京直接同清政府谈判，"让其迅速召回在朝士兵，不要再向朝鲜派送一兵一卒，支付 2000 万之赔偿金赎罪，签订自今以后永远不做妨碍朝鲜安宁之活动为内容之盟约"。如果清政府不答应，那么日本只能以战争伸张屈辱。⑤ 日本人民要有为了国家的利益、名誉以及将来的国威进行战争的思想准备。⑥ 同时，日本可与正同中国发生纠纷的法国结成同盟共同对抗中国。⑦ 在《汉城条约》的五项内容中"关于支那兵一句亦未见"，说明中

① 敵国外患を知る者は国亡びず（1885 年 1 月 3 日）［M］//慶応義塾. 福澤諭吉全集：第 10 卷. 東京：岩波書店，1960：183-184.
② 御親征の準備如何（1885 年 1 月 8 日）［M］//慶応義塾. 福澤諭吉全集：第 10 卷. 東京：岩波書店，1960：184-186.
③ 朝鮮丈は片付きたり（1885 年 1 月 13 日）［M］//慶応義塾. 福澤諭吉全集：第 10 卷. 東京：岩波書店，1960：188.
④ 尚未だ万歳を唱るの日に非ず（1885 年 1 月 14 日）［M］//慶応義塾. 福澤諭吉全集：第 10 卷. 東京：岩波書店，1960：189-192.
⑤ 遣清特派全権大使（1885 年 1 月 15 日）［M］//慶応義塾. 福澤諭吉全集：第 10 卷. 東京：岩波書店，1960：193-195.
⑥ 国民利害一処に帰着す（1885 年 1 月 24 日）［M］//慶応義塾. 福澤諭吉全集：第 10 卷. 東京：岩波書店，1960：198.
⑦ 佛国と同盟の疎密（1885 年 1 月 26 日）［M］//慶応義塾. 福澤諭吉全集：第 10 卷. 東京：岩波書店，1960：199-201.

日之间的谈判还未进行。① 日本"先被支那兵炮击，至今尚未见事情之处理。因此，亦可以说我辈不见此事情之处理死不瞑目"，认为同中国的谈判已经为期不远。②

早在甲申政变爆发之前，福泽谕吉业就想象了中国因中日之间关于琉球的纠纷入侵日本，以此来提醒日本政府加强军备，并反对所谓的中日之间的"战争必无论"，表现出对中国的强硬。甲申政变发生后，福泽谕吉要求日本政府必须追究"教唆者、主动者"中国的责任，并做好同中国进行战争的准备，甚至第一次明确提出要进攻北京。朝鲜开化派本身的对外方针就是"联日排清"，所以不能说中国是政变的策划者，而事实表明日本是甲申政变背后的策划者，包括福泽谕吉本人。如前所述，福泽谕吉首先否认了日本政府及其本人参与了甲申政变，将所有责任推卸给了朝鲜与中国，完全是为了掩盖日本在政变中的责任。可见，中国的存在"妨碍"了福泽谕吉对朝鲜的"东洋盟主论"的实现。

（四）《天津条约》签订后的"中国灭亡论"③

日朝签订《汉城条约》后，日本开始着手准备同中国的谈判。2月24日，日本任命参议兼宫内卿伊藤博文为全权大使、参议兼农商务卿西乡从道为副使。28日，伊藤博文一行从日本出发，于4月2日在天津同李鸿章开始进行谈判。经过5轮谈判后，双方于4月18日签订了《天津条约》。

在日本全权大使出发后，福泽谕吉表达了希望日本早日解决中日之间因甲申政变产生的"纠纷"的急迫心情。他称，关于甲申政变日朝谈判结束之后，日本全国"三千七百万之人心皆集中于支那政府之一点"，忽然听到全权大使被派往北京的庙议，"国民欢呼，祝贺得到了政府妥善之处

---

① 官報再讀す可し（1885年1月31日）［M］//慶応義塾. 福澤諭吉全集：第10卷. 東京：岩波書店，1960：208-210.
② 我輩の所望空しからざるを知る（1885年2月7日）［M］//慶応義塾. 福澤諭吉全集：第10卷. 東京：岩波書店，1960：214-215.
③ 为了叙述的方便，这一部分安排在了前面，实际上《天津条约》的签订在《脱亚论》发表之后。

置"，"高兴地期待恢复对我之伤害、侮辱"。① 中日签订《天津条约》当日，福泽谕吉通过电报得知谈判已经结束的消息后，喜悦到"不能自问自答之程度"。②

22 日，福泽谕吉发表了《天津条约》一文，对该条约签订后的日朝关系及中日双方按照条约规定撤出军队后朝鲜的情况表示了担心。他称，中国军队即使从朝鲜全部撤出，尚有朝鲜"暴民"的存在。甲申政变以来，朝鲜人对于日本人的感情已不如以前温和。因此，"无智之暴民等会计划无谋之事，不能说明治十五年之活剧不会再次上演"。如果听闻日中两国军队从京城撤出，朝鲜独立党和事大党想趁此机会完成夙愿，也不能保证不会再发生内乱。③

同年 8 月 31 日和 9 月 1 日，福泽谕吉连续两天发表《支那果真不能维持其大版图吗》一文，又表达了其在中法战争期间主张的"中国灭亡论"。福泽谕吉认为，关于中国存亡的两种观点都有道理。对于"中国灭亡"的说法，福泽谕吉称，一是西洋各国借文明之利器横行于世界，来东洋发掘富源，作为土地广阔而又富有的中国有可能被西洋各国瓜分，成为"东洋之波兰"；二是中国土地过于广阔，偏远的地方中央难以控制，有分离、分割之患，在外部受到攻击时，苦于维持的国土突然落入敌手，即使不至于灭亡也会使国土变小，如果其势力不固守在相应的版图内，大概难以保持独立。对于"中国不会灭亡"的说法，福泽谕吉反复强调与文明为友的重要性，称如"我辈观两三年来支那之国家现状，尤其是观察中法战争后之情况，在命运变动之际，逐渐有把文明作为朋友欲接近之意识。然而，若支那避免亡国而存在，将来变得繁荣，我想会出现使人耳目震惊之奇观"，"若以文明为友大大地借助其发挥作用，东西南北，甚至对偏远地方

---

① 人心の集点（1885 年 3 月 5 日）［M］//慶応義塾. 福澤諭吉全集：第 10 卷. 東京：岩波書店，1960：230-231.
② 天津の談判落着したり（1885 年 4 月 18 日）［M］//慶応義塾. 福澤諭吉全集：第 10 卷. 東京：岩波書店，1960：263-264.
③ 天津条約（1885 年 4 月 22 日）［M］//慶応義塾. 福澤諭吉全集：第 10 卷. 東京：岩波書店，1960：266-267.

之支配中央政府亦可充分地一手掌握，在主权之下可继续维持如今之四百余州，不见得说乃无稽之谈"等。福泽谕吉还详细地分析了铺设铁路、架设电线的益处，认为发挥这些文明利器的作用，是使中央政府权力增强的一个显著例子，可以明白"内地铁路的铺设是支那帝国国运长久的一大基本"，并认为"铁路铺设困难的原因是地方官员的风水说"。最后，福泽谕吉进一步认为，"支那政府能把西洋文明作为朋友向它谋求帮助吗？文明之精神毕竟不适合沉浸于三代以来教育中的支那人之精神，不管一时之小运动如何，把西方文明作为敌人能抵挡其锋芒吗？支那存亡之关键在于此"。①

综上所述，"对华强硬论"与"中国灭亡论"一直贯穿整个甲申政变前后福泽谕吉的中国观。在中法战争还未正式开战之前，从对中国的评论中可以看出，福泽谕吉不希望中国战胜而给日本带来威胁，但又担心中国的失败会成为欧洲列强侵略亚洲的媒介。从这里也可以发现，福泽谕吉从"东洋盟主论"向"脱亚论"转变中的矛盾心理，同时也宣告了对中国的"东洋盟主论"的不能实现。其最初表现出"脱亚论"的文章《外交论》也正发表于这一时期。随着中法战争的逐渐展开，福泽谕吉提出了"中国灭亡论"。在解决甲申政变的谈判中，福泽谕吉一直主张对中国的"强硬论"，要求严厉追究中国在甲申政变中的所谓"责任"。当得到《天津条约》签订的消息后，他又延续了之前主张的"中国灭亡论"。

这一时期，福泽谕吉的中国观主要表现为对中国的蔑视，壬午兵变时期对中国的敬畏感完全消失。在具体表现形式上，其中国观主要表现为"对华强硬论"与"中国灭亡论"。其中国观由一定的敬畏与蔑视共存转变为完全的蔑视，其转变的原因就是中法战争的爆发可能削弱中国的实力，甚至造成中国的灭亡。

① 支那は果たして其大版図を保つ能はざるか（1885 年 8 月 31 日—9 月 1 日）［M］//慶応義塾. 福澤諭吉全集：第 10 卷. 東京：岩波書店，1960：396-402.

第五节　"脱亚论"

　　1885 年 3 月 16 日，福泽谕吉在《时事新报》上发表了《脱亚论》。该文在福泽谕吉有关对外思想的论著中最为著名。关于《脱亚论》何时受到关注，一些日本学者曾提出质疑。无论是在福泽谕吉生前编写的《福泽谕吉全集》中，还是在其去世后于 1925—1926 年编写出版的《福泽谕吉全集》以及二战后 1952—1953 年出版的《福泽谕吉选集》中，都没有收录《脱亚论》一文。石河干明、高桥诚一郎、小泉信三等发表的有关福泽谕吉的论著中也都没有提及《脱亚论》。[①]《脱亚论》最早出现在 1933 年出版的《福泽谕吉全集》中。[②] 1952 年，服部之总在其著作中提到了《脱亚论》，该文大概是从 1950 年左右开始受到关注。[③] 因此，可以说《脱亚论》在发表的当时并没有像现在这样受人关注，其只不过是福泽谕吉诸多有关对外思想论著中的一篇。

　　《脱亚论》是体现福泽谕吉对外思想最重要的文章之一。其主要包括三个方面的内容：一是文明之风东渐，日本已经"文明开化"，而中、朝两国"皆不思改进之道"；二是如果中、朝两国不"开化"的话，"自今日始不出数年他们将会灭亡，其国土将被世界文明诸国所分割"；三是为了避免"近墨者黑"，日本"要从内心谢绝亚细亚东方之恶友"，"作为当今之策，我国不应犹豫，与其坐等邻国之开明，共同振兴亚洲，不如脱离其行列，而与西洋文明国共进退"。[④]

---

① 初瀬龍平.「脱亜論」再考［M］//平野健一郎. 近代日本とアジア. 東京：東京大学出版社，1984：20.

② 何为民.《脱亚论》解读过程中的误区［J］. 日本学刊，2009（4）：135.

③ 初瀬龍平.「脱亜論」再考［M］//平野健一郎. 近代日本とアジア. 東京：東京大学出版社，1984：20.

④ 脱亜論（1885 年 3 月 16 日）［M］//慶応義塾. 福澤諭吉全集：第 10 卷. 東京：岩波書店，1960：238-240.

对于《脱亚论》，笔者主要从三个方面进行分析。

首先，从内容来看，《脱亚论》中并没有新的内容。其实，在《脱亚论》之前发表的《外交论》一文中，福泽谕吉已经提出了和《脱亚论》几乎相同的观点。他说，"世界文明相对，成为禽兽相食之势，食者乃文明国之人，被食者乃非文明国之人，我日本是加入食者之行列同文明国一起谋求良饵？还是同数千年来不振之亚细亚古国为伍被文明国所食？是成为猎人猎捕兔子和鹿？还是成为兔子与鹿被猎人猎捕？二者必择其一"，"今日我日本人利用近代之利器，同西洋人并立，互相争文明之先，不仅未被他等所食，而且根据时机要有成为同他等共同食其他、猎捕其他之势"。① 在此提出的观点，"在后来写成的《脱亚论》中得到了发展和集成"②。如前所述，此后在《辅车唇齿的古谚语不足恃》和《可摒弃支那之风》两篇文章中也都有和《脱亚论》相同的观点。日本学者坂野润治曾提出"在《辅车唇齿的古谚语不足恃》一文中，福泽谕吉明确表示了对东洋盟主论的放弃，向脱亚论转换"③。显然，《外交论》中的观点已经显示了福泽谕吉"脱亚论"的思想，比在《辅车唇齿的古谚语不足恃》一文中提出的观点要早将近一年。

其次，《脱亚论》中提出的"灭亡论""分割论"并未改变福泽谕吉一直以来的朝鲜观与中国观。第一，虽然对朝鲜是第一次提出"灭亡论""分割论"，但从福泽谕吉在甲午战争时期对朝鲜的评论来看，除了有关巨文岛事件的评论以外，还是延续了甲申政变之前的"朝鲜改革论"，改变的只是由支持开化派的"朝鲜改革论"转变为日本独立进行的"朝鲜改革论"。对于福泽谕吉的朝鲜观来说，"脱亚论"的提出或许正如一些学者指出的那样，是在其支持的以金玉均为首的"独立党"在甲申政变中失败后

① 外交論（1883年9月29日—10月4日）[M]//慶应義塾. 福澤諭吉全集：第9卷. 東京：岩波書店，1960：195-196.
② 远山茂树. 福泽谕吉 [M]. 翟新，译. 北京：中国社会科学出版社，1990：216.
③ 坂野潤治.「東洋盟主論」と「脱亜人欧論」：明治中期アジア進出論の二類型 [M]//佐藤誠三郎、R. ディングマン. 近代日本对外態度. 東京：東京大学出版会，1974：46.

一时的激愤之作或例外之作。"脱亚论"的提出，没有改变福泽谕吉一直以来倡导的以"朝鲜改革论"为借口的对朝鲜的侵略。第二，"脱亚论"中提出的"灭亡论""分割论"，没有改变福泽谕吉的中国观。实际上，在如前所述的《东洋之波兰》一文中，福泽谕吉已经提出中国将会灭亡，国土将不可避免地被分割，并想象了中国的"分割案"，日本也将参与其中。

最后，对于中、朝、日三国来说，"脱亚论"与"东洋盟主论"的实质相同。福泽谕吉提出《脱亚论》仍是基于《文明论概略》中提出的文明开化论。当然，福泽谕吉认为此时的日本已经进入文明阶段，已经不是《文明论概略》中和中、朝两国同处于"半开化"的阶段了，而中、朝两国还处于"半开化"，甚至是"野蛮"的阶段。"脱亚论"中提出的日本为了避免"近墨者黑"，而"同西洋文明共进退"，与"东洋盟主论"中的日本为了防止"延烧"而促进中、朝两国的"文明开化"，对中、朝两国来说实质是一样的，都是以"文明开化"为借口，使日本对中、朝两国的侵略正当化。正如日本学者坂野润治所说，在壬午兵变后，如果以"文明—非文明"来划分世界的话，日本属于"文明"一侧；如果以"人种和宗教"来划分的话，必须承认有"东洋和西洋"的区别，日本属于"东洋"一侧[①]，日本具有双重身份。在《脱亚论》中可以看出，福泽谕吉提到了"人种的不同"，已经不承认以"人种和宗教"来划分属于"东洋"一侧的身份，只剩下以"文明—非文明"来划分日本属于"文明"一侧的身份，将"与西洋文明国共进退"。因此，对于日本来说，"东洋盟主论"中包含了日本同西洋的对抗，而"脱亚论"中已经没有同西洋对抗的内容。

从"东洋盟主论"到"脱亚论"，对福泽谕吉的朝鲜观和中国观来说，其内容与实质都没有改变，改变的只是外在的表现形式；对于日本来

---

① 坂野潤治. 「東洋盟主論」と「脱亜入欧論」：明治中期アジア進出論の二類型 [M] //佐藤誠三郎、R. ディングマン. 近代日本対外態度. 東京：東京大学出版会，1974：39.

说，希望通过身份的改变来避免同西方的对抗。或许正如一些学者所说，在二战后"脱亚论"之所以引起关注或许只在于"脱亚"二字。

如前所述，中法战争的爆发与福泽谕吉参与的甲申政变的失败分别标志着福泽谕吉对华、对朝的"东洋盟主论"的失败与暂时失败，同时也是福泽谕吉的朝鲜观与中国观从"东洋盟主论"向"脱亚论"转变的两个最重要的原因。除此之外，福泽谕吉的这一转变也是当时日本国内欧化主义政策的反映。从 1883 年开始，日本外务卿①井上馨为了最终促成日本同西方列强完成修改不平等条约，实施了以鹿鸣馆为中心的一系列欧化主义政策，希望日本能够成为与西方国家处于同等地位的"欧化新帝国"。

"脱亚论"的提出，也隐含着福泽谕吉对日本自身文明开化程度的肯定，即认为其文明开化程度已达到或接近西方资本主义国家的水平，同时也标志着福泽谕吉以文明开化论为基础的对外观在对朝、对华的蔑视程度上变得完全相同，以及蔑视的中国观的确立。福泽谕吉对华、对朝的"东洋盟主论"的失败与暂时失败以及"脱亚论"的提出，对于其朝鲜观，除从提出"脱亚论"至巨文岛事件这一段时期外，并没有改变其对朝以实现"东洋盟主论"为目的的"朝鲜改革论"；对于其中国观则开始转变为以实现"脱亚论"为目的的"侵略论"与"分割论"。日本通过《马关条约》从中国得到同欧洲列强一样的殖民利益后，可以说福泽谕吉对中国的"脱亚论"得到了初步实现。德国强占胶州湾后日本参与在中国划分势力范围以及参与八国联军对中国的侵略是其"脱亚论"的进一步实现。

---

① 外务卿：日本明治维新后实行"太政官制（职员令）"（1869-1885）称为"外务卿"，之后称外务大臣，简称外相。

第四章

福泽谕吉"脱亚论"视角下的朝鲜观与中国观

中日《天津条约》签订后至甲午战争爆发前，中、朝、日之间进入了一个相对安定的时期，但此时每当中日、日朝之间以及朝鲜国内发生重大事件时，福泽谕吉都会发表相关评论。甲午战争时期，福泽谕吉在发表的大量相关评论中，主张"朝鲜改革论"，并以"文野之战"为借口积极鼓吹对中国的侵略。

第一节 19世纪80年代后半期之后的
中、朝（韩）、日关系

1884年，甲申政变后，朝日《汉城条约》的签订并没有满足日本朝野的侵略野心，中、日两国之间形势紧张。为图自保，朝鲜请求俄国在中日发生战争时保护朝鲜，于1885年2月制造了第一次"朝俄密约"事件。俄国于1884年7月与朝鲜签订了《朝俄修好通商条约》和《附属通商章程》，为俄国在朝鲜扩张势力打下了基础。1885年1月，朝鲜政府按照《汉城条约》的规定向日本派出以徐相雨为特派全权大臣、穆麟德为副大臣的访日使团。2月，使团抵达东京，穆麟德受朝鲜国王之命与俄国驻日公使签订了《第一次朝俄秘密协定》。该协定规定：在中日开战的情况下，朝鲜为保护领土完整而坚持中立；为此朝鲜需要接受俄国的保护；朝鲜政府聘请若干俄国军事教官。①

在《第一次朝俄秘密协定》尚未报告朝鲜外务衙门前,英国于1885年4月占领了位于朝鲜全罗道兴阳半岛之南、济州岛东北的巨文岛。当时,英、俄两国正在中亚地区展开激烈的争夺,英国舰队突然占领巨文岛是为了抵消在中亚地区对俄国的劣势,牵制和缓和俄国在印度西侧给英国的压力。②

在解决巨文岛事件的过程中,清政府积极且深入的介入反映出中朝之间宗藩关系的实质性。第一次"朝俄密约"事件后,清政府加强了积极干预朝鲜的政策,希望能抑制朝鲜的"亲俄背清"倾向。但是,清政府的这种政策反而加剧了朝鲜部分官员的"亲俄背清"倾向,因此1886年8月又发生了第二次"朝俄密约"事件,朝鲜要求俄国在朝鲜遇到第三国干涉时,出兵保护。这次事件虽然由于清政府的干涉最终以失败告终,但如此的恶性循环势必会导致中朝关系渐行渐远。10月,清政府基于抑制朝鲜"亲俄背清"倾向的考虑,释放大院君归国。

日本因为参与甲申政变而引起了朝鲜人的不满,虽然对"朝俄密约"事件和巨文岛事件也感到了威胁,但没有直接干预朝鲜内政,而是寻求同中国"合作",以对抗俄国人的南下,防止朝鲜落入俄国人手中。

1889年10月至1893年5月,朝鲜发生了防谷令事件。所谓防谷令,是朝鲜禁止谷物输出的禁令,此令不单指输出国外,国内的一道甚至一郡也可禁止谷物输出。由于朝鲜实施防谷令,日本以此为借口,称受到了重大损失,向朝鲜提出赔偿损失的要求。最初的交涉只是在日、朝之间进行,后来日本怕引起国际纠纷而希望通过李鸿章对朝鲜的影响力来调停此事,因此防谷令事件演变为中、朝、日三国之间的交涉。最终,在清政府的调停下,防谷令事件以朝鲜政府赔偿日本11万元而结束。③

1894年2月,朝鲜爆发甲午农民战争,朝鲜政府请求清政府出兵协助

① 曹中屏. 朝鲜近代史 [M]. 北京:东方出版社,1993:125—126.
② 曹中屏. 朝鲜近代史 [M]. 北京:东方出版社,1993:126—127.
③ 外务省调查部. 日本外交文书:第26卷 [M]. 東京:日本国际协会,1940:392.

镇压。当得知清政府出兵朝鲜"代剿"的消息后，日本以保护日侨、使馆为名决定向朝鲜出兵。在中日两国出兵时，朝鲜政府已经接受农民军提出的要求，达成全州协议，战争实际已结束。朝鲜政府要求清政府撤兵，同时清政府根据《天津条约》之规定，要求中日双方共同撤兵。日本不仅拒绝撤兵，而且继续向朝鲜增兵，并提出所谓共同"改革"朝鲜内政的方案。① 7 月 25 日，日本不宣而战，中日甲午战争爆发。战争历时 9 个月，以清政府的失败而告终，于 1895 年 4 月 17 日被迫签订了《马关条约》。

《马关条约》第一款明确规定，"中国认明朝鲜国确为完全无缺之独立自主国。故凡有亏损害独立自主体制，即如该国向中国所修贡献典礼等，嗣后全行废决"②，这标志着日本彻底摧毁了传统的中朝宗藩体制。至 1899 年 8 月 7 日中韩签订《清韩通商条约》，两国真正实现了近代意义上平等的国家关系。

中日甲午战争的结果不仅改变了中朝关系，也改变了中日关系。如《马关条约》中讲和条约第六款之规定，中日两国以前所订条约一概废弃，两国新订约章应以中国与欧洲各国现行约章为基础等内容③，表明中日两国之前签订的《中日修好条规》及其规定的平等邦交关系从此废除，中日之间不再是平等的邦交关系；日本开始在中国享有和欧美列强相同的殖民权益，并以欧美列强对华签订的不平等条约为蓝本签订新的条约。之后，日本同中国又签订了《通商行船条约》及一系列《通商口岸日本租界专约》，与《马关条约》一起建立了日本在中国的殖民体系。④

日本通过中日甲午战争的胜利及《马关条约》的签订，完全清除了清政府在朝鲜的势力，名义上承认"朝鲜为独立自主之国"，日本真实的目

---

① 信夫清三郎. 日本外交史：上册［M］. 天津社会科学院日本问题研究所，译. 北京：商务印书馆，1980：262-263.

② 王芸生. 六十年来中国与日本：第 1 卷［M］. 北京：生活·读书·新知三联书店，1979：306.

③ 王芸生. 六十年来中国与日本：第 1 卷［M］. 北京：生活·读书·新知三联书店，1979：307.

④ 姜龙范，孟庆义，方民镐. 中朝日关系史：下册［M］. 牡丹江：黑龙江朝鲜民族出版社，2000：191-194。

的是在朝鲜获得殖民特权。然而，在中日签订《马关条约》6 天后的 4 月 23 日，俄国、德国和法国三国对条约中将辽东半岛割让给日本这一内容表示要进行干涉，认为这"对将来远东永久之和平发生障碍"，以提供"友善劝告"为借口，迫使日本将辽东半岛归还给中国。① 驻朝俄国公使利用"三国干涉还辽"的有利时机，积极支持闵妃一派打击亲日派势力，致使日本失去了在朝鲜的政治优势。其后，朝鲜又出现了日俄之间因争夺朝鲜控制权而发生的"乙未事变"和"俄馆播迁"。

综上所述，甲午战争前，中日两国围绕朝鲜问题发生争夺，爆发了中日甲午战争。以甲午战争为界，中国的在朝势力由强变无，而日本的在朝势力则由弱变强。甲午战争后，由于"三国干涉还辽"，日俄两国围绕朝鲜问题发生对立，日本在朝势力又由强变弱。

第二节 "朝鲜改革论"：甲午战争时期福泽谕吉的朝鲜观

一、甲午战争前福泽谕吉的朝鲜观

（一）对巨文岛事件的评论

英国因英俄矛盾于 1885 年 4 月占领了朝鲜的巨文岛，至 1887 年 2 月撤出，此为巨文岛事件。巨文岛的地理位置十分重要，南扼济州海峡，北望对马海峡，占据此岛可以控制整个朝鲜海峡。早在 1875 年，英国驻日公使与海军官员就曾企图占领巨文岛，后由于未得到英国政府的同意，仅对巨文岛进行了测量而作罢。② 1883 年，英国在与朝鲜进行建交谈判时也曾向李鸿章提出租借该岛，但遭到拒绝。③ 巨文岛事件对东北亚局势的发

① 戚其章. 甲午战争史 [M]. 上海：上海人民出版社，2005：419-435.

② 朴日根. 英國의朝鮮開國政策과淸·日·朝三國의反應 [J]. 부산정치학회보，1989 (2)：113-137.

③ 黄定天. 19 世纪东北亚国际关系刍议 [J]. 东北亚论坛，2008 (1)：111.

展具有巨大而深远的影响，可谓是朝鲜半岛的地缘政治意义从东北亚扩散至欧亚大陆乃至更大范围的转折点。① 巨文岛事件发生后，福泽谕吉对该事件也表现出极大的关注。

1. "蒲团""屏障"——朝鲜对于日本国防上的重要意义

在巨文岛事件爆发前的 4 月 11 日，福泽谕吉在《对朝鲜之处理亦担心哉》一文中表现出对朝鲜处境的担心，称"正因为今日之朝鲜国由朝鲜人支配、由支那人操作，虽说幸运，但一旦其国土落入西洋强国之手，其结果会如何"②。福泽谕吉将朝鲜比喻成"蒲团"，认为如果为日本考虑的话，以前的朝鲜就是夹在日本与外国之间的"蒲团"，除去"蒲团"的话日本将直接面对西洋，"其利害连小学之孩童亦明白"。③ 并且，福泽谕吉对甲申政变后日本政府的对朝政策表示了不满，认为"今日断然决意在朝鲜政略上收手，若以撤出京城之我国军队为开端，观其迹象在朝鲜之日本人公私两方面皆安全吗？甚是凄凉之情形，实在担心至极"④。由此可见，福泽谕吉反对日本政府在与清政府关于处理朝鲜甲申政变的谈判中有关同时从朝鲜撤军的基本方针。⑤ 将朝鲜比喻成日本与外国之间的"蒲团"，可谓福泽谕吉主张的朝鲜是日本的"防卫线"⑥ 的雏形。

实际上，早在 1883 年 12 月，英国政府就决定派船到巨文岛收集当地

---

① 王志伟. 巨文岛事件对朝鲜半岛地缘战略地位的影响［J］. 东北师范大学学报，2013（4）：94-98.

② 朝鮮国の始末も亦心配なる哉（1885 年 4 月 11 日）［M］//慶応義塾. 福澤諭吉全集：第 10 卷. 東京：岩波書店，1960：256.

③ 朝鮮国の始末も亦心配なる哉（1885 年 4 月 11 日）［M］//慶応義塾. 福澤諭吉全集：第 10 卷. 東京：岩波書店，1960：256.

④ 朝鮮国の始末も亦心配なる哉（1885 年 4 月 11 日）［M］//慶応義塾. 福澤諭吉全集：第 10 卷. 東京：岩波書店，1960：256.

⑤ 日朝两国签订《汉城条约》后，于 1885 年 2 月末决定派遣全权大使与清政府谈判朝鲜问题，其基本方针之一就是，"为了维持同清国的和平及友谊，且为了避免一切冲突，由我政府提议撤出两国的在朝军队"。参见外务省调查部. 日本外交文书：第 9 卷［M］. 東京：日本国際協会，1940：193.

⑥ 1887 年 1 月 6 日，福泽谕吉发表《朝鲜乃日本之屏藩》一文，认为想要守卫日本，不能只限于日本，应将朝鲜作为日本最近的防卫线。参见朝鮮は日本の藩屏なり（1887 年 1 月 6 日）［M］//慶応義塾. 福澤諭吉全集：第 11 卷. 東京：岩波書店，1960：177.

的信息。至 1885 年 4 月初，英国政府已下决心为准备英俄之间即将到来的战争，占领巨文岛作为海军基地。①

4 月 13 日，福泽谕吉发表《担心英俄之举动》一文，称"我辈近来听闻横滨之传闻，称俄国关注朝鲜之济州岛，将要临时占领或永久占有，目前正测量其近海，且为了解该岛对于俄国有何用处，正调查该岛之情况，并称英国在处于朝鲜济州岛东北之巨文岛插上了国旗"②。福泽谕吉认为，英国占领巨文岛势必会影响日本的安全。他说，"俄国占领济州岛似乎乃为在日支韩三国间设置一处军舰停泊之场所，英国亦为对抗俄国之所为，对济州岛东北之巨文岛下手，或者亦有称英国只乃为准备军舰之用煤照会朝鲜政府借用此岛，借用与占领仅乃最初之名义。总之，英国军舰频频往来、出入于此岛附近，能肯定其海军之气焰散发至周围乃必然之势"③。关于巨文岛对于日本的重要性以及英国占领巨文岛后将给日本带来的影响，福泽谕吉称："考虑巨文岛之地理位置，距离我对马岛或五岛之直线距离仅 40 里，只不过乃一呼能应之距离。即在我国国土仅 40 里外之海岛上已有英旗翻滚。我辈若稍稍产生疑惧之念，不得不担心其旗不会在某个时候靠近 40 里之内，移植至我国国土吧？而其担心绝非凭空之想象吧？"④

福泽谕吉进一步认为，由于作为日本防守"屏障"的朝鲜实力弱小，若英国占领巨文岛，则可能影响日本的安全。他说，"今日我国之地位不直接与英俄等强国为邻，如图南图东之威焰，仅隔一两个国家间接与我国接触，似乎稍稍可以安心，但若看其邻国势力微弱，自身亦无防守之屏

---

① 季南. 英国对华外交（1880—1885）[M]. 许步曾，译. 北京：商务印书馆，1984：193.
② 英露の挙動、掛念なき能はず（1885 年 4 月 13 日）[M] //慶応義塾. 福澤諭吉全集：第 10 巻. 東京：岩波書店，1960：257.
③ 英露の挙動、掛念なき能はず（1885 年 4 月 13 日）[M] //慶応義塾. 福澤諭吉全集：第 10 巻. 東京：岩波書店，1960：257-258.
④ 英露の挙動、掛念なき能はず（1885 年 4 月 13 日）[M] //慶応義塾. 福澤諭吉全集：第 10 巻. 東京：岩波書店，1960：258.

障，因我国与它相邻，不会毫无其盗难失火等飞来横祸之担心"①。

从福泽谕吉的言论中也可以看出，当时的东北亚国际形势使其已经预感到英国将要占领巨文岛。对于英国将要占领巨文岛，福泽谕吉并未表现出对英国的谴责与对朝鲜的同情，却体现了其刚刚发表的《脱亚论》中为避免"近墨者黑"，日本"要从内心谢绝亚细亚东方之恶友"，"与西洋文明国共进退"这一主要内容。同时，对于英国占领巨文岛及英俄在东北亚的争夺，福泽谕吉更多地表现出危机感，但对日本面临的危机并未给出解决的办法。

此后，对日本当时面临的国际局势危机，福泽谕吉对日本政府提出了警告。6月24日，在《对马之事不可忘》一文中，福泽谕吉再次重复了英国占领巨文岛，俄国为对抗英国要占领济州岛等内容，并警告日本政府俄国也有可能占领巨文岛附近的其他某个岛屿，如日本的对马岛，可能发生像幕末俄国登陆对马岛建立军营的事件。② 在 7 月 23 日至 30 日发表的《日本帝国海岸防卫法》中，福泽谕吉也表达了同样的看法，称"因为英国占领巨文岛，迫使俄国不管乃元山亦好，济州岛亦好，必须强占朝鲜之土地，然元山非不冻港，济州岛土地荒芜、风涛险恶不值得占据，只有强占日本之对马岛使其成为东洋之镇守府，此乃俄国之报纸公然宣扬之论调"③。

2. "联英防俄"——朝鲜应采取的策略

6月27日，福泽谕吉在《朝鲜政府关于巨文岛之处理》一文中，称朝鲜政府应采取"联英防俄"的策略，认为"朝鲜国势微弱，自己没有能力维持国家，如今不需辩解。然而其北方之邻居俄国早已对其垂涎，怀有一旦有机会就欲强占其全国或一部分国土之企图，为世人所共知。若如此，

---

① 英露の挙動、掛念なき能はず（1885 年 4 月 13 日）［M］//慶応義塾. 福澤諭吉全集：第 10 卷. 東京：岩波書店，1960：258.

② 対馬の事を忘れる可らず（1885 年 6 月 24 日）［M］//慶応義塾. 福澤諭吉全集：第 10 卷. 東京：岩波書店，1960：311-312.

③ 日本帝国の海岸防禦法（1885 年 7 月 23 日—7 月 30 日）［M］//慶応義塾. 福澤諭吉全集：第 10 卷. 東京：岩波書店，1960：332.

我想今日应该为朝鲜谋求最好之策略，首先谋求与俄国利害完全不同、因俄国占领朝鲜而蒙受损失最大又能有足够力量对抗俄国的国家之保护，以如此之策略与自己国家之并存为限，尽量讨其欢心，应该只有这一种策略。若问如今如此之国家为何国，不外乎回答乃英国"①。

福泽谕吉又分析了英国和俄国两国在东亚采取的不同政策，认为英国现在的国策就是保持在亚洲既得的权势，努力不让其受到削弱，在不得已的情况下才会吞并朝鲜。而俄国相反，一是希望在太平洋沿岸获得在冬季不冻的军港；二是想要降低英国的权势，扩张自己的势力，其目的一直是想吞并朝鲜。② 因此，福泽谕吉认为朝鲜现在必须努力讨英国人的欢心，依靠英国的力量谋求避免俄国强占朝鲜。③

因此，福泽谕吉对朝鲜政府的做法表示了不解，称"今日之普通朝鲜人自不必说，韩廷之当局者亦无熟悉世界形势之人，此等之愚拙本就不值得深究，但像穆仁（麟——笔者注）德多少受过文明国之教育，应乃大致了解世界形势之人，不仅不劝朝鲜谋求英国之好意、不劝朝鲜停止无益之对抗，自己来到遥远之巨文岛，甚至最后来到长崎向英国提督提出异议"④。相反，朝鲜政府想依靠俄国保护自己，且俄国政府接受了对朝鲜半岛保护的要求，同朝鲜签订了秘密条约，朝俄之间的交往更加密切。⑤

在巨文岛事件发生期间，福泽谕吉并没有谴责英国、关注巨文岛事件本身，而是更多地关注与日本切身"利益"相关的朝鲜如何避免被俄国强占。其希望朝鲜政府采取"联英防俄"的目的主要是，企图借助英国遏制

① 巨文島に関する朝鮮政府の処置（1885 年 6 月 27 日）［M］//慶応義塾. 福澤諭吉全集：第 10 卷. 東京：岩波書店，1960：313.
② 巨文島に関する朝鮮政府の処置（1885 年 6 月 27 日）［M］//慶応義塾. 福澤諭吉全集：第 10 卷. 東京：岩波書店，1960：314.
③ 巨文島に関する朝鮮政府の処置（1885 年 6 月 27 日）［M］//慶応義塾. 福澤諭吉全集：第 10 卷. 東京：岩波書店，1960：313-314.
④ 巨文島に関する朝鮮政府の処置（1885 年 6 月 27 日）［M］//慶応義塾. 福澤諭吉全集：第 10 卷. 東京：岩波書店，1960：316.
⑤ 日本帝国の海岸防禦法（1885 年 7 月 23 日—7 月 30 日）［M］//慶応義塾. 福澤諭吉全集：第 10 卷. 東京：岩波書店，1960：332.

俄国在东北亚不断扩大的影响力，防止朝鲜落入俄国人之手，从而避免俄国势力进一步威胁日本的安全，并使日本丧失将来染指朝鲜的机会。

3. "祝贺朝鲜灭亡"——朝鲜"灭亡论"

由于英俄在朝鲜的争夺，福泽谕吉认为朝鲜已经"危在旦夕"。8月13日，福泽谕吉发表《为了朝鲜人民祝贺其亡国》一文，称"英国人已经占领巨文岛作为海军之根据地，俄国人同穆麟德合谋，准备从陆地入侵，可谓朝鲜独立之命运危在旦夕。若把这个国家作为将要灭亡之国家来考虑，对于帝王之家李氏真乃甚是不幸，且对其直接之臣下贵族、士族甚是不利，但议论人民一般利害之时，不得不说灭亡才是大大地为了其幸福之权宜之计"①。

福泽谕吉阐述了这样说的原因。他说，"看如今之朝鲜，王室无法、贵族跋扈，甚至税法陷于紊乱至极之中，不仅因政府之法律不完备而滥杀无辜，贵族、士族之辈以私欲、私怨私自地对人民进行拘留，或伤或杀，人民无法对其起诉。并且，在荣誉一点上，上下之间似乎大部分人种不同，大概士族以上、与政府有直接缘分之人肆意地逞其无限之权威，下民只不过乃上流之奴隶"②。"朝鲜人民在内私有得不到保护，生命安全得不到保证，名誉亦得不到保全，即对于国民，政府一个功德亦未承担，却受其之伤害，且面向国外政府又不能保护一个国民独立之荣誉。实际上，若作为朝鲜国民变得毫无生存价值，俄国亦好，英国亦好，任其强占国土，应该说作为俄英之人民才是大大之幸福。被他国政府灭亡之时，作为亡国之民非常痛苦，但与沉浸在前途无望之苦海中，在一生内外之耻辱中死去相比，不如被强大之文明国所保护，好不容易仅在生命和私有上有了安全，大概乃不幸中之万幸"③。因此，"我辈推测朝鲜灭亡已为期不远，希

① 朝鮮人民のために其国の滅亡を賀す（1885年8月13日）[M] //慶応義塾. 福澤諭吉全集：第10卷. 東京：岩波書店，1960：379.
② 朝鮮人民のために其国の滅亡を賀す（1885年8月13日）[M] //慶応義塾. 福澤諭吉全集：第10卷. 東京：岩波書店，1960：380.
③ 朝鮮人民のために其国の滅亡を賀す（1885年8月13日）[M] //慶応義塾. 福澤諭吉全集：第10卷. 東京：岩波書店，1960：381.

望先为政府进行吊唁,然后再为其国民进行祝贺"①。

其后,福泽谕吉在《朝鲜之灭亡于其国之大势不可免》② 一文中再次强调了朝鲜的灭亡不可避免。他称:"文明之变迁日益快速,可清楚地看到其面向东洋之气势非去年可比。当面对此急剧变化冲击之时,国内腐败透顶之朝鲜还欲维持其独立吗?"③

福泽谕吉提出朝鲜"灭亡论"正是基于其文明观。如前所述,福泽谕吉在《文明论概略》中宣称的"文明既有先进和落后,那末,先进的就要压制落后的,落后的就要被先进的所压制"。若按此逻辑来看,称朝鲜为"亚洲之一小野蛮国,其文明程度远远落后于日本"、称朝鲜人为"野蛮之朝鲜人"的福泽谕吉,提出朝鲜"灭亡论"不足为奇。

综上所述,面对英俄在东北亚的争夺,福泽谕吉对日本面临的国际形势表现出危机感的同时,将朝鲜比喻成夹在日本与外国之间的"蒲团",这可谓其主张的朝鲜是日本的"防卫线"的雏形。巨文岛事件发生后,福泽谕吉认为朝鲜应该"联英防俄"。由此可见,福泽谕吉还是将俄国看作对朝鲜及日本的最大威胁。随着危机的加深,福泽谕吉认为朝鲜的灭亡不可避免,甚至称为了朝鲜人民可以"祝贺朝鲜之灭亡"。此种观点与中法战争时期福泽谕吉提出的"中国灭亡论"以及法国在中法战争中取得胜利是中国人民的"幸福"的观点基本相同,都是在文明东渐的情况下在福泽谕吉的文明观上必然得出的结论。同时,可以看出,此时福泽谕吉以"脱亚论"为目标的朝鲜观要比同一时期日本政府的亚洲政策强硬许多。

---

① 朝鮮人民のために其国の滅亡を賀す(1885 年 8 月 13 日)[M]//慶応義塾. 福澤諭吉全集:第 10 卷. 東京:岩波書店,1960:382.
② 《时事新报》由于登载了《为了朝鲜人民祝贺其亡国》这篇文章,以治安妨害罪被要求停止发行。福泽谕吉准备作为连载的下一篇文章《朝鲜之灭亡于其国之大势不可免》因此没能刊登,《福泽谕吉全集》(第 10 卷)把这篇文章收录了进来。参见朝鮮の滅亡は其国の大勢に於て免る可らず(日付なし)[M]//慶応義塾. 福澤諭吉全集:第 10 卷. 東京:岩波書店,1960:382.
③ 朝鮮の滅亡は其国の大勢に於て免る可らず(日付なし)[M]//慶応義塾. 福澤諭吉全集:第 10 卷. 東京:岩波書店,1960:387.

（二）"朝鲜政略论"

中日因朝鲜甲申政变而签订《天津条约》后至甲午战争爆发前，中日朝之间进入了一个相对安定的时期，但此时每当国际局势发生变化、中日朝之间以及朝鲜国内发生重大事件时，福泽谕吉都会在自己创办的《时事新报》上发表相关评论。在此期间，福泽谕吉阐述的朝鲜"政略论"与日本政府制定的朝鲜政策大体上不谋而合。

1. "防卫线"——朝鲜在日本国防上的重要性

如前所述，朝鲜甲申政变后，福泽谕吉的亚洲观转向了"脱亚论"。1885 年 4 月，中日两国因朝鲜甲申政变签订了《天津条约》，规定"将来朝鲜国若有变乱重大事件，中日两国或一国要派兵，应先互行文知照，及其事定，仍即撤回，不再留防"①，使日本在朝鲜取得了同清政府同等的权利，也为日本借故出兵朝鲜提供了依据。然而，鉴于清政府在壬午兵变、甲申政变以及中法战争中表现出一定的军事优势，签订《天津条约》后日本开始积极进行针对中国的军备扩张，以将朝鲜化为日本的殖民地。

1887 年 1 月 6 日，福泽谕吉发表了《朝鲜乃日本之藩屏》一文，认为想要守卫日本，不能只限于日本，还应在远离日本的地方设置防卫线。他说，"今日防卫日本之时，最近防卫线设定之地应乃朝鲜吧？不容置疑。朝鲜一旦成为被敌人占领之地方，对日本实在是非常之不利。今后为确保全岛之安全，要比此前多付出几倍之力量。然而，回顾今日日本与朝鲜之情况，其关系如何？明治十七年金玉均变乱以来，日本人似乎已完全忘记朝鲜之事，似乎可以理解为朝鲜之兴废存亡与日本之安全无丝毫之关系。与此相反，支那人视朝鲜之国事如自家之国事，遣袁世凯在京城处理万机，管辖京城至天津之电报线，占据通信权，且自己架设日本与朝鲜之间条约规定之京城至釜山间之电报线，管理通信。舰队常常至仁川等港口以备不测，或受让巨文岛设置东洋舰队之根据地等，既实际又全面。唯一庆幸的是正因为日本与支那之间交往密切，无其他忧虑之事。但若支那变成

---

① 外務省調査部. 日本外交文書：第 18 卷［M］. 東京：日本国際協会，1950：173.

日本之敌国，大概会有意外之事，日本之姿态乃已将防卫线让予了敌国，对于保卫国家大大之不利"①。

如前所述，在此前的巨文岛事件期间，福泽谕吉就提出了和朝鲜是日本的"防卫线"这一观点相似的主张，即把朝鲜比喻成日本同外国之间的"蒲团"。对比福泽谕吉关于朝鲜是日本的"蒲团"与"防卫线"的主张，可以发现，福泽谕吉在朝鲜是日本的"防卫线"的阐述中，处处将中国作为日本的"他者"来审视日本自身的朝鲜政策，同时还暗示中国可能会成为日本的"敌国"。

三年后的1890年12月，日本首相山县有朋首次在国会上做的施政演说中也将朝鲜看作"日本利益线之焦点"。按照这一方针日本势必将朝鲜纳入自己的"保护"之下。而1891年3月，俄国正式宣布西伯利亚铁路开工。西伯利亚铁路一旦建成，就有可能动摇英国在东亚的优势地位，可能加剧英俄在东亚的对抗，这使日本感到了威胁。②

1891年9月27日，福泽谕吉发表了《应该让朝鲜之警报来得更迅速》一文，称"观朝鲜之现状，内有小党派之倾轧，外有诸强国之干涉，内外祸患交织在一起，破裂早晚不可避免，乃世人皆知之事"③。"毫无疑问祸患之中胚胎正在发育，或由内而发，或由外而至，或内外相互作用一时而发，不管哪一个原因，破裂之期限早晚皆不可避免。"④ 福泽谕吉认为，对当前朝鲜的情况，日本"从东洋立国之利害来看，不可坐视自不必说，自身亦不可没有处理之策略"⑤。对此，福泽谕吉称，目前"我辈只是想乞

---

① 朝鮮は日本の藩屏なり（1887年1月6日）［M］//慶応義塾. 福澤諭吉全集：第11卷. 東京：岩波書店，1960：177.

② 信夫清三郎. 日本外交史：上册［M］. 天津社会科学院日本问题研究所，译. 北京：商务印书馆，1980：240-241.

③ 朝鮮の警報を敏捷ならしむ可し（1891年9月27日）［M］//慶応義塾. 福澤諭吉全集：第13卷. 東京：岩波書店，1960：195.

④ 朝鮮の警報を敏捷ならしむ可し（1891年9月27日）［M］//慶応義塾. 福澤諭吉全集：第13卷. 東京：岩波書店，1960：195-196.

⑤ 朝鮮の警報を敏捷ならしむ可し（1891年9月27日）［M］//慶応義塾. 福澤諭吉全集：第13卷. 東京：岩波書店，1960：196.

求当局者应该注意的是让朝鲜之报告来更得迅速"，认为当朝鲜发生变乱之时，电报线可能会被切断，作为对策应该派遣一两艘"报知舰"经常在仁川近海游弋，平时供航海练习之用，有事之日用于传递警报，无论在政略上还是在战略上都是必要的。①

福泽谕吉将朝鲜看作日本的"防卫线"这一主张与日本政府将朝鲜作为日本的"利益线之焦点"的主张基本相同，并明确将视朝鲜为属国的中国视为日本在朝鲜问题上最大的对手，是在其甲申政变后主张的"脱亚论"这一理论上得出的必然结果。

2. "外竞内安"——朝鲜政略的真实目的

1892 年 2 月，第一届松方内阁在第二次大选中输给了民党；5 月，在第三次特别会议上，松方内阁因干涉选举被追究责任，受到严重打击；8 月，日本成立了伊藤博文内阁，但仍在第四届、第五届会议上面临严重的困难。对于日本国内的这一局势，福泽谕吉提出了"外竞内安"②的朝鲜"政略论"。

福泽谕吉在 1892 年 7 月 19 日、20 日发表的《需要一大英明之决断》一文中称，"我辈暗中确信，为今日之谋只有以英明之决断制定对外之大计，将社会之耳目集中于此一点，只有此一种方法可制止国内之小纠纷"③。福泽谕吉进一步称，在明治初年木户孝允曾经考虑过一个方案，认为政府的军队"不仅仅只是为了保护国家，当时之政府军队犹如三百之敌国杂居于一营之下，不能预料会有如何之祸变。为了预防其祸变，军队之锋转向国外，其思想集中于一点。若转向国外，其方向首先乃朝鲜，虽说朝鲜无罪，因内治难以转换，应该熟虑的只在于外战所需费用之一点"④。由于日本国内进行

---

① 朝鮮の警報を敏捷ならしむ可し（1891 年 9 月 27 日）［M］//慶応義塾. 福澤諭吉全集：第 13 卷. 東京：岩波書店，1960：196-197.

② 福泽谕吉最早在《通俗国权论》一书中就提出了"外战可以调和矛盾"的主张。

③ 一大英断を要す（1892 年 7 月 19 日—7 月 20 日）［M］//慶応義塾. 福澤諭吉全集：第 13 卷. 東京：岩波書店，1960：414.

④ 一大英断を要す（1892 年 7 月 19 日—7 月 20 日）［M］//慶応義塾. 福澤諭吉全集：第 13 卷. 東京：岩波書店，1960：414.

废藩置县，改革了兵制，此计划取消，比西乡隆盛之"征韩论"要早好几年。① 而 1874 年日本侵略台湾事件也是此采用政略，并且达到了目的。②

福泽谕吉认为，当时的日本国内政治，只有开战才能转移社会上人们的耳目，是唯一使人民保持内心一致的政策，称"我辈敢于说如此奇怪之言，并非想让人们吃惊。相信作为当前之政略乃不得已之政策"③。"或者说，作为将人心转向国外方便之策，并非没有向南洋诸岛打开殖民地之策略，此策亦并非毫不可取，但殖民之事业乃过于寻常之计划，因一时转变人心忘记国内纷争之效果甚小，我辈还是效仿木户氏之策略，不得不主张朝鲜策略。"④

同时，福泽谕吉还提出了实施朝鲜政略的方法。首先，关于中日两国有关朝鲜的独立与所属的争论，日本应"放弃名义上之空论，共同披肝沥胆商量东洋未来之利害，两国一致帮助朝鲜，首先让其得到实力而具备独立国之名乃今日当务之急"⑤。其次，福泽谕吉希望"日本成为朝鲜文明之先导者"，认为"从此前之关系来说，日本乃促进朝鲜开国之第一着手国，不言而喻有作为先导者为己任之义务，我国首先自己开国输入西洋文明，具有达到今日之经验，因此为了邻国处于最适合担任文明先导者之地位"⑥。日本作为"先导者"可以派有经验的日本人到朝鲜对其事业进行帮助，并举例称可以把充满日本的贫民移民至朝鲜咸镜道从事耕作。⑦ "若

①　一大英断を要す（1892 年 7 月 19 日—7 月 20 日）［M］//慶応義塾. 福澤諭吉全集：第 13 卷. 東京：岩波書店，1960：414.

②　一大英断を要す（1892 年 7 月 19 日—7 月 20 日）［M］//慶応義塾. 福澤諭吉全集：第 13 卷. 東京：岩波書店，1960：414.

③　一大英断を要す（1892 年 7 月 19 日—7 月 20 日）［M］//慶応義塾. 福澤諭吉全集：第 13 卷. 東京：岩波書店，1960：414-415.

④　一大英断を要す（1892 年 7 月 19 日—7 月 20 日）［M］//慶応義塾. 福澤諭吉全集：第 13 卷. 東京：岩波書店，1960：415.

⑤　一大英断を要す（1892 年 7 月 19 日—7 月 20 日）［M］//慶応義塾. 福澤諭吉全集：第 13 卷. 東京：岩波書店，1960：416.

⑥　一大英断を要す（1892 年 7 月 19 日—7 月 20 日）［M］//慶応義塾. 福澤諭吉全集：第 13 卷. 東京：岩波書店，1960：417.

⑦　一大英断を要す（1892 年 7 月 19 日—7 月 20 日）［M］//慶応義塾. 福澤諭吉全集：第 13 卷. 東京：岩波書店，1960：417-418.

或财政不如意而告知费用不足，取得相应之抵押，把我公私之资本借给其政府，作为随机之处理亦无妨。"①

此后，福泽谕吉又进一步对其朝鲜政略与以往"征韩论"的不同之处进行了说明，称对朝鲜改变此前之政略，要"以和平之手段帮助其独立，只不过想间接地有利于我国"②。"如朝鲜之政略论，直接之利害关系不少，一旦决定进取并分别着手，但若由于国内之议论，好像突然改变而收手，于国家之名誉不被允许，全国之舆论在帮助政府之政略、排斥异论上亦不会怠慢。当局者须安心，只有马上决断，停止如今政治社会之争论，维持国内治安之策只在于朝鲜政略之实行。"③ 朝鲜政略是关系到日本国权的大事，希望日本政府早日制定对朝鲜的政略。④

福泽谕吉在最初的表述中提出了以对外战争化解国内矛盾的方法，即"内安外竞"，并认为日本应效仿木户孝允提出的策略——"征韩论"。如前所述，在明治初期，福泽谕吉就曾经为调和士族与政府间的国内矛盾反对当时士族高唱的"征韩论"，但西南战争结束后其在《通俗国权论》一书中提出了外战可以调和国内矛盾这一主张，并且其外战的对象就指向了朝鲜。福泽谕吉虽然指出此时倡导的朝鲜政略与以往的"征韩论"不同，但其实质就是其具有西方殖民主义特点的文明观掩盖下的对朝鲜的侵略论。同时，福泽谕吉还积极鼓吹日本政府应早日制定朝鲜政略。

3. 废除《天津条约》——实现朝鲜政略论的前提

同样是在《需要一大英明之决断》一文中，福泽谕吉认为，在朝鲜当前的国内外形势下，日本实施朝鲜政略的第一步是废除《天津条约》。他说，"观察朝鲜之近况，内有王族与外戚之倾轧，其国运之危急恰如抱着

---

① 一大英断を要す（1892 年 7 月 19 日—7 月 20 日）［M］//慶応義塾. 福澤諭吉全集：第 13 卷. 東京：岩波書店，1960：417.

② 唯決断に在るのみ（1892 年 8 月 2 日）［M］//慶應義塾. 福澤諭吉全集：第 13 卷. 東京：岩波書店，1960：435-436.

③ 唯決断に在るのみ（1892 年 8 月 2 日）［M］//慶応義塾. 福澤諭吉全集：第 13 卷. 東京：岩波書店，1960：436-437.

④ 新内閣の方針如何（1892 年 8 月 10 日）［M］//慶応義塾. 福澤諭吉全集：第 13 卷. 東京：岩波書店，1960：446.

火药躺在炉边一般，任其按今日之趋势发展，似乎破裂早晚不可避免"①。面对俄国南下的形势，"从大国之政略看，朝鲜不可度外视之"②。由于中日之间受《天津条约》的"束缚"，"一旦面临事情缓急之时，两国共同感到甚是不便，或者担心有办不到之事情"，《天津条约》对双方的"约束在今日已不允许存在"，因此日本在朝鲜政略上的第一步是同中国进行协商废除《天津条约》。③

8 月 25 日，福泽谕吉发表《朝鲜政略不可与他国共同进行》一文，认为不能与中英俄三国共同实施朝鲜政略。对于英俄两国，福泽谕吉称英俄两国"关于朝鲜政略其用心程度非同寻常"，并且日本国内也有或同英国联合或同俄国联合的不同论调，"必须说任何见解皆乃错误"，如果日本"同其中一方共事就必须同时与另一方为敌"。日本若与俄国共事则势必与英国结怨，将在贸易上对日本不利；日本若与英国共事则必将与俄国结怨，由于俄国是日本的邻国，并且随着将来西伯利亚铁路的开通，一旦结怨日本恰如背后受敌，在国防上对日本不利。④ 因此，福泽谕吉进一步认为，朝鲜政略必须早日确定方针而着手，"其所谓方针即乃朝鲜之独立，若为我国考虑，同支那交涉，一扫此前之感情，如所谓所属名义上之争论姑且不管，实际上使其国渐渐得到独立之实，因此保持东洋之和平甚为重要。或关于其政略同支那政府交涉之时，对于其他有关之强国自己不免感到亲疏之别"⑤。

对于中国，福泽谕吉称，"实际上有和英俄其中一国共事相同之说法，

① 一大英断を要す（1892 年 7 月 19 日—7 月 20 日）［M］//慶応義塾. 福澤諭吉全集：第 13 巻. 東京：岩波書店，1960：415.

② 一大英断を要す（1892 年 7 月 19 日—7 月 20 日）［M］//慶応義塾. 福澤諭吉全集：第 13 巻. 東京：岩波書店，1960：416.

③ 一大英断を要す（1892 年 7 月 19 日—7 月 20 日）［M］//慶応義塾. 福澤諭吉全集：第 13 巻. 東京：岩波書店，1960：416.

④ 朝鮮政略は他国と共にす可らず（1892 年 8 月 25 日）［M］//慶応義塾. 福澤諭吉全集：第 13 巻. 東京：岩波書店，1960：463-465.

⑤ 朝鮮政略は他国と共にす可らず（1892 年 8 月 25 日）［M］//慶応義塾. 福澤諭吉全集：第 13 巻. 東京：岩波書店，1960：465.

但我辈所谓之交涉并非意味着同支那共事。之前在朝鲜问题上日支两国之间存在之一种感情消失，废除如《天津条约》如此不合适之约束，双方共同给予朝鲜德义上之帮助，不外乎希望它保持独立之实"①。并且，"朝鲜政略之目的在于保护我国之利益，并非为了他人，只是为了自己"②。

对于日本与中国不能共同实施朝鲜政略的原因，福泽谕吉认为"日本虽乃小国，以文明之先导为己任，如朝鲜之开国不外乎乃我国之诱导，因此气势压倒东洋，眼中不承认支那"。而"支那作为以往之习惯以尊大自居，认为日本甚小，不管其文明与否，只乃远东之一岛国，其为何物？不知十八省四百余州之帝国吧？在自身之举动上表现出如此之气势"。因此，"双方之感情常常相反，有时不免发生冲突"，中日两国关于朝鲜所属之争论即其中一例。③

然而，福泽谕吉认为由于朝鲜对于中日两国在国防上具有共同的重要性，因此希望以所谓帮助朝鲜实现"独立"为借口来达到废除《天津条约》的目的。他说，"朝鲜夹在日支两国之间，与我国有唇齿相依关系之同时，与支那有辅车相依之关系，若观察其国之变化，好比我国失去嘴唇，他国好比损失一个车轮。即朝鲜之位置恰如日支两国间之屏障立于其间，因此一旦撤掉此屏障，两国不仅必须直接面对东洋之波澜，同时撤去屏障之骚动不免会带来影响。若说其祸患对于两国有共同之处，无论如何两国共同披肝沥胆一扫此前之感情，为共同之利益须倾尽全力保护其屏障。即第一要废除《天津条约》，互相给予德义上之帮助，慢慢地使朝鲜得到独立之实。若取得朝鲜独立之实，所谓所属之论不再争论可自己决定自不用说，即使从支那之内情来看，实际之独立乃暗暗窃喜之事，双方共

---

① 朝鮮政略は他国と共にす可らず（1892 年 8 月 25 日）［M］//慶応義塾. 福澤諭吉全集：第 13 卷. 東京：岩波書店，1960：465.

② 朝鮮政略は他国と共にす可らず（1892 年 8 月 25 日）［M］//慶応義塾. 福澤諭吉全集：第 13 卷. 東京：岩波書店，1960：465.

③ 朝鮮政略は他国と共にす可らず（1892 年 8 月 25 日）［M］//慶応義塾. 福澤諭吉全集：第 13 卷. 東京：岩波書店，1960：466-467.

同停止名义上之虚争，只有谋求实效才乃今日当务之急"①。

10 月 1 日，福泽谕吉又发表《可先废除天津条约》一文，再次提出必须尽快废除《天津条约》。他称，"若明白朝鲜之祸机或由内或由外破灭早晚不可避免，我国要早早制定对其之政略，首先做应变之准备才乃重要的。即改变此前放任不管之主义转向进取之方针"②。与驻朝公使的人选、在仁川与长崎之间派驻巡逻舰、完成山阳铁路至马关段相比，"我确信朝鲜政略之第一步应该在于天津条约之废除"③。10 月 11 日，在《天津条约》一文中，福泽谕吉将《天津条约》的内容视为废除该条约的理由，主张当前必须废除《天津条约》。④ 并且，在翌日发表的《须废除天津条约》一文中，福泽谕吉进一步称，主张废除《天津条约》"并非非难条约本身"，"若看当时之状况，不仅不是非难，毋宁说乃毫无顾忌之恰当明言，但只是认为不适合眼下之状况，主张废除"⑤。

为了实现废除《天津条约》的目的，福泽谕吉还对中日关系进行了"称赞"，并认为条约的存在妨碍了两国间的情谊。他说，"在我国人中，今日已不再有倡导应饮马于长江而蹂躏其四百余州之妄想之人，同时他国近年来改变面目，已停止了以东夷倭贼摒斥日本之风，不用说似乎有欲接近我之感情，可见多年来感情消除之征兆。特别是日支两国在东洋之大势上不仅利害相同，作为古来同文之国，其交际与他国相比应该更加亲密，一时之感情完全消除，和气洋洋，恢复古时交往状态之今日，如天津条

① 朝鲜政略は他国と共にすべからず（1892 年 8 月 25 日）［M］//慶応義塾. 福澤諭吉全集：第 13 卷. 東京：岩波書店，1960：467-468.
② 先づ天津条約を廃すべし（1892 年 10 月 1 日）［M］//慶応義塾. 福澤諭吉全集：第 13 卷. 東京：岩波書店，1960：521.
③ 先づ天津条約を廃すべし（1892 年 10 月 1 日）［M］//慶応義塾. 福澤諭吉全集：第 13 卷. 東京：岩波書店，1960：521-522.
④ 天津条約（1892 年 10 月 11 日）［M］//慶応義塾. 福澤諭吉全集：第 13 卷. 東京：岩波書店，1960：531-535.
⑤ 天津条約は廃せざる可らず（1892 年 10 月 12 日）［M］//慶応義塾. 福澤諭吉全集：第 13 卷. 東京：岩波書店，1960：535.

约，甚是不合适，存在如此之条约不得不说妨碍两国间之情谊"①。福泽谕吉对"朝鲜为中国之所属"也不再进行否定，称"支那视朝鲜为所属，以宗主国自居，可大大地致力于其国之改革自不用说，日本乃朝鲜开国之先导者，必须说帮助其进步乃德义上之义务"②。但对于朝鲜的兵制改革，中国"毋宁说正忙于自家之改良，无暇教导其他，担当其任只能乃我日本人。然而，因《天津条约》之存在，不能得到便利，不得已谋求日支两国以外之人，不用说乃朝鲜之不幸，不得不说抹杀了日本人在世界上之普通权利"③。

在日本针对中国的备战基本完成、俄国西伯利亚铁路已开始修建的情况下，福泽谕吉表现出了希望日本政府尽快实施朝鲜政略的迫切心情。面对《天津条约》对日本的"束缚"，福泽谕吉虽然提到日本政府不应与中国共同实施朝鲜政略，但并不明确，其目的就是废除《天津条约》。同时，福泽谕吉为了达到废除《天津条约》的目的，对"朝鲜为中国所属之邦"也不再否定。由此可见，此前福泽谕吉对朝鲜为清朝属国的否定只是为排除中国的在朝势力、侵略朝鲜寻找借口。并且，同样是为达到这一目的，福泽谕吉还暂时否认了其《脱亚论》中否认日本与中国、朝鲜存在"辅车唇齿"关系的论述，表现出其为达到目的不择手段的一面。

福泽谕吉甲午战争前的朝鲜政略论，不外乎是在其具有西方殖民主义特点的文明观的掩盖下，希望以所谓亚洲"文明之先导者"的身份"促进"朝鲜的"文明开化"，并以此来实现日本的"国家利益"。同时，福泽谕吉将已进入"文明"阶段的日本"促进"尚处于"野蛮"阶段的朝鲜"文明开化"看作合理的，是所谓"日本人在世界上之普通权利"，也是其具有西方殖民主义特点的文明观的真实反映。

---

① 天津条約は廃せざる可らず（1892 年 10 月 12 日）［M］//慶応義塾. 福澤諭吉全集：第 13 卷. 東京：岩波書店，1960：536.

② 天津条約は廃せざる可らず（1892 年 10 月 12 日）［M］//慶応義塾. 福澤諭吉全集：第 13 卷. 東京：岩波書店，1960：537.

③ 天津条約は廃せざる可らず（1892 年 10 月 12 日）［M］//慶応義塾. 福澤諭吉全集：第 13 卷. 東京：岩波書店，1960：537.

（三）对朝鲜防谷令事件的评论

1884 年，甲申政变后，日本利用在一系列不平等条约中谋取的特权，集中精力在朝鲜进行经济渗透，确保了在朝鲜对外贸易中的优势地位。在日朝贸易中，谷物是日本从朝鲜进口的主要货物之一。日本大规模进口朝鲜的谷物，使朝鲜在歉收季节产生粮荒，严重破坏了朝鲜社会的安定，引起了朝鲜地方官员的关注。1889 年 10 月，咸镜道由于大豆歉收，监司公布"防谷令"。次年 3 月，黄海道监司也公布了"防谷令"，禁止向日本出口大豆。然而，根据日朝间于 1883 年签订的《朝日通商章程与海关税目》的规定，地方政府公布"防谷令"应提前通知当地领事，预告期 1 个月。由于此次未提前预告，日本称受到重大损失要求朝鲜进行赔偿。据朝鲜估算，日方的损失大约为 6 万日元，但日方要求赔偿 17 万日元，后在清政府的斡旋下以朝鲜赔偿 11 万日元而告终。这就是所谓防谷令事件。防谷令事件发生后，福泽谕吉发表了数篇文章，阐述了其对该事件以及日本对朝政策的看法。

1. "因循姑息"——防谷令事件解决前夕福泽谕吉对日本政府对朝政策的批判

1893 年 4 月，防谷令事件解决前夕，福泽谕吉对朝鲜国内的政治情况进行了分析。他认为，当前朝鲜的闵氏一族只专注于"外戚保存一事"，"如外交亦正乃以因循姑息为主度日之时，日本政府对韩政策亦无活跃之色，似利用其因循共同休息，因此不用说双方在交际上毫无可见之处，甚至在贸易上导致了不便，对日本甚是不利"①。同时，他进一步称，袁世凯与闵氏一族的关系似乎变得密切，但由于清政府最不喜欢外戚专权，所以袁世凯与闵氏一族在政治上并不一致。如果朝鲜出现大的变动，中国一定会支援大院君而排斥闵氏一族，而袁世凯最近的举动只不过是趁一时之机实施的"小恩小惠"。同时，大院君原本想依靠中国达到其铲除外戚的愿

---

① 朝鮮の政情（1893 年 4 月 18 日）［M］//慶応義塾. 福澤諭吉全集：第 14 卷. 東京：岩波書店，1961：29.

望，但中国只是在暗中声援而非公开援助。并且，大院君也不愿借助东学党。大院君在朝鲜国内享有盛名，在身心未衰老之际，一定会铲除外戚，恢复李氏王朝。① 闵氏外戚专权只是"一时之威福"，如今"处于特别危险之境地"②。

5月17日，福泽谕吉对日本政府解决防谷令的政策表示了不满，希望日本政府制定强硬的对朝政策。他说，"日本政府同朝鲜有关防谷事件之谈判已乃很久之问题，从前任公使梶山氏既屡屡进行，但最终亦未解决。据说，至现任之大石（正巳）公使改变此前之笔法，采取更加强硬之手段，一直前进毫不犹豫，其气焰甚盛，似要吓死韩廷之臣僚。实际上，看朝鲜当局者之举动异常之冷淡，想方设法避开谈判，不予理睬，如俗话所说似钉子钉进米糠，更是不得要领，如今公使亦实施无术，仰仗政府之训令"③。

福泽谕吉认为，防谷令事件的解决涉及中日俄三国之间的关系，而"朝鲜常常有在其间向背表里维持地位之情况，乃外交家应注意之地方"④，日本政府不应轻视对朝政策，而应制定长远的对朝政策。他说，"朝鲜表面来看独立无疑，但实际上乃依赖他国之势力维持自己之地位，可见关系之微妙。因此，欲同他国进行交涉，首先考察前面所说之关系，必须决定我政略之主义方针。若每件事皆以临机应变为主，如时而宽容，时而强硬，似乎旨趣始终不同，前后交错，不仅达不到目的，结果其关系更加陷入困难"⑤。"政府似乎轻视朝鲜政略，亦丝毫不注意同邻国之关

① 朝鮮の政情（1893年4月18日）［M］//慶応義塾. 福澤諭吉全集：第14卷. 東京：岩波書店，1961：30-31.
② 閔族の地位（1893年4月19日）［M］//慶応義塾. 福澤諭吉全集：第14卷. 東京：岩波書店，1961：32.
③ 防谷事件の談判（1893年5月17日）［M］//慶応義塾. 福澤諭吉全集：第14卷. 東京：岩波書店，1961：52.
④ 防谷事件の談判（1893年5月17日）［M］//慶応義塾. 福澤諭吉全集：第14卷. 東京：岩波書店，1961：52-53.
⑤ 防谷事件の談判（1893年5月17日）［M］//慶応義塾. 福澤諭吉全集：第14卷. 東京：岩波書店，1961：53.

系，时至今日其谈判不得要领不足为奇，似乎目前所谓一时之手段亦可以说不重要。因此，政府之当局者若欲在朝鲜维持我国之利益与体面，平生注意同他国之关系，都必须决定或软或硬之政略方针。政府果真给大石公使训令了吗？我辈希望其训令不单单乃关于防谷事件，而乃政略方针之大训令。"①

此后，福泽谕吉进一步称，日本政府应尽快解决防谷令事件，避免因此 "破坏" 两国人民的感情而影响贸易。他说，"谈判如何，不言而喻不足挂齿，甚至谈判之方针或软或硬亦无妨，但一日不可轻视的乃防谷事件本身"②。据说，"因为防谷我人民蒙受之损失达十几万元之多。姑且不说，单单从金额来看，已乃不少之损害，在此不可轻视的乃因其事件损害了两国人民相互间之感情一事。据闻，事件发生以来，彼此人民之间引起了一种感情，其交际不如此前，并由此影响波及贸易，乃非常显著之事实，因此可以说间接之损害乃非常之事。即防谷事件之结果不仅乃关于防谷其事之损害，成为导致至今两国间贸易衰退之原因，若带给日本人民非常之损害，如今日之情况两国人民间之感情不相一致，其贸易商卖只会愈加衰退，不外乎会造成永久之损害"③。

福泽谕吉认为，对财政困难的朝鲜政府来说，十几万日元的赔偿是一笔巨款，但对于日本并不多，若减免可改变两国人民之间的感情。或者相反，"若有习于恩宠而不改变错误之情况，甚至应采取强硬之态度进行谈判，毫不留情地催缴"④。对防谷令事件的解决，"事情之要点仅在于如何之解决，不问手段。因此我辈关于谈判之方针，不问软硬缓急如何，仅乃

① 防谷事件の談判（1893 年 5 月 17 日）［M］//慶応義塾. 福澤諭吉全集：第 14 卷. 東京：岩波書店，1961：53.
② 防谷事件の談判（1893 年 5 月 17 日）［M］//慶応義塾. 福澤諭吉全集：第 14 卷. 東京：岩波書店，1961：54.
③ 防谷事件の談判（1893 年 5 月 17 日）［M］//慶応義塾. 福澤諭吉全集：第 14 卷. 東京：岩波書店，1961：54-55.
④ 防谷事件の談判（1893 年 5 月 17 日）［M］//慶応義塾. 福澤諭吉全集：第 14 卷. 東京：岩波書店，1961：55.

希望见其早日解决，使彼此之感情一新，两国贸易之繁荣如同从前"①。

实际上，1885 年中日签订《天津条约》后，中朝日之间虽进入一个相对安定的时期，但福泽谕吉一直对朝鲜问题表现出极大的关心。防谷令事件的发生，给了其继续阐述"朝鲜政略"的"良机"。福泽谕吉基于对朝鲜国内政治情况的了解，对日本在解决防谷令事件中表现出的对朝政策表示了不满，希望政府改变"因循姑息"的政策，制定"增进"两国感情，"促进"贸易的长期政策。

2. "向朝鲜移民"——防谷令事件解决后福泽谕吉对改善日朝关系的建议

5 月 19 日，朝鲜政府接受了日本提出的赔偿 11 万日元的要求，防谷令事件宣告解决。对于在事件解决过程中，日本政府关于防谷令事件对大石公使所做的"断然促使其做最后之回答，他政府若不答应直接从京城撤回"的训令，福泽谕吉认为"对于区区十几万元之赔偿事件，如始终保守我意，破坏交际绝非上策"②。

福泽谕吉虽对大石公使在事件处理过程中的做法表示了赞赏，但也担心强硬的处理方式会给朝鲜人带来"不快"，其认为既然事件已经解决，希望大石公使"转变心事，缓和其举动"。他说，"关于其举动多少有不稳之处，不仅常常议论此事，据闻特别是怀有不悦感情之朝鲜人甚多"③。然而，"其举动不外乎乃其自身所招致，但凡作为缺乏考虑、知识与见识的国民之常，一次感受不快之感情永远难以忘记，动不动就欲将其不快之感情表现在其他事情之上。若朝鲜国民永远地记住其感情，由公使延伸至我国全体人民之上，对今后之交际将产生很大之影响。既然双方已恢复友谊，作为公使转变其心事之机会，缓和其举动非常重

---

① 防谷事件の談判（1893 年 5 月 17 日）[M] //慶応義塾. 福澤諭吉全集：第 14 卷. 東京：岩波書店，1961：55.
② 談判の結局如何（1893 年 5 月 19 日）[M] //慶応義塾. 福澤諭吉全集：第 14 卷. 東京：岩波書店，1961：57.
③ 談判の結局如何（1893 年 5 月 19 日）[M] //慶応義塾. 福澤諭吉全集：第 14 卷. 東京：岩波書店，1961：57.

要，与其接触"①。

福泽谕吉进一步认为，"日本同朝鲜缔结条约开展通商已数年，但两国人民之感情动不动就不顺利，对商卖贸易影响甚多。眼下之问题，如防谷事件，虽然两国政府已进行谈判，但究其原因，毕竟乃他国人民对我国人民由某种感情而引起之事情，只要其感情不能消除，即使此次事情和平解决，亦不可指望日韩间贸易之繁荣。从两国利益上来看，不言而喻；从交际上来看，亦有感觉不到有意思之趋势，想办法缓和其感情乃重要的"②。防谷令事件就是甲申政变之后双方交情淡薄引起的。③

对于打开两国接触的手段，福泽谕吉主张向朝鲜移民。他说，"按照此前之经验，或以和平之手段，或以非常之手段，然而可以说有时并非没有以非常之手段奏效之例子"④。如果其确实毫无回应，"只能使用最后之手段，虽说乃两国之不幸，但不幸仅乃一时，因此在打开双方人民之接触上，其利益乃永久的。一时之不幸不值得顾忌。或乘此机会同朝鲜政府约定，借其内地尚未开发之土地，向其移居日本之人民，如从事开拓殖产之事业亦乃一种方法"⑤。如果"多数之日本人民移居到其内地，得到日日夜夜相接触之机会，无疑可以得到缓和双方感情，改变他国人民思想之结果"⑥。

福泽谕吉将防谷令事件的发生归结为甲申政变后日朝两国交情淡薄，这反映了其对甲申政变后日本"轻视"朝鲜政策的不满。并且，福泽谕

---

① 談判の結局如何（1893 年 5 月 19 日）［M］//慶応義塾. 福澤諭吉全集：第 14 卷. 東京：岩波書店，1961：57.
② 両国民相接するの機会を開く可し（1893 年 5 月 20 日）［M］//慶応義塾. 福澤諭吉全集：第 14 卷. 東京：岩波書店，1961：59.
③ 両国民相接するの機会を開く可し（1893 年 5 月 20 日）［M］//慶応義塾. 福澤諭吉全集：第 14 卷. 東京：岩波書店，1961：60.
④ 両国民相接するの機会を開く可し（1893 年 5 月 20 日）［M］//慶応義塾. 福澤諭吉全集：第 14 卷. 東京：岩波書店，1961：59.
⑤ 両国民相接するの機会を開く可し（1893 年 5 月 20 日）［M］//慶応義塾. 福澤諭吉全集：第 14 卷. 東京：岩波書店，1961：60.
⑥ 両国民相接するの機会を開く可し（1893 年 5 月 20 日）［M］//慶応義塾. 福澤諭吉全集：第 14 卷. 東京：岩波書店，1961：60.

吉为日本以强硬政策解决防谷令事件、为解决其可能造成的后果而提出的"向朝鲜移民"，都是其一直以来倡导的"朝鲜政略"的一个重要内容。

3. "如医生治疗病人"——福泽谕吉对日本在解决防谷令事件中采取的强硬政策而进行的辩解

防谷令事件解决后，福泽谕吉再次对大石公使在谈判中的表现大加赞赏的同时，对朝野间有关对大石公使在谈判中"不稳"的非难进行了批判。① 他说，对防谷令事件"不能以在西洋实行之文明流外交之惯例来处理，文明诸国对待新开国之时，以其惯例之外的笔法作为一般之手段不足为奇"②，并以日本刚开港时西洋诸国在外交上对待日本的方式为例进行了详细的说明③。

福泽谕吉还认为，"眼下朝鲜之国情同日本当时之情况无异，今后逐渐进步，以致外交之事改变面目，对其手段亦应自然有不同之处。如今在文明流之惯例内谋求对朝鲜之外交手段，若不能，就议论不稳、违背惯例，不仅不知随机应变，两国间多年来未解决之问题，看见此次之好结果，可谓乃因其举动之恰当。因此，我辈不要谓其稳不稳，仅乃赞赏公使之伎俩。不，为了两国之交际祝贺其圆满地解决"④。

福泽谕吉还将处理像防谷令事件这样的国家间交往的问题比喻为医生医治病人。他说，处理国家间的问题同医生医治病人一样，"消除国家急性之弊害要以快速之手段，处理慢性之弊害要用缓慢之方法"，这是一般的规律。有时，即使是处理数年积患，一旦发现原因，也必须果断地去除，此次日本政府处理防谷令事件就是其中一例，采取了近来不曾有的强

① 朝鮮談判の落着、大石公使の挙動（1893年5月23日）[M] //慶応義塾. 福澤諭吉全集：第14卷. 東京：岩波書店，1961：61.
② 朝鮮談判の落着、大石公使の挙動（1893年5月23日）[M] //慶応義塾. 福澤諭吉全集：第14卷. 東京：岩波書店，1961：62-63.
③ 朝鮮談判の落着、大石公使の挙動（1893年5月23日）[M] //慶応義塾. 福澤諭吉全集：第14卷. 東京：岩波書店，1961：63-65.
④ 朝鮮談判の落着、大石公使の挙動（1893年5月23日）[M] //慶応義塾. 福澤諭吉全集：第14卷. 東京：岩波書店，1961：65.

硬政策，使防谷令事件得以解决。①

对于某些人对日本政府的强硬政策表现出担心，福泽谕吉称"为了防谷事件获得区区十几万元赔偿，威胁、强迫朝鲜政府答应我国之要求，白白地伤害了不久前之感情，总之不是得不偿失吗？社会上并非没有如此担心之人，但真的乃无用之担心"②。并且，福泽谕吉同样以医治"老病"为例进行了辩解。他说，"我辈对政府之强硬政策不仅认为毫无遗憾，若更进一步讨论，明治十七年以来日韩之交际甚为不好，若这件事情不能顺利结束，内在之病根不能完全消除的话，今后当遇到事情之时会产生种种之不满，给双方带来不利，如随季节变化而发作之老病"③。

在解决防谷令事件的过程中，日本采取的以"文明流"外交惯例之外的笔法，与福泽谕吉在《脱亚论》中提出的"与西洋文明共进退"处理与朝鲜、中国的关系的观点基本相同，表现出福泽谕吉基于其文明观而对朝鲜的蔑视，从而导致其必定会积极为日本的强硬政策进行辩解。

福泽谕吉将防谷令事件看作日本改变甲申政变后"轻视"对朝政策的一个"良机"。从福泽谕吉对防谷令事件的评论来看，其从最初对日本对朝政策的不满到事件解决后对其的赞许、建议以及为其强硬政策进行辩解，都表现出福泽谕吉对朝鲜的强硬态度。

（四）对金玉均被害事件的评论

1. 福泽谕吉与金玉均

如前所述，金玉均曾于甲申政变前 3 次访问日本，并与福泽谕吉有过交往。甲申政变失败后，金玉均等于 12 月 13 日乘坐"千岁丸"号逃抵日本长崎，同船逃抵日本的井上角五郎立即致电福泽谕吉，后陪同金玉均等

---

① 国交際の療法（1893 年 6 月 6 日）［M］//慶応義塾. 福澤諭吉全集：第 14 卷. 東京：岩波書店，1961：69.

② 国交際の療法（1893 年 6 月 6 日）［M］//慶応義塾. 福澤諭吉全集：第 14 卷. 東京：岩波書店，1961：70.

③ 国交際の療法（1893 年 6 月 6 日）［M］//慶応義塾. 福澤諭吉全集：第 14 卷. 東京：岩波書店，1961：70.

到横滨。12月下旬，金玉均一行应邀前往东京，后暂居福泽谕吉宅邸。① 12月18日至20日，井上角五郎等多次署名在福泽谕吉主办的《时事新报》上声称，金玉均等不知去向，生死不明。② 1885年1月后，朝鲜政府两次要求日本政府引渡金玉均等逃亡到日本的开化派人士，但都遭到了日本政府的拒绝。1886年2月，朝鲜政府派内衙门主事池运永到日本主持暗杀金玉均等人的活动，后因秘密泄露被日本遣返回国。同时，日本政府也下令驱逐金玉均。日本政府认为，金玉均居住在日本国内既影响了中日朝之间的外交关系，又妨害了日本的国内治安。8月，日本政府将金玉均驱逐到小笠原岛，以保护为名一直监视金玉均的日常生活。③

　　8月11日，福泽谕吉在《时事新报》上撰文《金玉均氏》，介绍金玉均的在日情况，称甲申政变的主谋金玉均等为保命逃到了日本，并依靠日本国内外慈善家的帮助安稳度日，后因朝鲜人张殷奎和池运永曾企图暗杀金玉均，日本政府遂下令要求金玉均离开日本，因此金玉均流落到小笠原岛。④ 福泽谕吉对日本政府流放金玉均到小笠原岛的命令进行了分析，认为从其内容来看，若金玉均继续滞留日本，日本政府主要会面临三个方面的问题：一是会引起朝鲜现政府的不悦，二是担心妨害日本的治安，三是担心会给外交上的和平造成障碍。⑤ 对此，福泽谕吉认为如果将金玉均扣留在小笠原岛，在政略上应该没有了妨害，并认为由于没有看见命令书之外的公文，不能了解日本政府今后的政略。⑥ 25日，福泽谕吉又撰文《小笠原岛的金玉均氏》，文中认为，保护金玉均，防止其被暗杀，日本内地

---

① 琴秉洞. 金玉均と日本［M］. 東京：緑蔭書房，2001：176.

② 戴东阳. 中国驻日使团与金玉均：兼论金玉均被刺与甲午战争爆发之关系［J］. 近代史研究，2009（4）：104.

③ 戴东阳. 中国驻日使团与金玉均：兼论金玉均被刺与甲午战争爆发之关系［J］. 近代史研究，2009（4）：104.

④ 金玉均氏（1886年8月11日）［M］//慶応義塾. 福澤諭吉全集：第11卷. 東京：岩波書店，1960：79-80.

⑤ 金玉均氏（1886年8月11日）［M］//慶応義塾. 福澤諭吉全集：第11卷. 東京：岩波書店，1960：81.

⑥ 金玉均氏（1886年8月11日）［M］//慶応義塾. 福澤諭吉全集：第11卷. 東京：岩波書店，1960：81-82.

比小笠原岛更安全，望日本政府让其返回日本内地，如以往允许其在内地居住，或给予其方便让其离开日本去往国外。①

此时，福泽谕吉与日本政府并没有非常紧密的联系，对日本政府驱逐金玉均到小笠原岛背后的原因并不十分清楚。由于此前与金玉均有过深入的接触，以及其本身曾参与朝鲜的开化活动与甲申政变，因此对日本政府将金玉均驱逐到小笠原岛表示了同情。

金玉均在小笠原岛近一年后，以水土不服，重病缠身为由，致信日本政府希望自己能在友人的帮助下，前往美国等地治疗。日本政府虽允许，但要求其途经横滨时只能停留一周至两周，并称一旦离开日本，即不准再返回。1888 年 4 月，日本政府考虑小笠原岛医药匮乏，允许其返回日本内地，但因担心其移居内地获得自由后，可能再度引起外交麻烦及妨害内地治安，遂决定将其移居至北海道，并给予其相当的保护与监视。1889 年 4 月，金玉均被日本政府大赦，并于次年 10 月经允许返回日本内地自由居住。②

2. 对金玉均被害事件的认识

金玉均返回日本内地居住一年多后，1892 年 5 月，朝鲜政府派李逸植到日本，准备再次暗杀金玉均等人。同年秋，李逸植收买了从法国归国、路经东京的洪钟宇，密谋暗杀金玉均。1894 年 3 月，金玉均接受了李逸植等人的劝说决定赴中国上海，希望通过颇有交情的原清朝驻日公使李鸿章之子李经方的关系，向李鸿章诉说自己的东洋策略。如前所述，3 月 27 日，金玉均在洪钟宇等人的陪同下到达中国上海，于翌日下午 3 时被洪钟宇枪杀于公共租界的旅馆内。金玉均被害后，应朝鲜政府的引渡要求，经过交涉，由清政府的军舰将凶手洪钟宇和金玉均的灵柩护送回朝鲜。

金玉均被害后，福泽谕吉于 3 月 30 日发表了一篇同样题为《金玉均

---

① 小笠原島の金玉均氏（1886 年 8 月 25 日）［M］//慶応義塾. 福澤諭吉全集：第 11 卷. 東京：岩波書店，1960：88-90.
② 戴东阳. 中国驻日使团与金玉均：兼论金玉均被刺与甲午战争爆发之关系［J］. 近代史研究，2009（4）：104.

氏》的文章。对于金玉均去中国的原因，福泽谕吉认为，一是金玉均与前清政府驻日公使李经方的关系超出其他人的想象，李氏归国后虽没有以正式的书面邀请金氏，但据传其一再劝说金玉均到中国游玩；二是据传清政府驻日公使馆人员也积极劝告金玉均，称到中国后可与李鸿章面谈，同时可在中国相应地进行贸易、创办事业等。① 基于上述原因，福泽谕吉推测金玉均被害是中朝"为防止后患而事先进行的预谋"，称不管是李经方的邀请还是清政府驻日公使馆人员的劝诱，从打动金玉均前往中国意愿的表面来看，也有人怀疑是中朝两国"共谋"，刺死金玉均消除了两国的后患，但"如此卑劣之阴谋，非为清国，又不见所用之处"②。

4月13日，在《清韩政府关于金玉均被害之处理》一文中，福泽谕吉对清政府对凶手洪钟宇和金玉均尸体的处理表示不满，并认为中国这样做是为了讨好朝鲜。他称，上海是中国之领地，洪钟宇在其地明明犯了谋杀之罪，按国际惯例，应以中国法律惩罚其犯人，同时被害的金玉均在尸检的基础上，应根据朋友的请求交还。然而，若从清政府不仅没有惩罚谋杀的犯人，还连同金氏的尸体一同送回朝鲜来看，是否是认定洪钟宇的所作所为无罪，还是出于在同朝鲜的交际上想讨朝鲜的欢心；或者说清政府与朝鲜之间有条约规定，这类犯人，即朝鲜人之间发生的犯罪事件总是要引渡到其本国？清政府不仅以军舰护送，而且不管如金氏今日的身份决不可作为朝鲜人处理，不顾今有取回的请求人，故意将其送回朝鲜，只能认为是出于讨朝鲜欢心的手段。③

金玉均的尸体被运回朝鲜后，朝鲜政府以谋大逆之罪判处其死刑，并将其尸体追加凌迟处死的酷刑。而凶手洪钟宇被护送回朝鲜后，因其暗杀有"功"而获重金厚赏，后官至平理院裁判长。对此，福泽谕吉认为"从

---

① 金玉均氏（1894 年 3 月 30 日）［M］//慶応義塾. 福澤諭吉全集：第 14 卷. 東京：岩波書店，1961：330.

② 金玉均氏（1894 年 3 月 30 日）［M］//慶応義塾. 福澤諭吉全集：第 14 卷. 東京：岩波書店，1961：331.

③ 金玉均暗殺に付き清韓政府の処置（1894 年 4 月 13 日）［M］//慶応義塾. 福澤諭吉全集：第 14 卷. 東京：岩波書店，1961：339.

法律上来看，即使是乱臣贼子之辈，其私自进行谋杀之时，作为普通之杀人罪处以死刑乃文明国之惯例，但朝鲜人缺乏法律思想，不解公私之别，而今欢迎犯谋杀重罪之人，称赞其功绩。由此观之，日韩两国之关系似乎甚是不可靠"①。福泽谕吉进一步认为，对于甲申政变后金玉均、朴泳孝等数人滞留于日本，若按朝鲜人的思想，会认为日本人私自保护其乱臣贼子，多年来会对日本抱有无限的怨恨。这次金玉均的被害"不足以消除今日无识无法之朝鲜人之怨恨，使之释然"，只有将如今还寄居于日本的朴泳孝等引渡给朝鲜政府才能消除朝鲜人的怨恨，但满足其同时，"不能保存我日本国独立之体面，可谓不牺牲自家之国权就不能避免邻国人之怨恨"。而这次从清政府得到金氏的尸体甚至施以极刑，意味着朝鲜人怨恨日本的感情进一步加深。② 对如何消除朝鲜人的怨恨，福泽谕吉认为，"温和地向其说明理由促其悔悟，若不悔悟，不外乎一刀两断，以武力使其完成悔悟，以告一段落"③。

并且，福泽谕吉改变了之前认为中朝"共谋"谋杀金玉均的看法，称"关于这次事件，可以说引诱金氏至上海，让刺客杀害，完全乃朝鲜人之毒计，同支那人无丝毫之关系"④。然而，福泽谕吉对于事后中国的做法表示了不解，称"据闻，金氏上海之行，支那政府当局即支那公使馆热心周旋，对金氏之情谊，不仅对其同国之亲友极尽其好意，同氏之旅行亦尽其好意，妥善安排，俟其离开日本于上海登陆，支那人之举动完全改变，无论是杀害当时之情况，还是尸体之处理，不仅丝毫无好心之意，甚是冷淡，相反对实施谋杀之凶手洪钟宇的处理甚是宽大，如对金氏之尸体尸检之际，没有捆绑让其在场，不能看作是处理犯人之法。另，没有惩罚罪人

---

① 金玉均暗殺に付き清韓政府の処置（1894 年 4 月 13 日）[M]//慶応義塾. 福澤諭吉全集：第 14 卷. 東京：岩波書店，1961：340.
② 金玉均暗殺に付き清韓政府の処置（1894 年 4 月 13 日）[M]//慶応義塾. 福澤諭吉全集：第 14 卷. 東京：岩波書店，1961：340.
③ 金玉均暗殺に付き清韓政府の処置（1894 年 4 月 13 日）[M]//慶応義塾. 福澤諭吉全集：第 14 卷. 東京：岩波書店，1961：341.
④ 金玉均暗殺に付き清韓政府の処置（1894 年 4 月 13 日）[M]//慶応義塾. 福澤諭吉全集：第 14 卷. 東京：岩波書店，1961：341.

引渡到本国可称是根据两国间之条约，特别是以军舰护送乃郑重至极之待遇，不能解释其用意之所在。若联系起来思考其举动，日本人之感情到底不能释然"①。

从福泽谕吉对金玉均被害事件的评论来看，首先，福泽谕吉最初虽推测金玉均被害事件为中朝"共谋"，但其又认为中国没有理由这样做。此后，或许是经过半个月左右的时间福泽谕吉所得有关金玉均被害事件的消息更加详细，以及从朝鲜政府处置凶手洪钟宇和金玉均尸体的做法来看，福泽谕吉开始认定此事为朝鲜所为。其次，福泽谕吉以国际惯例为借口对中朝两国对这一事件的处理方法表现出的不满，除了是出于对金玉均被害的同情外，更多的是出于对还处于"半开化"阶段甚至是"野蛮"阶段的中朝两国的不满。最后，福泽谕吉认为清政府应朝鲜的请求派军舰护送凶手洪钟宇及金玉均的尸体回朝，将会增加朝鲜对日本的憎恨，而消除这一憎恨的方法只能是使用武力，体现了其对武力侵略朝鲜的支持。

数日后，福泽谕吉从金玉均被害事件联系到日本国内的朝鲜人暗杀事件，主张如果今后在日本再发生此类事件，若与朝鲜政府有关，则应严厉追究朝鲜政府的责任。首先，福泽谕吉分析了朝鲜人在日本制造暗杀事件的原因，认为"由于朝鲜之党派倾轧酿成了我明治17年之京城变乱，作为一方领袖之金玉均、朴泳孝等人逃亡至本邦，改姓易名，成为流寓之人。后在同国占据政权之闵氏一族取得了当时党争之胜利，但未满足，忌讳其政敌尚生存于他国，片时不得安心，见缝插针，终想断绝后患"②。其次，对于此事的处理，福泽谕吉认为"即使其刺客等可看作一人，我政府对其不仅必须严格实行国内秩序保卫之任务，究问朝鲜政府果真是否与此事无关。我辈希望为了解开在一般之感情上结成之疑团，公开展开国际谈

① 金玉均暗殺に付き清韓政府の処置（1894年4月13日）［M］//慶応義塾. 福澤諭吉全集：第14巻. 東京：岩波書店，1961：341.
② 韓人の治安妨害（1894年4月19日）［M］//慶応義塾. 福澤諭吉全集：第14巻. 東京：岩波書店，1961：349.

判，迅速查明是非，维护国家之治安"①。

3. 金玉均被害事件后对日本政府的建议

金玉均被害事件发生后，福泽谕吉建议日本既要制定朝鲜政略，也要制定中国政略，并依此处理有关朝鲜与中国的事务。

5月3日，福泽谕吉发表《无既定之方针》一文，认为甲申政变后日本对于朝鲜没有既定的方针，称"看我国原来对朝鲜之政略，明治17年来作为既定之方针不应被认可，因此无论是在国家利益上，还是在名誉上，不知蒙受了多少之不利。此后幸运的是，在东洋之天地间未发生特别之重大事件，小康偏安之间至今日，因此普通社会没有显著之感觉。比较（明治）17年前后，观察我国势力在朝鲜之消长，大概我日本人不得不感慨"②。

福泽谕吉进一步称，他所说的政略"绝不是意味着上演如所谓征韩论那样过激之事情，只在于保护我日本国利益之一点。首先对其制定方针，只是认为有必要一旦面临有事之日不用说，平常无事之时一步一步按照既定之方针处理事情"③。同时，福泽谕吉认为"看眼下朝鲜之形势，无论是内政还是外交已危在旦夕，早晚会发生事变"④，而"因朝鲜之地位与我立国之利害有密切之关系，所以首先对其制定既定之方针是必要的"⑤。从表面看，《天津条约》维持了朝鲜的独立，但"实际上，事实完全相反，通过内情，若极端地形容，或者必须说乃亡国之情况"⑥，"至甚是危急之

---

① 韓人の治安妨害（1894 年 4 月 19 日）［M］//慶応義塾. 福澤諭吉全集：第 14 卷. 東京：岩波書店，1961：349.

② 一定の方針なし（1894 年 5 月 3 日）［M］//慶応義塾. 福澤諭吉全集：第 14 卷. 東京：岩波書店，1961：357.

③ 一定の方針なし（1894 年 5 月 3 日）［M］//慶応義塾. 福澤諭吉全集：第 14 卷. 東京：岩波書店，1961：357.

④ 一定の方針なし（1894 年 5 月 3 日）［M］//慶応義塾. 福澤諭吉全集：第 14 卷. 東京：岩波書店，1961：357.

⑤ 一定の方針なし（1894 年 5 月 3 日）［M］//慶応義塾. 福澤諭吉全集：第 14 卷. 東京：岩波書店，1961：358.

⑥ 一定の方針なし（1894 年 5 月 3 日）［M］//慶応義塾. 福澤諭吉全集：第 14 卷. 東京：岩波書店，1961：358.

时，作为我国之地位不能袖手旁观"①。然而，福泽谕吉认为中国"对朝鲜非常之热心，视他国无异于自国之内地"，如果中国能够防止他国势力扩张至朝鲜，日本也应安心，但李鸿章"已年迈，不仅不能指望其势力永远存在，有识之士甚至对他支那帝国之命运如何，首先皆怀有很大之疑问，决不可永远之依赖。与以现在之势力为目的之支那共事，期待东洋之和平乃迂阔之谈"②。

4 日，福泽谕吉在《依靠他人未必能使自己安心》一文中，进一步解释了日本要制定"朝鲜政略"的原因，并认为在实施过程中将不可避免地与中国发生冲突。对于日本要制定朝鲜政略的原因，福泽谕吉称"我辈所谓之朝鲜政略，非不喜支那之保护，非为使朝鲜脱离其干涉，也非为逞我之野心蚕食其土地。若从眼下之形势推断，朝鲜之地落入他强国之手乃必然之趋势，若一衣带水之对岸现设立强大之军港，为我国之立国乃非简单之事，今日首先对其制定既定之政略，若他国能够独立，遂帮助其国独立，防止其他之觊觎自不用说，然不可救药地突发事变之际，重要的乃不外乎不要损害我国之利益"③。福泽谕吉认为，清政府视朝鲜为属国，不允许他国干涉朝鲜，但"今日之日本对朝鲜制定既定之方针，一步一步实行之时，不可避免会同支那发生冲突"④。对于当时的清政府，福泽谕吉认为"同我封建时代之末路相同，乃处于所谓之尾大不掉之势"，"自家之独立尚且存疑，称想要保护邻国，不值得依赖"。同时，福泽谕吉认为也应该制定"中国政略"，称"本来若从日本立国之利害来说，不单单乃朝鲜政略，对支那首先亦要制定既定之方针，在有事之时做好自己前进之准备才是重要的，甚至连朝鲜之方针皆不能制定，却暗地里说依靠支那之力量可

---

① 一定の方針なし（1894 年 5 月 3 日）［M］//慶応義塾. 福澤諭吉全集：第 14 卷. 東京：岩波書店，1961：358.

② 一定の方針なし（1894 年 5 月 3 日）［M］//慶応義塾. 福澤諭吉全集：第 14 卷. 東京：岩波書店，1961：358-359.

③ 他を頼みにして自から安心す可らず（1894 年 5 月 4 日）［M］//慶応義塾. 福澤諭吉全集：第 14 卷. 東京：岩波書店，1961：359.

④ 他を頼みにして自から安心す可らず（1894 年 5 月 4 日）［M］//慶応義塾. 福澤諭吉全集：第 14 卷. 東京：岩波書店，1961：360.

以放心"①。

福泽谕吉从对金玉均被害事件的评论上延伸到了日本的朝鲜政略与中国政略上，表现出对朝鲜与中国的蔑视与强硬。同时，从福泽谕吉对金玉均被害事件的相关言论来看，也从侧面印证了金玉均被害事件与日本出兵朝鲜以及进而挑起中日甲午战争并没有实质上的关联。② 中日甲午战争的爆发虽然存在一定的偶然因素，但并非金玉均被害事件引起，它是日本政府在实施朝鲜政略以及中国政略过程中迟早、必然要发生的事件。

（五）对朝鲜甲午农民战争的认识

19 世纪末叶，朝鲜封建统治阶级更加腐败，同广大农民之间的矛盾日益尖锐。1894 年 2 月，全罗道古阜郡农民为反抗郡守赵秉甲的暴政，在全琫准的领导下发动了起义，各地农民纷纷响应。5 月，朝鲜农民军经过一系列战斗，于 5 月 31 日占领了朝鲜南方的中心城市全州。6 月 10 日，朝鲜农民军与政府举行谈判，达成了《全州协议》，至此甲午农民军开始将主要精力致力于在其控制地区实行"弊政改革"。

在朝鲜农民军占领全州的第二天（6 月 1 日），朝鲜政府请求清政府派兵，清政府随即派兵赴朝。同日，日本驻朝代理公使杉村濬电告日本政府："朝鲜政府已请求清帝国派遣援军。"日本政府于 6 月 2 日召开内阁会议，决议出兵。6 月 6 日，日本开始向朝鲜派兵。③

早在 1893 年 6 月 4 日，福泽谕吉就在发表的《朝鲜近况》一文中对朝鲜农民起义的情况做了说明，称在农民军的请愿书中提出了"让京城侨居之日清商人退至开港场之居留地"这样一个条款。因此，福泽谕吉认为"我国人应注意的是保护在朝鲜之日本人民安全一事"，"不可预计何时会

---

① 他を頼みにして自から安心す可らず（1894 年 5 月 4 日）［M］//慶応義塾. 福澤諭吉全集：第 14 卷. 東京：岩波書店，1961：360-361.
② 有关金玉均被害事件与甲午战争爆发之关系，参见戴东阳. 中国驻日使团与金玉均：兼论金玉均被刺与甲午战争爆发之关系［J］. 近代史研究，2009（4）：93-117.
③ 信夫清三郎. 日本外交史：上册［M］. 天津社会科学院日本问题研究所，译. 北京：商务印书馆，1980：259-260.

发生何种事情，给我国人民之生命财产带来危险"①。可见，此时福泽谕吉已提醒日本政府为保护在朝日本人要向朝鲜派兵。

甲午农民战争爆发后，关于朝鲜农民战争，福泽谕吉阐述了自己的观点。

第一，福泽谕吉认为当朝鲜请求中国出兵镇压农民战争时，日本也应同时派兵。他说，朝鲜没有能力镇压农民战争，一定会向中国请求援兵。如果中国以兵力平定朝鲜内乱，帮助其政府自立的话，朝鲜国家的全部权力就会落入中国人之手，危害朝鲜的独立，这样将影响日本在东洋国权的消长。因此，为了防止朝鲜落入中国人之手，日本即使"不能独自抢先，值支那政府派出援兵之时，亦要派出实力相同之军队，必须占据对等之地位"，并暗示为了"保护在他国之我国侨民"，可以不顾《天津条约》的规定派遣陆军。② 同时，福泽谕吉还认为，"与所有之计划严密相比，毋宁说希望着手迅速"，"若过于慎重，相反会丧失时机"③，为了方便向朝鲜派兵，希望山阳线早日开通至马关（下关）④。

第二，福泽谕吉认为如果中国以镇压属国骚乱的名义向朝鲜派兵的话，那么朝鲜将不再是独立的国家。他说，若"朝鲜政府仅乃以邻国之好请求支那帮助，或支那政府未接受朝鲜之请求，乃为保护本国之侨民而出兵，是最合理的。但是，朝鲜以属国之资格仰仗宗主国之帮助，或支那特别宣称乃为了属国而派出军队，朝鲜自今日始已不再乃独立之国家"。⑤

第三，福泽谕吉认为镇压暴乱后日本军队也不能轻易地撤出朝鲜，并

---

① 朝鮮の近情（1893 年 6 月 4 日）［M］//慶応義塾. 福澤諭吉全集：第 14 卷. 東京：岩波書店，1961：66-68.

② 朝鮮東学党の騒動に就て（1894 年 5 月 30 日）［M］//慶応義塾. 福澤諭吉全集：第 14 卷. 東京：岩波書店，1961：386-388.

③ 計画の密ならんよりも着手の迅速を願う（1894 年 6 月 6 日）［M］//慶応義塾. 福澤諭吉全集：第 14 卷. 東京：岩波書店，1961：394.

④ 朝鮮事件と山陽鉄道（1894 年 6 月 8 日）［M］//慶応義塾. 福澤諭吉全集：第 14 卷. 東京：岩波書店，1961：396.

⑤ 朝鮮の独立と所属と（1894 年 6 月 10 日）［M］//慶応義塾. 福澤諭吉全集：第 14 卷. 東京：岩波書店，1961：399-400.

要做好军事上的准备。他说，派遣日本军队至朝鲜，一是为了保护在朝鲜的日本侨民；二是若中国受邀进行镇压，则日本"可根据时宜助他一臂之力"。但是，为了保证暴乱平息后不再发生，并在确定以朝鲜政府的能力能够保证镇压之前，日本"不能随便地撤军"，中日两国的军队从现在起大概数月将驻在朝鲜相对峙。对此，福泽谕吉希望日本政府在朝鲜与日本的通信上做好准备，甚至提出通过与朝鲜政府谈判，临时租用釜山线，或者自己架设由京城至釜山的简易电报线，并提醒日本政府不要吝啬保护电报线的费用。①

从福泽谕吉对甲午农民战争的评论可以看出，其最关心的不是朝鲜的情况而是中国的动向，这也从侧面反映出福泽谕吉对朝鲜的蔑视。甲午农民战争的爆发也为福泽谕吉积极鼓吹的"朝鲜政略"提供了实施的机会。

二、甲午战争时期福泽谕吉的"朝鲜改革论"

（一）中日双方正式宣战前福泽谕吉的"朝鲜改革论"

如前所述，当中日两国为镇压甲午农民战争出兵时，朝鲜农民军与政府已达成和解，朝鲜政府要求中日双方共同撤军。对此，中国政府表示同意，但日本政府不想改变既定的方针，继续向朝鲜派兵。日本的目的就是蓄意与中国开战，强占朝鲜。

当时，日本外相陆奥宗光得到两份报告，一是认为从俄国在西伯利亚的兵备来看，俄国不可能出兵朝鲜；二是认为如果日本的行动是预防俄国入侵朝鲜的话，那么英国也不会反对。同时，陆奥宗光还得到了日本驻朝公使大鸟的请示：面对拥有三千兵员的混成旅团第一次派遣军已经到达仁川的既定事实，大鸟提议为了"有效地使用"已经到达的"大军"，可否"撕毁日清共同撤兵之协定"，为此"纵使同清国开战"也提出中朝宗属问题，并请示为了实行这种政策，可否采取"激烈的手段"。对于大鸟的

---

① 京城釜山間の通信を自由ならしむ可し（1894 年 6 月 12 日）［M］//慶応義塾. 福澤諭吉全集：第 14 巻. 東京：岩波書店，1961：402-403.

请示，陆奥宗光认为英国承认清政府对朝鲜的宗主权，不宜以中朝宗属问题作为开战的借口，而以英国同意的、镇压内乱并改革内政以防止内乱再度发生为借口较为适当。6 月 15 日，陆奥宗光提出在"改革"朝鲜内政未完成前不撤兵，清政府若不同意即由日本单独实施朝鲜内政"改革"。16日，陆奥宗光向清政府驻日公使汪凤藻递交了共同"改革"朝鲜内政的方案。他估计清政府会拒绝，准备届时由日本单独实行"改革"。但是，单独"改革"将根本改变中日两国的对朝关系，所以估计清政府不会接受。这样，中日之间的战争将不可避免。①

此时，关于甲午农民战争日本出兵的目的，福泽谕吉也改变了此前只限于"保护在朝侨民"的说法，称"要进一步保护其商卖之安全，更进一步有必要保护日本之贸易利益"。同时，他也提出了朝鲜的内政"改革论"，称利用此次出兵的机会，以电信、铁路为开端，全面调整朝鲜国内的结构，一步一步地谋求改进之实，如邮政、警察、教育等。朝鲜的"改革"不能指望委托于他人而成功，但日本可以对其予以帮助，如军事方面，"由我国输送教师、贷给军舰武器、重新组织，严格进行训练乃必要的"，所需费用虽然巨大，但不用担心朝鲜没有能力偿还。促进朝鲜"改革"重要的是，"为推进朝鲜之文明，亦为保证日本立国之利害，一定要采取必要之手段，希望利用此次良机决定其方针，步步地实行"②。在朝鲜实施"改革"将遇到种种阻碍，即使孱弱的朝鲜政府下决心排除也缺乏坚决实行的能力，所以"日本人要尽其种种亲切促进其改良之事"③。当清政府依据《天津条约》的规定要求日本同时撤兵时，福泽谕吉称"若对事实不放心，毫无义务冒自家之危险与其共进退。无论如何都要谢绝，若不

---

① 信夫清三郎. 日本外交史：上册 [M]. 天津社会科学院日本问题研究所，译. 北京：商务印书馆，1980：263.

② 朝鮮の文明事業を助長せしむ可し（1894 年 6 月 17 日）[M] //慶応義塾. 福澤諭吉全集：第 14 卷. 東京：岩波書店，1961：411-414.

③ 日本兵容易に撤去す可らず（1894 年 6 月 19 日）[M] //慶応義塾. 福澤諭吉全集：第 14 卷. 東京：岩波書店，1961：415.

同意，或可废除他之条约"①。

不出日本所料，21 日，清政府拒绝了日本关于共同"改革"朝鲜内政的提案。28 日，陆奥宗光起草了单独"改革"朝鲜内政的方案，并送交给驻朝公使大鸟。②

关于"改革"的原因，福泽谕吉在分析朝鲜政府"腐败"情况的基础上，认为"巩固其立国之根本，须赋予政治机关运转之机会。若进行比喻，如濒临衰弱死亡之病人。无论如何，最重要的乃空气之呼吸与饮食之消化，两者得到恢复才可制定种种之养生方法。这既乃我辈急于对他国进行改革之原因"③。

关于"改革"的内容，福泽谕吉认为朝鲜的"改革"必须从外交着手，而内政的"改革"首先要从法律的修订着手，除此之外还有军队、宗教、教育、卫生、振兴实业等各方面的"改革"。如果"不一扫数百年来朝鲜所有之旧习"，就不能看见"改革"的实效。④

福泽谕吉进一步认为朝鲜的"改革"必须实行武力，称如果"欲引导朝鲜人如此之顽民进入文明之门，除以兵力对付之外并无好的手段"，"我辈在此所说之兵力不会实际使用，仅乃为显示其威力"⑤。同时，日本以武力实施朝鲜"改革"，是为了"使朝鲜改革国内种种之设施，铲除其弊政之源，真正地进行开国，为了人类之幸福、文明之进步，乃行使最恰当之

---

① 日本兵容易に撤去す可らず（1894 年 6 月 19 日）［M］//慶応義塾. 福澤諭吉全集：第 14 卷. 東京：岩波書店，1961：415-416.

② 信夫清三郎. 日本外交史：上册［M］. 天津社会科学院日本问题研究所，译. 北京：商务印书馆，1980：265-266.

③ 土地は併吞す可らず国事は改革す可す（1894 年 7 月 5 日）［M］//慶応義塾. 福澤諭吉全集：第 14 卷. 東京：岩波書店，1961：438-439.

④ 世界の共有物を私せしむ可らず（1894 年 7 月 6 日）［M］//慶応義塾. 福澤諭吉全集：第 14 卷. 東京：岩波書店，1961：439-441.

⑤ 兵力を用るの必要（1894 年 7 月 4 日）［M］//慶応義塾. 福澤諭吉全集：第 14 卷. 東京：岩波書店，1961：435.

天职"①。"以兵力命令之，促进其政治上之改革乃今日之方针。"② 从如今的朝鲜状况来看，日本一旦撤军，"决不能怀疑百事忽然复旧，如壬午兵变、甲申政变之例"③。

对于朝鲜难以实施"改革"的原因，福泽谕吉认为是由于朝鲜人对日本人的不信任。他说，以朝鲜人来看，以前日本的举动变化无常，不能被信赖，今日才努力地热心于朝鲜的"改革"，或许到了明天自己又忽然收手，只不过又会重蹈甲申政变的覆辙。时至今日，"日本人无论如何的热心，若无他国之人真实之同意，改革之目的亦不易达成。毕竟我政府数年来对朝鲜之事置之度外，致使他国之人对我不能信赖，才乃第一之失策"④。出兵朝鲜并使朝鲜普通国民了解日本的实力是"改革"朝鲜的唯一手段。⑤

7月10—15日，朝鲜政府应日本政府的要求任命申正熙、金宗汉、曹寅承三人为委员，与日本公使协商内政"改革"事项。福泽谕吉分别对这三人以及总理金宏集进行了分析，认为他们分别代表了各派的势力，"毫无承担改革大事之经验"，"我辈见此任命即认为改革之前途危险"。同时，福泽谕吉还对宣惠堂上职务的更迭进行了分析，认为由沈相薰代替闵泳骏出任宣惠堂上职务，表面看来是闵氏的权威坠地，实际上沈相薰与闵妃的关系比闵泳骏更亲近，称"闵族一类明里暗里占据韩廷之政权，改革之实行到底不可指望"。无论"委员之任命还是宣惠堂上职务之更迭，皆如儿

---

① 改革の目的を達すること容易ならず（1894 年 7 月 8 日）［M］//慶応義塾. 福澤諭吉全集：第 14 卷. 東京：岩波書店，1961：444.
② 改革の目的を達すること容易ならず（1894 年 7 月 8 日）［M］//慶応義塾. 福澤諭吉全集：第 14 卷. 東京：岩波書店，1961：445.
③ 朝鮮の改革掛念す可きものあり（1894 年 7 月 13 日）［M］//慶応義塾. 福澤諭吉全集：第 14 卷. 東京：岩波書店，1961：454.
④ 朝鮮の改革掛念す可きものあり（1894 年 7 月 13 日）［M］//慶応義塾. 福澤諭吉全集：第 14 卷. 東京：岩波書店，1961：454-456.
⑤ 朝鮮改革の手段（1894 年 7 月 15 日）［M］//慶応義塾. 福澤諭吉全集：第 14 卷. 東京：岩波書店，1961：461-462.

戏，可谓改革之前途尚远"①。由此不得不承认福泽谕吉获取信息快速、及时、准确，同时也说明他高度关注朝鲜，这与日本政府急于吞并朝鲜的方针完全一致。

7月19日，日本向朝鲜政府提出了如下要求：汉城与釜山间架设军用电线，应由日本政府自行负责；朝鲜政府应遵照《济物浦条约》，速为日本军队修建必要之兵营；驻牙山之中国军队，师出无名，应迅速撤离；应废除中朝通商条约以及其他与朝鲜独立相抵触的中朝间所有条约。并且，日本政府限朝鲜政府于22日前给予答复。22日，朝鲜政府并未明确地答复日本政府。②

对于朝鲜政府断然拒绝日本提出的"改革"要求，福泽谕吉认为不值得吃惊。他称，日本政府此次提出的"改革"与此前甲申政变进行的"改革""具有相同之精神"，但日本政府在甲申政变后对待金玉均等以及朝鲜的政策，使朝鲜人认为"多年来排斥金玉均等人，恰如旁观闵妃之腐败政府，甚至又小心地不想伤害腐败政府感情之日本，事到如今催促改革更不可理解，在此若说有何缘由，不外乎认为乃出自一时之冲动，本来就未答应日本之要求，毫无实行真实改革之想法"。朝鲜设置委员会只是"为了装饰体面"，到了紧急之时只能说出实情，采取断然拒绝的手段，"此乃当然之趋势，事到如今不值得吃惊"③。朝鲜政府关于内政"改革"已经拒绝大鸟公使提出的第一次要求，并又拒绝了第二次要求，"后面之拒绝乃前面拒绝之自然趋势，作为他外戚政府之举动丝毫不值得奇怪"。朝鲜政府"再次无理地拒绝日本之要求完全乃出自闵氏一族之私心"④。对于此时闵妃的所作所为，福泽谕吉称"从人道正理上看，决不可饶恕。我虽乃

① 改革委員会の人物如何（1894 年 7 月 21 日）［M］//慶応義塾. 福澤諭吉全集：第 14 卷. 東京：岩波書店，1961：468–470.
② 陸奥宗光. 蹇蹇録［M］. 東京：岩波書店，1967：56–57.
③ 改革論果たして拒絶（1894 年 7 月 21 日）［M］//慶応義塾. 福澤諭吉全集：第 14 卷. 東京：岩波書店，1961：470–472.
④ 大院君出でたり（1894 年 7 月 25 日）［M］//慶応義塾. 福澤諭吉全集：第 14 卷. 東京：岩波書店，1961：481–482.

外人，但亦忍不住咬牙切齿。何况朝鲜人？怨恨深入骨髓，成为不共戴天之仇，单单罢黜不能使其满足，彻底查明闵妃及其党羽，完全消灭其一族才能甘心"。对于闵氏一族或驱逐出政府，或给予闭门蛰居的处分，并对产生祸源的后宫进行"改革"。① 由此可见，福泽谕吉认为持事大主义、在国内维持统治的闵氏一族是日本"改革"朝鲜的障碍。

　　7月23日，日本军队占领了朝鲜王宫，迫使朝鲜国王将一切政务委任于大院君。日本政府企图把大院君变成推行殖民政策的工具。② 对于大院君担任政务一事，福泽谕吉认为"韩廷接受了我道义上之从旁教导，已表达了自立、自己支撑之实，日韩两国之交际不留一点儿私心，结局十分圆满"③。并且，"如今朝鲜政府之局面一变，国王之父大院君担当政务，国王之意见被实际实行，以前以支那人做后盾拒绝改革之闵氏一族完全消失，大概日本之要求会迅速地实行"④。大院君虽然在推翻闵妃政权上与日本目标一致，但顽强抵抗了日本干涉朝鲜政府的人事安排。⑤

　　对于朝鲜"改革"的内容，福泽谕吉进一步认为以教育的"改革"最为重要，称朝鲜从缙绅士大夫到普通的人民都是"儒教主义之奴隶"，首先要完全打破其儒教主义，如果不让其人心从根本上转变，就不容易达到"改革"的目的。⑥ 日本对朝鲜进行的"改革"会一时震惊朝鲜人的耳目，产生种种疑惑在所难免，但朝鲜的"改革"是欲去除东洋流的"弊习"，以达到"文明日新"的地位为目的，事情本身光明正大，日本毫无一点儿私心，真心地为了邻国致力于侠义之志，朝鲜人在数年之后看见

---

①　閔族の処分に就て（1894 年 7 月 26 日）［M］//慶応義塾. 福澤諭吉全集：第 14 卷. 東京：岩波書店，1961：484-485.

②　曹中屏. 朝鲜近代史［M］. 北京：东方出版社，1993：177.

③　閔族の処分に就て（1894 年 7 月 26 日）［M］//慶応義塾. 福澤諭吉全集：第 14 卷. 東京：岩波書店，1961：483.

④　支那人に勧告す（1894 年 7 月 28 日）［M］//慶応義塾. 福澤諭吉全集：第 14 卷. 東京：岩波書店，1961：488.

⑤　曹中屏. 朝鲜近代史［M］. 北京：东方出版社，1993：177.

⑥　教育の改良最も肝要なり（1894 年 8 月 7 日）［M］//慶応義塾. 福澤諭吉全集：第 14 卷. 東京：岩波書店，1961：502-503.

"改革"的结果才会明白日本的"厚意"，才会表现出深深的"感谢之情"。①

可见，福泽谕吉以为了朝鲜人民的"幸福"、朝鲜"文明之进步"以及"改革"朝鲜是行"日本之天职"为借口，积极鼓吹对朝鲜进行"改革"，并为日本政府"改革"朝鲜积极地出谋划策。

（二）中日双方宣战后福泽谕吉的"朝鲜改革论"

1. 对朝鲜及其"改革"的评论

7 月 25 日，日本海军"吉野""速浪""秋津洲"三舰在丰岛海面突然袭击了中国的军舰和运兵船，挑起了蓄谋已久的中日甲午战争。28 日，中国在牙山的军队也遭到日军的进攻，聂士成部败退成欢驿。8 月 1 日，日本正式向中国宣战。此后，中日两国主要在朝鲜境内展开战斗。9 月 15 日，中国军队在平壤战役中大败，6 天后日本占领了整个朝鲜。

从日本正式宣战到完全占领朝鲜之前，日本对朝鲜的内政"改革"未收到预期的效果。② 此时，福泽谕吉的主要关注点也集中在中日之间的战争上，关于朝鲜"改革"只发表了一篇文章。9 月 7 日，福泽谕吉发表《朝鲜之改革不可因循》一文，称今日的朝鲜政府名义上是一个革新的政府，但实际上是"异分子之集合"。在朝鲜的官吏中，对"感觉奇怪者""因循姑息不能担当事情者"进行惩罚、摒弃，让可成为亲日的人物执掌国务的全权。或在日本人中选择适当的人选，置于关键位置。总之，"今日之改革仅有官制等之计划，尚无实际开始行动之日期"，因此不仅违背日本政府本来的目的，也会招来外国的耻笑。③

9 月 21 日，日本完全占领了朝鲜，开始独立地着手朝鲜的"改革"，对此福泽谕吉也更加关注，发表了大量的评论文章。

---

① 改革の結果は多数の幸福なる可し（1894 年 8 月 10 日）[M] //慶応義塾. 福澤諭吉全集: 第 14 巻. 東京: 岩波書店，1961: 509.
② 陸奥宗光. 蹇蹇録 [M]. 東京: 岩波書店，1967: 121-139.
③ 朝鮮の改革に因循す可らず（1894 年 9 月 7 日）[M] //慶応義塾. 福澤諭吉全集: 第 14 巻. 東京: 岩波書店，1961: 556-557.

对于此前朝鲜的"改革"并未达到日本预期的目的，福泽谕吉称由于朝鲜"好似无脊椎之动物，不能站立，几百年来腐败至极，乃几乎失去了脊梁之国家"，因此使其具备独立之实绝非易事。①

为了改变这一状况，日本政府决定由井上馨代替大鸟圭介出任驻朝公使，全面加强对朝鲜的干涉。在井上馨出使到朝鲜前，福泽谕吉于10月14日和16日分别发表了《井上伯之朝鲜行》和《送井上伯渡韩》两篇文章，对朝鲜的"改革"阐述了自己的意见。他说，如果看朝鲜"改革"的情况，"官吏之任命，官制之改正，仅乃改变了表面之形式，丝毫未完成改革之实"。朝鲜还是旧时之朝鲜，"即近来之更迭无异于打倒了第一个闵族又制造了第二个闵族"。"观察一时之势，进退乃卑躬屈膝之小国人之常，其根性一朝一夕难以去除。"并且，"关于今日平壤之战，据说他等中期待支那必胜，甚至有欲到时内外呼应驱逐日本人的阴谋之人"②。与此前相同，福泽谕吉认为朝鲜政府当局对日本人的不信任甚至讨厌是朝鲜"改革"困难的最大原因，而使用武力是解决这一困难的唯一方法。福泽谕吉还将朝鲜的"改革"比喻成教小孩子学走路。他说，"朝鲜人多年来卑屈事大，只看一时之势就决定进退不可靠，毫不留情地加以鞭挞，让其从心底里悔悟乃重要的。教心术不良之孩童走路，从旁收手，让其自己走路，若不听即鞭挞，亦可知乃不得已之手段"③。

10月25日，井上馨抵达朝鲜；27日，在会见国王时指责朝鲜推行"改革"不力，自此之后朝鲜"自主"推行的"改革"宣告结束④，井上馨开始全面主导朝鲜的"改革"。对此，福泽谕吉认为，朝鲜政府现在还

① 朝鮮の独立（1894年9月29日）［M］//慶応義塾. 福澤諭吉全集：第14卷. 東京：岩波書店，1961：580.
② 井上伯の朝鮮行（1894年10月14日）［M］//慶応義塾. 福澤諭吉全集：第14卷. 東京：岩波書店，1961：597-599.
③ 井上伯の渡韓を送る（1894年10月16日）［M］//慶応義塾. 福澤諭吉全集：第14卷. 東京：岩波書店，1961：600-602.
④ 曹中屏. 朝鲜近代史［M］. 北京：东方出版社，1993：181.

没有独立的决心，"若他等最终讨厌开明，如其所望，早早地自己让政府灭亡"①。朝鲜的"改革""须从国家组织之根本上颠覆"。因为朝鲜在本质上只是"识字之野蛮国"，所以不可都以日本为先例制定"改革"手段的标准。"引导如此软弱、毫无廉耻之国民进行文明流之改革，虽过意不去，但须依靠胁迫之方法"，"国务之实权握于我手，仅让韩人等执行事务，就其主义之可否不允许其插嘴，一步一步进步之时，不外乎拿美好之成绩让其自己领悟"②。

关于朝鲜的"改革"，福泽谕吉认为要看准时机迅速完成。他说，当前日本军队正进攻中国，"以胜利之势震惊其八道之人心，朝鲜恰如我掌中之物"，要排除万难促进朝鲜"改革"，不出数月就可以确定大体的方向。否则，"作为顽民之毛病"，渐渐忘记对日本的恐惧，渐渐不重视他的言行，百事会流于因循而虚度时光。另外，福泽谕吉认为不要担心诽谤，称"朝鲜名为独立之国，但其实国非国。担心所谓干涉之诽谤，对其不进行帮助，犹如对衰弱之病人不进行帮助而让其独行。其灭亡即在眼前"③。

福泽谕吉进一步认为，"治疗朝鲜之腐败政治要有适当之处方，实行处方之朝鲜政府内阁，恰如无知无识之汉法医之巢穴，不理解文明医学之劝告者之处方"，朝鲜人只不过是表面上装作服从，实行毫无希望。朝鲜政府"腐败至极"，人民"完全与牛马猪犬无异"。朝鲜"完全乃无政无法之国"，因此不能以寻常的手段对朝鲜进行"改革"。至于"改革"的方法，福泽谕吉认为"如此保存其独立国之体面暂且合适，实际姑且当作已被征服，在他国政府重要之位置由日本人实际掌权，从军备、警察之事到会计之整理、地方之施政，一切以日本之手直接实行，期（其）间采用稍稍了解时事之朝鲜人，不外乎恰如让其练习政事，如此干涉之程度虽

---

① 朝鮮国の革新甚だ疑ふ可し（1894 年 11 月 3 日）［M］//慶応義塾. 福澤諭吉全集：第14 卷. 東京：岩波書店，1961：624-625.
② 破壊は建築の手始めなり（1894 年 11 月 17 日）［M］//慶応義塾. 福澤諭吉全集：第14 卷. 東京：岩波書店，1961：644-646.
③ 朝鮮の改革その機会に後るる勿れ（1894 年 11 月 20 日）［M］//慶応義塾. 福澤諭吉全集：第 14 卷. 東京：岩波書店，1961：647-648.

深，但一点儿亦不用担心，事实上乃不得已之干涉，亦无暇顾及"①。

从上述评论可见，福泽谕吉对朝鲜的态度明显比此前更加强硬，其强硬的态度从此前专注于闵妃一族及中国转向了朝鲜政府。其转变的原因不外乎是日本在朝鲜已经完全排除了中国的势力。

2. 对担任朝鲜"改革"人选的评论

关于担任朝鲜"改革"的人选，福泽谕吉主要从两个方面发表了自己的看法。

第一，福泽谕吉认为朝鲜政府应该使用朴泳孝、徐光范、徐载弼等人。关于其原因，福泽谕吉称他们侨居国外多年，政治上见识广，不缺乏治理国家的手段。同时，由于日本多年来同情朴泳孝等人，如果他们能在政府占据重要位置的话，"在两国之交际上可有无限之便利"。朴泳孝等人在朝鲜首倡独立自主、文明开化，是舍身为国者，现在朝鲜政府欲疏远他们，就是敌视独立开明主义的证据，希望其国家灭亡，这也自然地断绝了日本对朝鲜的同情。对双方来说，这是最大的不利，是"腐败政府之自作自受"②。事实上，可以说朴泳孝等人不是朝鲜国王的敌人，而是闵氏一族的敌人；不是朝鲜的罪人，而是中国的罪人。对于朝鲜政府以其"乃一度犯过大逆不道之罪人，杀人者进入政府乃不被天下人心所允许之事"为由排斥朴泳孝等人，福泽谕吉称这只是借口，认为朴泳孝等人进入政府倡导文明开化，将危及闵氏一族的地位，他们为了保护自己的名利敌视开明主义。③

1894 年 11 月中旬，新上任的驻朝公使井上馨以所谓"煽动农民暴动"和"曾与在平壤作战的清军保持秘密联系"为由，逼迫大院君下台，又于

---

① 改革の勧告果たして効を奏するや否や（1895 年 1 月 4 日）［M］//慶応義塾. 福澤諭吉全集：第 14 卷. 東京：岩波書店，1961：9-10.
② 朝鮮国の革新甚だ疑ふ可し（1894 年 11 月 3 日）［M］//慶応義塾. 福澤諭吉全集：第 14 卷. 東京：岩波書店，1961：625-626.
③ 朝鮮政府は何が故に朴徐輩を疎開するや（1894 年 11 月 9 日）［M］//慶応義塾. 福澤諭吉全集：第 14 卷. 東京：岩波書店，1961：632-633.

12月17日任命亡命日本的朴泳孝为内务大臣。① 虽然朴泳孝等人进入了朝鲜政府，但福泽谕吉认为大院君和闵妃一族不会真正就此收手，称朝鲜政府是 "百鬼杂居戴着面具，献媚、控诉、高兴、怨恨、出没无常、进退不定，仅乃在背后干着种种放肆之事的活体，朴泳孝等人不易被认可，到底非以人间一般之常理可以对付之对手" ②。

除此之外，对于把大院君置于重要地位的说法，福泽谕吉认为在君主专制的国家，居于王父的地位，其名望是当然之事，不值得吃惊。但是，其英迈 "仅乃东洋流之英迈"，"仅乃纯然之腐败国普通之顽固翁" ③。

虽然福泽谕吉对闵氏一族、大院君排斥朴泳孝等人的原因进行了深入分析，但是不能掩盖日本政府希望利用朴泳孝等人达到控制朝鲜的目的。同时，对大院君的评价与甲午战争开始前截然不同，这说明此前日本企图利用所谓大院君对中国的 "憎恨" 和对闵妃的 "恶念" 来实现日本的目的，但当大院君没有完全按照日本的要求执政时，日本必会逼其下台。

第二，福泽谕吉建议在朝鲜政府重要的位置任用日本人。福泽谕吉称，日本作为朝鲜 "改革" 的主要推动者，在施政方针上教导文明做法的同时，朝鲜应从中央政府到地方官员 "暂时" 交给日本人，让朝鲜人直接目击行政的 "正当规则"，一步步进行 "改革"。同时，福泽谕吉认为朝鲜在 "改革" 中既缺乏人才又没有资金，日本政府不能只是给予朝鲜 "好言劝告" 来期待事情的成功，在制定了 "改革" 的大体方针的同时，要借给朝鲜实施 "改革" 的人才以及使它运转的资金，如果没有这样的觉悟，"改革之帮助实际上等同于一场游戏，如所谓之造佛不加入灵魂" ④。

福泽谕吉还将井上公使比喻为马车的驾驭者，把朝鲜比喻为马车，把

① 曹中屏. 朝鲜近代史 [M]. 北京：东方出版社，1993：181–182.
② 改革の勧告果たして効を奏するや否や（1895 年 1 月 4 日）[M] //慶応義塾. 福澤諭吉全集：第 15 巻. 東京：岩波書店，1961：9.
③ 朝鮮の改革（1894 年 11 月 11 日）[M] //慶応義塾. 福澤諭吉全集：第 14 巻. 東京：岩波書店，1961：634–635.
④ 朝鮮の公債は我政府之を貸附す可し（1895 年 1 月 15 日）[M] //慶応義塾. 福澤諭吉全集：第 15 巻. 東京：岩波書店，1961：19.

朝鲜人比喻为马匹，作为驾驭者可以加鞭驱之，可以不问马匹的性质如何，无论怎么换都不外乎是国中的驽马，重要的是训练马匹。①

对担任朝鲜"改革"人选的评论完全体现了福泽谕吉对朝鲜人根深蒂固的偏见。将驻朝公使井上比喻为驾驭者、将朝鲜人比喻为"无论怎么换都不外乎是国中的驽马"，更体现出其将朝鲜人完全看作低于日本人的劣等民族。同时，由此也可以看出福泽谕吉所谓的"朝鲜改革论"就是为了实现使朝鲜殖民地化的目的。

3. 反对外国对日本"改革"朝鲜的指责

关于日本对朝鲜进行的"改革"，福泽谕吉认为"一方面鞭挞朝鲜人，充分地责备其改革之实；另一方面须有不让外国人逞其胡乱猜测之手腕"②。关于外国对日本单独"改革"朝鲜的指责，福泽谕吉进行了辩解。

第一，福泽谕吉认为朝鲜的"改革"最初由日本担任，不得不干涉。他说，日本出兵到朝鲜境内后，对镇压甲午农民战争、驱逐中国军队、促进新官制的发布、进行政府人员的更迭等，都必须进行干涉。既然已经实行了此前的干涉，如今到了要进行实质"改革"的阶段，说多少忌惮世人的耳目，这就是所谓五十步笑百步。外国人不会怪罪日本人对朝鲜"改革"进行干涉，在朝鲜的外国人怪罪日本人是朝鲜的"离间之策"。③

第二，福泽谕吉认为若放任朝鲜自己"改革"，朝鲜的"改革"就会毫无希望，朝鲜反而会成为"东洋全体之祸根"。福泽谕吉称，不仅中国"欲占据朝鲜"，西方各国"亦欲在东洋之边得到立足之地"。朝鲜的紊乱可能会破坏东洋的和平，日本决不能坐视不管，这就是日本重视朝鲜"改革"的原因。进一步详细说的话，日本"为了东洋之和平，即为了自国之自卫并致力于邻国之独立"。或者说"蹂躏他国之主权会有喋喋不休之议

---

① 朝鮮の近況（1895 年 3 月 13 日）［M］//慶応義塾. 福澤諭吉全集：第 15 卷. 東京：岩波書店，1961：99.
② 井上伯の渡韓を送る（1894 年 10 月 16 日）［M］//慶応義塾. 福澤諭吉全集：第 14 卷. 東京：岩波書店，1961：602.
③ 朝鮮の改革その機会に後るる勿れ（1894 年 11 月 20 日）［M］//慶応義塾. 福澤諭吉全集：第 14 卷. 東京：岩波書店，1961：648-649.

论，但所谓主权乃对独立国家之议论，对于朝鲜并不适用"。"改革"的处置实际上就是为了使朝鲜"独立"，并非干涉其独立。"今日若以日本之国力吞并朝鲜，甚是容易，只不过乃举手投足之劳，但因吞并他使其痛苦之事情甚多，同时对于我有利之处亦甚少。若进行比较，今日只有让其实际之独立，在政略上、商卖上供我正当防卫之用，此事光明正大，无丝毫顾忌之地方。"①

当日本排除了中国的在朝势力后，福泽谕吉不再承认朝鲜是独立的国家，改变了之前反对中国干涉时的主张。由此可见，福泽谕吉之前主张朝鲜是独立的国家完全就是为了达到排除中国在朝势力的目的。此时，福泽谕吉又以日本帮助朝鲜"独立"，"为了东洋之和平"为借口，反对外国对日本"改革"朝鲜的指责，并企图以此来达到独霸朝鲜的目的。

4. 对在财政资金上援助朝鲜"改革"的评论

1894 年 12 月，驻朝公使井上馨为了单独"改革"朝鲜，向日本外相陆奥宗光提出贷给朝鲜 500 万日元的要求，这是效仿英国在埃及的投资，从而在有关实利方面占据地位，指出贷款给朝鲜重要的是"从财政关系入手，然后扩及其他关系，以制造干涉之借口"。然而，日本资本主义还未成熟到能够把资本输出提上日程的程度，三井银行和第一银行认为，如果没有政府的确实保证，就不能同意为此项贷款而募集公债。②

如前所述，福泽谕吉曾建议日本关于贷款给朝鲜帮助其"改革"。关于日本富人及日本银行对朝鲜向日本募集 500 万日元公债表示的担心，福泽谕吉称如果看朝鲜政府的情况，贷给它资金是不能想象的，"别说 500 万日元，即使 50 万日元首先亦不外乎拒绝。但此仅乃他国政府之事，所谓之朝鲜国绝不缺乏富源，既有农产品亦有矿产品，若内政稍稍安稳，人

---

① 改革の勧告果たして効を奏するや否や（1895 年 1 月 4 日）[M] //慶応義塾. 福澤諭吉全集：第 15 卷. 東京：岩波書店，1961：11-12.

② 信夫清三郎. 日本外交史：上册 [M]. 天津社会科学院日本问题研究所，译. 北京：商务印书馆，1980：286.

民担负租税之能力达到数千万日元未必乃难事"①。

1895 年 1 月，井上馨强调朝鲜政府难以渡过年关，要求日本政府支持贷款。日本政府只好从军费余额中提出 300 万日元作为贷款，但日本经济界害怕银币外流将造成物价暴涨与经济混乱，向政府施加压力。直至 3 月底，日本才决定贷给朝鲜 300 万日元。②

关于贷给朝鲜政府 300 万日元之事，福泽谕吉称"此次我国借给朝鲜金钱救他国之危机，真的乃实现侠义之道、对世界值得夸耀之地方，但我国国民绝不会把此作为恩惠，对于此帮助必须有决心从朝鲜收回报酬。此报酬不一定乃接受割让朝鲜之土地，或是欲把它作为我之保护国。眼下在朝鲜日本可以获得之利益各种各样，首先最期望的乃商卖上之利益"。当前日本的对朝政策，"非侠义，乃为了自利"③。

面对日本在"改革"朝鲜过程中缺乏资金的局面，为了挽救日本在朝鲜的利益，福泽谕吉说出了日本对朝政策的实情，即"为了自利"，但其将这种"自利"只说成是贸易上的利益，掩盖了日本"改革"朝鲜的最终目的。福泽谕吉的言论完全是在为日本政府进行辩解，从侧面支持日本政府的对朝政策。

整个甲午战争时期，福泽谕吉的朝鲜观日趋强硬，几乎自觉地追随了日本政府的对朝政策，为日本以"朝鲜改革论"名义掩盖下的对朝"侵略论"摇旗呐喊，表现出对朝鲜及其人民极端的蔑视。

三、"三国干涉还辽"后福泽谕吉的"朝鲜改革论"

（一）"三国干涉还辽"后福泽谕吉的"朝鲜改革论"

如前所述，甲午战争中国惨败，于 1895 年 4 月 17 日同日本政府签订

---

① 朝鮮の公債は我政府之を貸附す可し（1895 年 1 月 15 日）［M］//慶応義塾. 福澤諭吉全集：第 15 卷. 東京：岩波書店，1961：18.

② 信夫清三郎. 日本外交史：上册［M］. 天津社会科学院日本问题研究所，译. 北京：商务印书馆，1980：286-287.

③ 義侠に非ず自利のためなり（1895 年 3 月 12 日）［M］//慶応義塾. 福澤諭吉全集：第 15 卷. 東京：岩波書店，1961：95-96.

了丧权辱国的《马关条约》。6天后，俄国、德国和法国三国对条约中将辽东半岛割让给日本这一内容表示要进行干涉，要求日本将辽东半岛归还给中国。5月5日，日本外务省分别训令驻俄、德、法三国公使，照会各驻在国接受劝告，放弃辽东半岛。从此，在朝鲜半岛出现了日俄争夺的新局面。

"三国干涉还辽"动摇了日本在朝鲜的地位。5月19日，驻朝公使井上馨致电日本外相陆奥宗光，称《马关条约》已发表，朝鲜人已经明白日本已不能单独恣意专行。不论何派只要对其干涉，一定会向外国公使哭诉。对此，日本公使已不能有所作为。① 同时，面对俄国在"三国干涉还辽"后的强硬态度，日本政府于6月4日决定"今后对韩政策应采取尽可能不加干涉而使朝鲜自立的方针"，使得井上馨在朝鲜推行的内政"改革"遭到了挫折。②

6月14日，对于欧洲列强关于日本对朝鲜"改革"的"攻击"，如"日本之政略束缚朝鲜人较先前之支那政府更甚，违背了当初之约定"，福泽谕吉辩解称，"眼下我日本国人对朝鲜之干涉光明正大，在陈述中表示干涉并非阴险之恶劣行为"。日本人为了朝鲜，首先使朝鲜的"独立"名副其实，对朝鲜进行文明主义的"教导"。然而，朝鲜的腐败是"数百年来之老毛病"，非一朝一夕可以治愈。若进行比喻，"朝鲜国在文明这一点上好似乃患有四肢麻痹毫无自理能力之病人，日本如对其麻痹之症状实施治疗之医师"，就像医师要干涉病人的饮食起居一样，对腐败的朝鲜注入文明主义也必须进行干涉。福泽谕吉进一步辩解称，日本的干涉与中国的干涉完全不同。他说，"腐败之元祖老大国以自家之腐败给朝鲜注入腐败物，此只不过乃更加重了他身体中病毒之恶症。日本人诊断朝鲜国之病毒，开出解毒回生之药方，与此相反，支那人使其毒上加毒更加陷入危险，仅见干涉本身之外形，二者似有相似之处，但其精神完全相反，不可

---

① 曹中屏. 朝鲜近代史 [M]. 北京：东方出版社，1993：192.
② 信夫清三郎. 日本外交史：上册 [M]. 天津社会科学院日本问题研究所，译. 北京：商务印书馆，1980：287-288.

同日而语"，"眼下能专事朝鲜问题的仅有我日本"①。

对于"三国干涉还辽"后朝鲜的状况，福泽谕吉认为若日本撤出朝鲜，俄国必然会介入。其为了将势力扩张至东洋，多年的夙愿是在海参崴以南谋求不冻港，并希望将其打造成海上的根据地。若俄国势力渗透至朝鲜，不仅会给日本带来危险，而且会危害东洋和平的均势，日本最适合做朝鲜的"保护人"。② 面对日本在朝势力的削弱，福泽谕吉还主张严管在朝日本人，防止"因为小事而破坏了大事"③。

此时，福泽谕吉对朝鲜人的看法也有所"改变"。他说，"朝鲜国民虽说愚昧，但并非纯粹之野人"。朝鲜自古以来就进行文字教育，人民稍稍具有知识，也有自己的文化思想，但"由于几千年来受中国儒教之传染，腐败达到今日之极点"。因本来具备文明的素质，一旦醒悟的话，改进并非没有希望。日本人"引导"朝鲜进入文明之门，由此使其能够"自立"。④ 在朝鲜或传播普通教育之法，或发行报纸、奖励演说，使其了解时势。派遣优秀的留学生到外国，直接学习文明之学，开辟输入文明要素之道，为了国事的进步是最有希望的。⑤

为此，福泽谕吉还提出吸收朝鲜留学生到日本留学。他说，日本政府可以担负一切费用，"其改革奏效，在一衣带水之彼岸打开文明新天地之时，在贸易上我国国民得到之利益足可补偿今日之费用，还有剩余"。若朝鲜有成百上千的人物曾经在日本留学，则日本人进出朝鲜自己恰似主人，其价值非金钱能衡量。"无论从何处来看，引导他国之后进生进入文

---

① 朝鮮問題（1895 年 6 月 14 日）［M］//慶応義塾. 福澤諭吉全集：第 15 卷. 東京：岩波書店，1961：188-192.

② 朝鮮の独立ますます扶植す可し（1895 年 7 月 5 日）［M］//慶応義塾. 福澤諭吉全集：第 15 卷. 東京：岩波書店，1961：218-220.

③ 在韓日本人の取締を厳にす可し（1895 年 7 月 13 日）［M］//慶応義塾. 福澤諭吉全集：第 15 卷. 東京：岩波書店，1961：231-232.

④ 朝鮮の処分如何（1895 年 7 月 14 日）［M］//慶応義塾. 福澤諭吉全集：第 15 卷. 東京：岩波書店，1961：233-234.

⑤ 朝鮮人を教育風化す可し（1895 年 7 月 19 日）［M］//慶応義塾. 福澤諭吉全集：第 15 卷. 東京：岩波書店，1961：238.

明之门乃百利而无一害。"① 在日本不能直接"改革"朝鲜的情况下，吸收并希望将来能够利用留学生"改革"朝鲜成了福泽谕吉实现其"朝鲜改革论"的另一个途径。

"三国干涉还辽"后，面对欧洲列强对日本"改革"朝鲜政策的非议，福泽谕吉极力为日本政府进行辩解，同时对朝鲜及朝鲜人的看法比甲午战争时期有所缓和，这直接体现了日本对朝政策的改变。吸收朝鲜留学生这一策略也是福泽谕吉希望为将来日本政府有机会"改革"朝鲜提出的"权宜之计"。

（二）对乙未事变的认识

由于俄国参与"三国干涉还辽"后在朝鲜的势力和影响越来越大，闵妃一族希望通过俄国来牵制日本，逐渐成为亲俄派。此时，在朝鲜的亲日派政权受到了威胁，由此使日本感到其主导的朝鲜内政"改革"受到了挫折。日本为了挽回失败，密谋在朝鲜实施了一系列对策。

1895 年 10 月 8 日，新任日本驻朝公使三浦梧楼率领日本士兵、浪人，挟持大院君进入王宫，当场杀死闵妃，并焚尸灭迹。这就是举世震惊的乙未事变。乙未事变充分暴露出日本作为近代军事封建性国家的野蛮和残暴。

了解乙未事变的报道后，福泽谕吉希望将事件调查清楚，并对相关人员进行处罚，"向世界表明事情之真相"②。然而，随后福泽谕吉对日本人在乙未事变中杀害闵妃一事进行了辩解，称"在外之部分日本人不足以代表日本国之真相"，"此次在朝鲜之部分我日本国人，如不知本国之方针，与朝鲜内乱有关，其罪原本不被允许，不可饶恕"，但日本不会因为一时的嫌疑而改变永久的方针。原本日本希望的只是朝鲜的独立，或自己独立，或由他人帮助独立，只要具备了实际的独立之实，就不会进行妨碍。

---

① 朝鮮人を教育風化す可し（1895 年 7 月 19 日）［M］//慶応義塾. 福澤諭吉全集：第 15 卷. 東京：岩波書店，1961：239.

② 事の真相を明にす可し（1895 年 7 月 15 日）［M］//慶応義塾. 福澤諭吉全集：第 15 卷. 東京：岩波書店，1961：304-305.

因此，日本人期待的只是"为了东洋之治安，保全邻国之独立，此方针永远不变"①。

关于乙未事变的善后对策，福泽谕吉认为朝鲜应该巩固新政府，这样国内外的议论自然会消失。② 事变只是一时的骚乱，同事变有关的日本人已交由本国法庭判决，对相关朝鲜人也不必再追究，使人心安定才是好的策略。同时，大院君留在宫中会影响国王自由地发表意见，作为善后对策，让其返回宅邸是最恰当的处置，但若要实行这样的政策，必须使用兵力。③

对于乙未事变后的朝鲜近况，福泽谕吉认为以朝鲜人的力量维持国家的独立不能使人放心④，称"今日之朝鲜恰如粪土之墙腐败透顶，虽有政府，但统治毫无威严，常备之兵徒有其名，甚至连草贼亦不能控制，若仅有三五十名之壮士即欲夺取政权攻取王城。今日之政府非明日之政府，昨日发出之敕令今日取消，今日取消之法律明日又复活，罪人并非罪人，功臣并非功臣，虽然存在国家之形式，其实等于已经亡国，八道恰如暴政之古战场，如茫茫之原野，又如车夫马夫之巢穴"。"具备亡国之实并未亡国，已乃例外，例外之变乱亦不足为奇。"⑤

对于朝鲜政府财政上的困难，福泽谕吉建议日本贷款给朝鲜政府，帮助其财政独立，但其"交给朝鲜人不会达到目的，一切应由日本人来负责，最终完成后再交给朝鲜政府"。朝鲜人有偿还贷款的能力，若日本政

① 朝鮮の独立（1895 年 10 月 23 日）［M］//慶応義塾. 福澤諭吉全集：第 15 卷. 東京：岩波書店，1961：312-314.

② 朝鮮政府の顛覆（1896 年 2 月 15 日）［M］//慶応義塾. 福澤諭吉全集：第 15 卷. 東京：岩波書店，1961：379.

③ 朝鮮事変の善後策（1896 年 2 月 26 日）［M］//慶応義塾. 福澤諭吉全集：第 15 卷. 東京：岩波書店，1961：388.

④ 朝鮮近事（1895 年 11 月 28 日）［M］//慶応義塾. 福澤諭吉全集：第 15 卷. 東京：岩波書店，1961：327.

⑤ 二十八日の京城事変（1895 年 12 月 7 日）［M］//慶応義塾. 福澤諭吉全集：第 15 卷. 東京：岩波書店，1961：332-333.

府不贷款给朝鲜的话,其他国家会趁此次良机贷款给朝鲜。①

可见,乙未事变发生后,福泽谕吉极力为日本进行辩解,以此来掩盖日本的罪行,并对朝鲜表现出极端的蔑视。同时,由于策划乙未事变并没有改变日本在朝鲜的状况,因此当朝鲜遇到财政困难时,福泽谕吉又劝说日本政府贷款给朝鲜,希望以经济手段达到控制朝鲜的目的。

(三)对俄馆播迁及其后的评论

甲午战争刺激了俄国对东亚的侵略,开始采取积极的东亚政策,因此朝鲜和中国东北就成了俄国政策的焦点。"三国干涉还辽"后,俄国取代了中国,在朝鲜的势力逐渐扩大,摆出了在朝鲜要与日本决一雌雄的姿态。② 如前所述,由于俄国在"三国干涉还辽"后在朝鲜的影响力越来越大,日本为了挽回败局,密谋实施了乙未事变。

由于日本制造了乙未事变,激起了朝鲜国内人民的痛恨,俄国利用这一大好时机对高宗进行了政治拉拢。1896 年 2 月,俄国通过李范晋、李完用等亲俄派大臣说服了高宗,并陪同高宗来到俄国公使馆进行避难,史称"俄馆播迁"。俄馆播迁的发生反映出朝鲜国王高宗及其近臣对日本干涉朝鲜的不满,同时也使俄国在朝鲜的势力进一步膨胀,与此相比日本在朝鲜的影响力则进一步降低。由于日俄两国在朝鲜的争夺,朝鲜政府内部便出现了亲日派与亲俄派之间的政治倾轧,给朝鲜政局带来了激烈的动荡。

对于俄馆播迁,福泽谕吉认为是朝鲜对乙未事变的复仇,其性质也完全相同。他说,乙未事变是金弘集一派得到日本人的后援企图变革政府而实施的事变,与此相反,以国王为中心反对前政府之辈,依靠俄国人的力量谋求复仇,达到了目的。③ 可见,福泽谕吉同样企图把俄馆播迁的责任全部推卸给朝鲜,同时否认俄国在俄馆播迁中的责任,希望避免日俄之间

---

① 朝鮮政府に金を貸す可し(1896 年 1 月 23 日)[M] //慶応義塾. 福澤諭吉全集:第 15 卷. 東京:岩波書店,1961;367-371.

② 信夫清三郎. 日本外交史:上册 [M]. 天津社会科学院日本问题研究所,译. 北京:商务印书馆,1980;294.

③ 朝鮮事変の善後策(1896 年 2 月 26 日)[M] //慶応義塾. 福澤諭吉全集:第 15 卷. 東京:岩波書店,1961;387.

因俄馆播迁而发生冲突。

俄馆播迁发生后，对于"宫中、府中同时在其使馆中，政令全部由使馆中发出，朝鲜政府同俄国公使馆完全如同一物"。福泽谕吉认为这样的情况对日本人不利。对于事变的处理，福泽谕吉称，作为善后对策应先由日本提出，征求各国使臣的意见，或者日本先确定本国的意见，然后由驻外大使或特派大使和各国当局者协商确定。① 福泽谕吉进一步称，"首先让国王返回王宫，明确政令之出处，如兵力一事，可使用日本之军队，亦可使用其他国家之军队，任何一个皆无妨。总之，按照前回之方法实施善后之手段，勉强保持朝鲜之和平乃当下紧要之处置"②。

此时，在日本现有国力条件下，日本无法对抗俄国，只能通过外交协商的方式取得日俄在朝鲜势力的均衡。2月25日，日本代理外相向小村寿太郎公使传达了日本关于对俄协商的基本方针，称此基本方针可以结束俄国的支配地位，扭转"颓势"，实现日俄对朝鲜的共同"保护"和"监督"。③

对此，福泽谕吉也改变了此前由日本单独"改革"朝鲜的主张，认为事到如今也可以同其他国家共同"改革"朝鲜，此前的"独力"说法只是针对中国提出的。④ 日本没有"独力"扶植朝鲜，取得"侠义之名"的幻想，同时也没有吞并朝鲜，并把朝鲜变为属国的野心，目的只在于"改革"其国事，"引导"其走向文明。首先，要"改革"政治，由朝鲜人自己进行改革的话不可能达到目的，必须由他国"帮助"进行，无论是哪个国家，"商卖贸易上之利益自然归日本"。福泽谕吉解释了这样认为的原因，称日朝两国之间地理上接近，又是"同语之国"，风俗习惯也略有相

① 朝鮮事変の善後策（1896年2月26日）［M］//慶応義塾. 福澤諭吉全集：第15卷. 東京：岩波書店，1961：389.
② 朝鮮事変の善後策（1896年2月26日）［M］//慶応義塾. 福澤諭吉全集：第15卷. 東京：岩波書店，1961：389-390.
③ 曹中屏. 朝鲜近代史［M］. 北京：东方出版社，1993：201-202.
④ 朝鮮平和の維持策（1896年2月27日）［M］//慶応義塾. 福澤諭吉全集：第15卷. 東京：岩波書店，1961：390.

同。"我辈把商卖贸易上长远之利益作为目的，改革他国之国事，仅乃欲让其人民步入文明之门。在达成此目的之愿望上，与任何一个国家共事皆不会拒绝。"① 面对俄国在朝鲜的优势地位，福泽谕吉做了妥协，对朝鲜的"改革"由日本单独进行转变为希望同他国共同进行。同时，福泽谕吉以所谓"把商卖贸易上长远之利益作为目的"为借口掩盖日本"改革"朝鲜的真实目的。

此后，福泽谕吉又分析了朝鲜的现状。福泽谕吉认为，"观今日朝鲜之状况，与日本完全相反，开国以来已二十余年，其国事更加紊乱，丝毫亦未见改进之实，如近来之事态，几乎无法用语言来表达，名虽乃独立国，然而可谓实际已亡国。将来之命运果真会如何？若以我辈所见，必须说毫无希望"。而造成这种情况的原因是，"国民之气质几百年来儒教中毒之结果，已经腐败透顶，决不见进取之精神，如其贵族士大夫之辈，其所见仅在于一身之私利，丝毫亦不为国家考虑"②。

10 月 7 日，在《事实可见》一文中，福泽谕吉再次对朝鲜的现状发表了看法，认为朝鲜的独立不仅徒有其名，如果使用更合适的语言来说的话，是"未构成国体，可谓国非国"。现在的国王虽改称皇帝，但借住在俄国公使馆，即使称皇帝对外也不能增加威严。通过此事可以了解朝鲜的国情，本来朝鲜人是数百年来陷入"儒教中毒症"的人民，虽然口中常常说仁义道德，但其内心的腐败、丑秽难以名状，"上下一般，皆乃伪君子之巢穴"。因此，"背信违约乃其天性"，如果是以朝鲜人作为对手的约定，从最初就应该觉悟到是无效的。③

福泽谕吉认为，朝鲜迟早要依靠日本。他说，朝鲜人没有自信自立之心，依赖中国，于是上演了干涉其内政的举动。现在朝鲜只管依靠俄国，

① 对朝鲜の目的（1896 年 3 月 3 日）［M］//慶応義塾. 福澤諭吉全集：第 15 卷. 東京：岩波書店，1961：392-394.

② 一国の隆替偶然に非ず（1896 年 5 月 1 日）［M］//慶応義塾. 福澤諭吉全集：第 15 卷. 東京：岩波書店，1961：422.

③ 事実を見る可し（1897 年 10 月 7 日）［M］//慶応義塾. 福澤諭吉全集：第 16 卷. 東京：岩波書店，1961：132-133.

但只是出自两三个掌握权力者的私情，绝不会持久。不用怀疑，早晚会有因势力的强弱而依赖日本之时。同时，福泽谕吉还对日本政府进行了劝告，称"所有关于朝鲜之事，不管其对手为谁，不要重视约定之空文，重要的是要有他日收到实际利益之思想准备"①。

虽然俄馆播迁后俄国的在朝势力进一步膨胀，但福泽谕吉认为朝鲜"早晚会依靠日本"，在对朝鲜表现出极端蔑视的同时，还暗示日本不会放弃既定的朝鲜政略，这也预示日俄之间将会因朝鲜问题而发生更大的纠纷。

（四）向朝鲜移居日本人的"移民论"

如前所述，早在甲午战争爆发前的朝鲜政略论中以及在解决防谷令事件时，福泽谕吉就提出了向朝鲜移居日本人的"移民论"。俄馆播迁后，福泽谕吉对这一主张又进行了集中阐述。此时，福泽谕吉的"移民论"可以看作其为了挽救乙未事变后面对日本在朝势力的减弱而提出的一种策略。

福泽谕吉认为此前日本关于朝鲜问题都充满了"侠义之心"，今后要打消此念头，目前要做的是"在他等之眼前展示实物让其逐渐自己领悟"。所谓实物"既非顾问官，亦非练兵之教师，而乃将尽量多之日本人移民至内地同朝鲜人杂居一事"。福泽谕吉对日本人移居朝鲜的主张进行了进一步说明。他称，"不管是俄国人来、英国人来，还是朝鲜政府如何变化，在政治上毫无关系，只管移住多数之日本人，从事殖产兴业，与朝鲜人民杂居，往来接触之间逐渐开发其智识，努力开发其富源，共同利用天赐之富源"。日本移民耕种其土地的话，租税按照其国法的规定支付，租税以外的征收全部拒绝，要守卫自己的私权。与之杂居的朝鲜人等目睹后，"自己发奋，逐渐促进政治、法律之改革乃必然之趋势，此即乃在眼前展

---

① 事实を見る可し（1897 年 10 月 7 日）［M］//慶応義塾. 福澤諭吉全集：第 16 卷. 東京：岩波書店，1961：133-134.

示实例，引导他等之方法"①。

关于日本向朝鲜移民的目的，福泽谕吉表示"朝鲜贸易繁荣昌盛之最大受益者乃我日本人，我辈之目的乃以日本人之力开发其富源，繁荣贸易，自利之时利他，共同享受天赐之利益的同时，不知不觉间感化朝鲜人，仅乃希望使其达到文明之领域"②。福泽谕吉掩盖了他提出的"移民论"的真实目的，即向朝鲜移民可以增强日本在朝鲜的势力。

福泽谕吉进一步认为，僧侣有必要同日本人民一起移民到朝鲜，"开拓未开之地，教化其人民，利用宗教并非我辈之新发明，乃西洋人常常采取之手段"，"可谓拓殖事业之开端在于宗教"。宗教的作用不仅在于感化"未开"的人民并引导他们，还可以缓和自国移民的心情。日本移民"同未开化之人民相接触之际，有不可避免之弊端，控制他之方法不外乎乃利用宗教之力量抑制其风气"③。福泽谕吉又阐述了宗教在朝鲜可能发挥的作用，称"宗教恰如无形之警察"，宗教家可以在缓和风气、控制感情上发挥作用。同时，福泽谕吉提醒日本僧侣要"努力发奋，重要的乃要有发扬其功德之觉悟"④。

在此期间，为了消除朝鲜人对日本人的不信任，福泽谕吉还发表了《应该让亡命人回国》一文，希望日本政府让亡命于日本的朝鲜人回国，使日本更容易接近朝鲜。⑤

"三国干涉还辽"后，福泽谕吉的朝鲜观在具体表现形式上，除了提出向朝鲜移民的主张外，其他主张和甲午战争时期一样，也几乎自觉地追

---

① 対韓の方略（1898 年 4 月 29 日）［M］//慶応義塾. 福澤諭吉全集：第 16 卷. 東京：岩波書店，1961：327-330.

② 対韓の方略（1898 年 4 月 29 日）［M］//慶応義塾. 福澤諭吉全集：第 16 卷. 東京：岩波書店，1961：331.

③ 朝鮮移民に付き僧侶の奮発を望む（1898 年 5 月 15 日）［M］//慶応義塾. 福澤諭吉全集：第 16 卷. 東京：岩波書店，1961：345.

④ 朝鮮移民に付き僧侶の奮発を望む［M］//慶応義塾. 福澤諭吉全集：第 16 卷. 東京：岩波書店，1961：346.

⑤ 亡命人を帰国せしむ可し（1898 年 5 月 3 日）［M］//慶応義塾. 福澤諭吉全集：第 16 卷. 東京：岩波書店，1961：336-338.

随了日本的对朝政策。面对俄国在朝势力有所增强的局面，以及欧洲列强对日本"改革"朝鲜的攻击，日本放弃了单独"改革"朝鲜的方针，希望同他国共同"改革"朝鲜。此时，福泽谕吉的"朝鲜改革论"也有所变化，对朝鲜及朝鲜人的看法有所缓和。乙未事变发生后，福泽谕吉极力掩盖事情的真相，这一点与日本没有真正追究主谋者责任的政策完全一致。此后，俄馆播迁的发生可以说彻底宣告了日本主张的单独进行"朝鲜改革论"的失败，福泽谕吉的朝鲜观又恢复到了"三国干涉还辽"之前对朝鲜的极端蔑视。此后，福泽谕吉又提出了向朝鲜移居日本人的"移民论"，希望以此达到缓和日朝关系、增强日本在朝势力的目的。

　　19世纪80年代后半期之后，福泽谕吉的朝鲜观同样表现为对朝鲜的蔑视，甚至是敌视。其具体表现形式，虽然在甲午战争前表现出了"灭亡论"和"强硬论"、甲午战争后表现出了"移民论"，但大体上主要表现为"朝鲜改革论"。与19世纪80年代前半期相比，福泽谕吉对朝鲜的蔑视进一步加深，在具体表现形式上虽然基本上延续了之前的"朝鲜改革论"，但在甲午战争后由于俄国在朝鲜势力的增强，福泽谕吉由此前一直主张的单独"改革"朝鲜转变为可以和他国共同对朝鲜进行"改革"。

第三节　"对华侵略论"与"对华分割论"：
甲午战争时期福泽谕吉的中国观

一、福泽谕吉对长崎事件的评论

　　所谓"长崎事件"，是指1886年8月中国北洋水师官兵在长崎与日本警察发生的两次冲突以及由此引发的中日两国间的交涉。自1886年7月中旬起，清政府为防止俄国谋占朝鲜永兴湾，命北洋水师提督丁汝昌率北洋舰队巡视朝鲜釜山、元山一带，并北上海参崴。返回途中，因"定远""镇远""济远"和"威远"四舰"须上乌油修理"，于8月9日进入日本长崎港大修。13 日，中国水兵上岸购物、观光，与当地警察发生冲突，致 1 名日本警察重伤、1 名中国水兵轻伤。事件经过报道后，事态很快扩大。15 日，舰队放假，当数百名水兵再次上岸观光时，在广马场外租界和华侨居住区一带，遭到日本警察有预谋的袭击①，双方又发生大规模冲突。双方死伤 80 余人，中国水兵由于手无寸铁伤亡严重。事后，中日双方进行了长达数月的谈判，双方态度强硬。最后在英、德公使的调停下，中日双方于 1887 年 2 月达成协议，内容称双方冲突是因语言不通，彼此误会，没有追究责任和是非，只是对死伤者各给抚恤。长崎事件虽得以和平解决，但在日本当局的挑动下，其民间的排华、反华、仇华情绪被煽动起来。

长崎事件发生后，日本国内舆论一时沸腾。② 福泽谕吉对于长崎事件表现出了极大的关注，先后发表数篇文章对长崎事件进行评论。

第一，福泽谕吉认定长崎事件的"责任"完全在中国。

8 月 20 日，福泽谕吉发表《如何处理支那军舰》一文，认为长崎事件的发生给中日双方都造成了损失，中国海军将领负有不可推卸的责任，必须进行严正的交涉。他说，"关于支那人暴乱之事，如昨日报纸所记，对于我日本国民实在是迷惑万千，日本和支那乃友好之邻邦，正是相互利用通信贸易利益之时，他国之军舰来到我国开放之港口，忽发暴乱，损害了双方之声望，其影响涉及有形无形之事，归根到（结）底不外乎是双方国家之损失。或者说 15 日的暴动并非水兵等喝酒闹事，实际上据说其队伍中亦有士官，舰长等明里暗里有不可推卸之责任，进行严正的交涉并取得满意之赔偿乃当然之道理"③。

对于事件的交涉，福泽谕吉认为应该"让他对所做之错事谢罪，保证以后不再发生，达到可以放心之程度"，但在其不能完全保证时，为了两国的交往、人民的安宁，对于这样"道理之外之事须用道理之外之处理方

---

① 韦玉娟. 北洋舰队与日本海军 [J]. 军事历史研究, 2002 (2): 100.

② 信夫清三郎. 日本外交史: 上册 [M]. 天津社会科学院日本问题研究所, 译. 北京: 商务印书馆, 1980: 211; 安冈昭男. 明治前期日中关系史研究 [M]. 胡连成, 译. 福州: 福建人民出版社, 2007: 145-146.

③ 支那軍艦を如何せん（1886 年 8 月 20 日）[M] // 慶応義塾. 福澤諭吉全集: 第 11 卷. 東京: 岩波書店, 1960: 82-83.

法"。即在中国军舰纪律未整顿、军舰上人员还未习惯纪律之前，不允许中国军舰靠近日本。①

在其后发表的《来往九州须方便迅速》一文中，福泽谕吉将中国人比喻成"痴汉"和"疯子"，称"观察支那人之举动，进退之间常常出乎世人之意料，难以猜测其心思。历史上之事实姑且不说，从近三五年来之外交事件来看，无论是朝鲜事件还是安南事件，当时支那人之所作所为、一举一动，完全出乎世人之意料"。福泽谕吉甚至称，"一提起支那人即唤起不安、恐怖之感情，不由得使人心神不宁"，"直至此次得到长崎之报道才开始理解此恐怖之感情并非毫无根据"，并再次强调长崎事件"其责完全在支那人"②。

8 月 26 日，福泽谕吉发表《不可随便地让支那军舰离开》，称"支那乃一种特别之大国，若以文明国之观点来看，其举动有许多出乎意料之外"，"一种特别大国之举动，或许我们难以以世间之理性来忖度"。在两国交涉期间，对于"济远""威远"二舰于 22 日离开长崎一事，福泽谕吉认为日本政府当局必须多加注意，"至谈判结束之前，当前在长崎之支那军舰绝不可以让其随便离开"。他称，"目前在长崎之支那军舰有'镇远''定远''济远''威远'四舰，据昨日长崎之电报所说，其中两舰同日起锚归国。此二舰是为向本国通报事情之详细经过而归国的吗？其当局之事情暂且不问，此等军舰从长崎出发之前，此次暴行之水兵中有属于上述两舰的吗？为了慎重起见，我当局者必须公然地询问，不能放任不管，其事不可耽误。若暴行之水兵中有属于同舰之人，会有其军舰回国不在之情况，当前不仅不能调取证据，而且担心他支那人利用人和船不在而隐瞒事实"③。

由此可见，福泽谕吉将长崎事件的责任全部推卸给了中方，而对日本

---

① 支那軍艦を如何せん（1886 年 8 月 20 日）［M］//慶応義塾. 福澤諭吉全集：第 11 卷. 東京：岩波書店，1960：84.

② 九州への往来便利迅速なるを要す（1886 年 8 月 24 日）［M］//慶応義塾. 福澤諭吉全集：第 11 卷. 東京：岩波書店，1960：85-86.

③ 支那艦をして漫に其処を去らしむ可らず（1886 年 8 月 26 日）［M］//慶応義塾. 福澤諭吉全集：第 11 卷. 東京：岩波書店，1960：90-92.

警察在事件中的责任及中方伤亡人数大于日方的事实只字未提，并表现出对中国人根深蒂固的偏见。一年之前"脱亚论"的发表标志着福泽谕吉蔑视中国观的确立，而在长崎事件的评论中福泽谕吉对中国的强硬态度正是基于其对中国的蔑视。

第二，福泽谕吉认为中国采取引进西方文明的"中体西用"模式是造成长崎事件的深层次原因。

福泽谕吉认为，可以把长崎事件称为"不符合一般道理之事情"。他说，"本来支那人把西洋作为夷狄轻视他们，海陆军制之事都保守自国之旧法，但随着近年来西洋文明东渐，流行于东洋，虽说落后但亦想加入流行之行列，如春来薮莺亦弄声，即他国之海军新设亦乃一例。因此，虽然军舰之数量与支那海军之实力相适合，但仅乃用金钱突然购入，海军学校之组织尚不完备，当实地航海时甚至本国人皆不能活用机械，由外国人担任。军舰中之事务皆无暇整顿，因此亦可推知其纪律、命令亦不够严厉。其情况如把支那料理放入西洋制器皿之中，军舰乃新式之西洋制，军舰上之士官、水兵亦依然乃三代之遗民，守数千百年来之旧的支那人，乃不能脱离其旧习旧法之范围者"①。正是由于"中国舰队之纪律至今尚不严格，其乘组人员动不动就发动暴乱，伤人损物，乃有史以来不习惯文明之法之人民"②，因此造成了长崎事件。

福泽谕吉认为，北洋水师的海军素质不高，称中国舰队的纪律不严、官兵的素质不高及海军学校的建设不完备等情况与引进的军舰不相适应，这是造成长崎事件的深层次原因。同时，福泽谕吉也表现出对中国北洋水师及中国人的蔑视，称北洋水师的官兵为"三代之遗民""守数千百年来之旧的支那人""乃不能脱离其旧习旧法之范围者"。

此后，当1891年7月北洋舰队再次应邀访问日本时，日本政府官员对

---

① 支那軍艦を如何せん（1886 年 8 月 20 日）［M］//慶応義塾. 福澤諭吉全集：第 11 卷. 東京：岩波書店，1960：83.

② 支那軍艦を如何せん（1886 年 8 月 20 日）［M］//慶応義塾. 福澤諭吉全集：第 11 卷. 東京：岩波書店，1960：84.

北洋水师的海军进行了赞扬①，但福泽谕吉对中国的海军给出了相反的评价。他说，中国海军的"进步不值得吃惊，或者说并非没有以舰体之大小、吨位之多寡来说明彼我双方之优劣的，但海军之进步不能单单以这样之数量来判断。若仅比较其大小多寡足以显示优劣的话，其进步并非难事，如只要投入金钱买入即可，但实际绝非如此。若有军舰，但不能没有驾驶它、操作机器之人。然而驾驶它、操作它，需要对其人进行教育训练，其教育训练须费几多之岁月"。福泽谕吉还举例说，中国的商船和军舰都雇有外国人。"因此，海军之进步非一朝一夕之事，不可单单以军舰之大小多寡来夸耀"。福泽谕吉表达了同长崎事件时相同的观点，即以"中体西用"模式引进西方文明的中国舰队不值得畏惧。然而，福泽谕吉认为通过这次中国军舰的来访看到了中国海军的活跃，在海外巡航上已经领先于日本，希望日本当局加强海军建设。② 甲午战争时期，福泽谕吉创办的《时事新报》甚至被称为日本"海军的御用报纸"。③

　　第三，福泽谕吉提醒日本政府为了防止再次发生以及方便处理如长崎事件此类事情，应尽快开通东京到长崎间的铁路。

　　对于长崎事件发生后中日两国在长崎进行的谈判，福泽谕吉称"其结局也应为期不远，必须得到满意、平稳之解决，但我辈暗中特别担心之地方是，如何以这次之骚动成为空前绝后之事情，使其在日本国内特别是九州地方绝迹"④。为防止再次发生长崎事件这样的事情，福泽谕吉提出应尽快修通东京到长崎的铁路。他说，"观察近来支那政府之举动，大大地扩张海陆之兵备，好像希望以一次之扬威于四邻，谋求国家之永久延续。如新设之海军省，以皇帝之生父醇亲王为总裁，以曾纪泽等诸位为次官，急

① 信夫清三郎. 日本政治史：第 3 册 [M]. 吕万和，等译. 上海：上海译文出版社，1988：258；安冈昭男. 明治前期日中关系史研究 [M]. 胡连成，译. 福州：福建人民出版社，2007：171-172.

② 清国军舰の来航に就て（1891 年 7 月 22 日）[M] //庆应义塾. 福泽谕吉全集：第 13 卷. 东京：岩波书店，1960：165-166.

③ 鹿野政直. 福泽谕吉 [M]. 卞崇道，译. 北京：生活·读书·新知三联书店，1987：161.

④ 九州への往来便利迅速なるを要す（1886 年 8 月 24 日）[M] //庆应义塾. 福泽谕吉全集：第 11 卷. 东京：岩波书店，1960：86-87.

切地追求东洋第一之海军，据我辈常常所闻，如此次停泊在长崎港之舰队，据闻最近俄国有欲在朝鲜咸镜道占领不冻港之企图，为了暗中制止俄国之企图，巡航经过朝鲜东海岸到达浦潮斯德港（海参崴——笔者注）"。福泽谕吉认为，由于东洋地区连年发生事端，中俄两国的军舰会经常出现在九州附近的海面上，因此将来可能会经常出现如长崎事件这样的事情，为处理方便，日本当务之急是尽快修好东京到长崎间的铁路。① 福泽谕吉这一想法正好同日本军部的意见大体一致。19 世纪 80 年代中期以后，日本的铁路政策与对外扩张联系起来，为了侵略朝鲜，日本军部从 1886 年开始积极准备同中国的战争，整备铁道网的研究重点就是如何将外征部队迅速运输到出港地。② 甲午战前，日本山阳线铁路已经从兵库（神户）开通到了广岛，当时福泽谕吉也曾建议为了方便向朝鲜派兵，希望山阳线铁路早日开通到马关（下关）。③

至 1887 年 2 月 4 日，中日双方经过近 6 个月的谈判，几经交涉才达成最后协议。在抚恤金方面：日本应付中国 52500 日元，并垫付中国水兵在长崎医院的治疗费 2700 日元；中国应付日方 15500 日元。至于是否拿凶惩办，则由双方政府自行决定，互不干涉。④ 8 日，中日双方正式签字，长崎事件的交涉至此结束。

三天后，在《长崎事件平稳解决》一文中，福泽谕吉首先叙述了长崎事件的大体"真相"，并对有关解决此次事件的种种传闻进行了介绍，称主要有三种：一是长崎事件的全部责任在日本，应以数十万的赔偿金进行赎罪；二是中国政府认为长崎事件是日本对中国的侮辱，从过去的记忆如琉球事件、中国台湾事件还有朝鲜事件中被唤醒，非常愤怒，有在日本挑起祸端之意；三是中国政府近年来大力扩张海军，其力量足以覆盖整个东

---

① 九州への往来便利迅速なるを要す（1886 年 8 月 24 日）［M］//慶応義塾. 福澤諭吉全集：第 11 卷. 東京：岩波書店，1960：87-88.
② 祝曙光. 铁路与日本对外扩张［J］. 世界历史，2006（2）：86.
③ 朝鮮事件と山陽鉄道（1894 年 6 月 8 日）［M］//慶応義塾. 福澤諭吉全集：第 14 卷. 東京：岩波書店，1961：396.
④ 国家清史编纂委员会. 李鸿章全集：22 卷电报二［M］. 合肥：安徽教育出版社，2008：162.

洋，要以这样的自信向四邻显示威力，希望利用这次长崎事件作为在东洋开启战端的借口。① 对此，福泽谕吉认为"这些传闻好像甚是喧嚣，意外地听说此次事件已迅速地解决，我辈甚是喜悦"。福泽谕吉称，长崎事件的解决，是由于从目前的国情看，中国同外国有各种纠纷，不是轻易同日本作对的时机；同时，中国听从了北京某大国公使对其的劝告；等等。"总之，平安地看见长崎事件之解决，我辈特别对日支两国人民进行祝贺。"② 福泽谕吉再次对长崎事件的解决表现出"喜悦"的同时，警告中国政府不要像甲申政变时一样对官员不进行谴责。③

从对最初三种传闻的介绍，可以看出日本当时对中国的军事实力表现出一定的畏惧，这从福泽谕吉在长崎事件解决后表现出的"喜悦"中同样得到体现。由此可见，长崎事件发生后福泽谕吉对中国的强硬态度是基于其对中国国情的认识。当时正值中法战争刚刚结束数月，清政府自然不愿再卷入战争的旋涡。同时，其对中国的强硬态度也不符合日本自身的国情，此时日本也不具备同中国开战的实力，并且在解决巨文岛事件及防止俄国南下的问题上还需要中国的"合作"。

从最初福泽谕吉要求日本政府必须追究中国责任的强硬论，到事件解决后福泽谕吉表现出的"喜悦"的巨大反差中，可以推测，福泽谕吉在长崎事件发生时的强硬论只是为了最大限度地"维护"日本的"国家利益"，而一时做出的虚张声势。这种反差也可以说是所谓"想象中国"与"现实中国"的差距造成的。从文明观上来说，福泽谕吉称中国海军官兵为"三代之遗民""守数千百年来之旧的支那人""是不能脱离其旧习旧法之范围者"，认为中国还处于"半开化"，甚至是"野蛮"的阶段。而此时的日本在福泽谕吉看来已不是与中国同处于"半开化"的阶段，已经上升至"文明"阶段，日本在文明开化上已领先于中国。但在现实的实力

① 長崎事件平穏に来着す（1887 年 2 月 11 日）［M］//慶応義塾. 福澤諭吉全集：第 11 卷. 東京：岩波書店，1960：216-217.
② 長崎事件平穏に来着す（1887 年 2 月 11 日）［M］//慶応義塾. 福澤諭吉全集：第 11 卷. 東京：岩波書店，1960：217.
③ 長崎事件平穏に来着す（1887 年 2 月 11 日）［M］//慶応義塾. 福澤諭吉全集：第 11 卷. 東京：岩波書店，1960：217-218.

上，正如日本学者信夫清三郎所说：当时"日本没有一支敌得住北洋舰队的舰队，被它的威力压倒了"①。

长崎事件虽然得以解决，但不能忽视福泽谕吉的言论在当时对日本民众及政府所起的煽动作用。对日本民众来说，其言论对日本民间已经存在的反华情绪起到了"火上浇油"的作用；对日本政府来说，其言论支持了日本政府内部对华强硬派的对华政策。

如前所述，中日《天津条约》签订后至甲午战争前，中日关系处于一个相对安定的时期，长崎事件是在这一期间发生的唯一一件有关中日双方的重大事件。福泽谕吉有关长崎事件的评论，是其在1885年3月发表《脱亚论》后，发表的有关中国的比较系统的言论，延续了朝鲜甲申政变时期对中国的强硬论。此后，似乎是为了配合日本政府积极准备同中国的战争，直至甲午战前福泽谕吉再没有系统地发表有关中国的言论。

二、甲午战争时期福泽谕吉的"对华侵略论"

（一）"文野之战"——日本正式宣战之前福泽谕吉的对华认识

1891年10月，福泽谕吉第一次将《脱亚论》中提出的设想变成了对中国的具体要求。② 当时清政府与欧洲列强正因"长江教案"进行谈判，福泽谕吉认为这"正乃我国扩大国家利益之良机"，主张必须重修此前中日两国之间的条约，使日本商人同其他外国人一样拥有进入中国内地的权利。③

如前所述，1894年2月，朝鲜甲午农民战争爆发。当日本以"保护侨民"为借口出兵朝鲜时，福泽谕吉认为中朝两国会对此感到恐惧，并认为中国人轻视日本人的理由是日本开设了国会，而国会言论过激并对抗政府，由此判断日本不能有所作为。对此，福泽谕吉表示，这只是因为中国

---

① 信夫清三郎. 日本外交史：上册［M］. 天津社会科学院日本问题研究所，译. 北京：商务印书馆，1980：211.

② 远山茂树. 福泽谕吉［M］. 瞿新，译. 北京：中国社会科学出版社，1990：250-251.

③ 支那の交渉事件は我国の好機会なり（1891年10月15日）［M］//慶応義塾. 福澤諭吉全集：第13卷. 東京：岩波書店，1960：201-202.

人不懂议会政治，称中国是"周公孔子之子孙，以如化石般之脑髓胡乱地观察今日之世界"，议会政治"非儒流国之人所知，至今日不外乎其自己侮辱了自家之无智无学"①。

甲午农民战争结束后，面对须中日两国共同撤兵的规定，福泽谕吉认为要拒绝中国的撤兵要求，如果同中国发生战争，日本"从开始就要有觉悟，为拥护国权而应战"。在日本的朝鲜政略中，"无视清廷，朝着自身之方针去做才乃今日之急要"。此前因中国的干涉，严重地"妨碍"了朝鲜的内治，若此次由日本主导朝鲜"改革"，必定会遭到中国的反对，"不言而喻可进一步痛斥他"。② 对于近来日本社会上关于朝鲜问题应该向中国派遣大使进行谈判的说法，福泽谕吉认为朝鲜政府与日本政府有必要关于此次事件进行谈判，而"与位于第三者地位之支那毫无任何之关系"，在今日之情况下毫无必要与清政府进行交涉。若中国进行妨碍，"须以武力排除其障碍"③，"和战之决定首先在于他如何进退"④。若今日之中国与日本开战，完全不能取得胜利。若中国失败，"或许不能保住辽东湾、大沽之警备，甚至到签订城下之盟亦不可避免"的程度，并且会出现连说琉球是"自国之版图"如此大话之余地都将丧失。⑤ 在此，福泽谕吉提到"不能保住辽东湾""签订城下之盟亦不可避免"，与此后福泽谕吉在甲午战争中的主张相同，说明此时其已经预计日本将要同中国开战，充分暴露了其主张以武力侵略中国的野心。

同时，福泽谕吉认为中国没有资格与日本共同促进朝鲜的"改革"。他说，因为看中国对朝鲜近年来的举动，视朝鲜为属邦并干涉其内政，

---

① 彼等の驚駭想う可し（1894 年 6 月 13 日）［M］//慶応義塾. 福澤諭吉全集：第 14 卷. 東京：岩波書店，1961：405-407.

② 速に韓廷と相談を遂ぐ可し（1894 年 6 月 30 日）［M］//慶応義塾. 福澤諭吉全集：第 14 卷. 東京：岩波書店，1961：430-431.

③ 大使を清国に派遣するの必要なし（1894 年 7 月 3 日）［M］//慶応義塾. 福澤諭吉全集：第 14 卷. 東京：岩波書店，1961：431-434.

④ 改革の目的を達すること容易ならず（1894 年 7 月 8 日）［M］//慶応義塾. 福澤諭吉全集：第 14 卷. 東京：岩波書店，1961：445.

⑤ 彼に勝算有りや否や（1894 年 7 月 10 日）［M］//慶応義塾. 福澤諭吉全集：第 14 卷. 東京：岩波書店，1961：449-450.

"若有可乘之机，有欲吞并它，并将其人民变成自家奴隶之野心"，是不能掩盖的事实。今日的中国"朝野普遍不承认文明进步之事实"，"无异于德川幕府之末路"，"只不过乃第二个朝鲜"。朝鲜的"改革"只可由日本单独来进行，这是"文明先行者之天职，日本人之责任"，并认为"从此点来看，不单单乃朝鲜，如支那迟早亦要进行改革，朝鲜之事既然已经就绪，更进一步涉及其他之宏伟蓝图作为日本人亦决不可忘记"①。这里充分显示了福泽谕吉的侵略野心，"改革"朝鲜只不过是未来实现"改革"中国这一"宏伟蓝图"的一个步骤。并且，福泽谕吉还将"改革"朝鲜看作日本作为"文明先行者"的"天职"，以此为将来侵略朝鲜与中国寻找借口，使日本的侵略行为正当化。

并且，对于社会上有传言说，近来英美俄等国将对中日两国在朝鲜"改革"之事的纠纷进行调停，福泽谕吉称若中国拒绝调停，"日本随时都不辞作为其对手"②。福泽谕吉还认为，打击中国可以改变朝鲜人对中国的看法。他说，"我日本兵一击之下打败支那之腐败军队，使朝鲜国民免于多年来之干涉，从事实来看，让其目击大国之老大不值得依赖，其内心一变，慢慢地引导其进入文明之门，才乃最好之捷径"③，"在打破多年来沉浸于其脑海中对支那崇拜之迷梦，没有比弹药更好之东西"④。

在中日甲午战争爆发前的 1894 年 7 月 20 日，福泽谕吉认为，应要求在牙山的中国军队迅速撤离，否则"以我之兵力强迫他，若有抵抗之意图，一个亦不剩地进行讨伐亦毫无影响"⑤，并认为"如今早已非在谈判

① 朝鮮の改革は支那人と共にするを得ず（1894 年 7 月 12 日）［M］//慶応義塾. 福澤諭吉全集：第 14 卷. 東京：岩波書店，1961：451-454.
② 外国の勧告を拒絶して更に如何せんとするか（1894 年 7 月 14 日）［M］//慶応義塾. 福澤諭吉全集：第 14 卷. 東京：岩波書店，1961：456-458.
③ 朝鮮改革の手段（1894 年 7 月 15 日）［M］//慶応義塾. 福澤諭吉全集：第 14 卷. 東京：岩波書店，1961：460.
④ 支那朝鮮両国に向て直に戦を開く可し（1894 年 7 月 24 日）［M］//慶応義塾. 福澤諭吉全集：第 14 卷. 東京：岩波書店，1961：480.
⑤ 牙山の支那兵を一掃す可し（1894 年 7 月 20 日）［M］//慶応義塾. 福澤諭吉全集：第 14 卷. 東京：岩波書店，1961：465.

交涉之间度日之情况，要求其撤去之同时，可迅速发兵清理牙山之地"①。可见，在此福泽谕吉已经明确主张要同中国开战。对于"不仅驻扎在牙山之支那兵毫无动静，且仅乃时常听闻似乎在天津大沽做出师之准备，但时至今日亦未见其出动一兵一卒，由此看来其似乎毫无战意"这一状况，福泽谕吉则希望日本政府"不必介意对手之举动如何，断然制定一定之方针，一步一步推进"，早日对中国开战。②

7月25日，丰岛海战爆发，日本不宣而战。28日，牙山之战爆发。对于驻扎在牙山的中国军队，福泽谕吉称日本要"以武力促使其撤退，根据时宜一举开战"。"若为支那人考虑，进行不能预计之战争将一败涂地，或许冒有结成北京城下之盟的危险"，"不与日本相争乃对中国有利之策略"。并且，"若中国收手，尚有对内说朝鲜为属邦如此大话之余地"③。

7月29日，福泽谕吉发表《日清战争乃文明与野蛮之战争》一文，以中日之战是"文野之战"为借口，对日本将要发动的甲午战争进行了进一步的粉饰。他说，"战争之事实在日中两国之间发生，若究其根源，乃寻求文明开化、进步的与欲妨碍其进步的两者间之战争，绝非两国间之战争"。中国人"顽固不化，不理解普通之道理，见文明开化之进步不仅不悦，反而想妨碍其进步，蛮横地对我表达反抗之意，不得已事已至此。即日本人眼中既无支那人亦无支那国，仅乃以世界文明之进步为目的，打倒反对这一目的并妨碍它的，非人与人、国与国间之事，可看作乃一种宗教战争"。"若支那人在此次失败中吸取教训并领悟文明势力之可畏，自己改变错误，若能达到一扫四百余州之腐云败雾，仰望文明日新之恩泽，如多少之损失亦不足挂齿，应向文明之诱导者日本三拜九叩谢恩。"④

---

① 牙山の支那兵を一掃す可し（1894年7月20日）［M］//慶応義塾. 福澤諭吉全集：第14卷. 東京：岩波書店，1961：468.
② 支那政府長州征伐（1894年7月22日）［M］//慶応義塾. 福澤諭吉全集：第14卷. 東京：岩波書店，1961：476.
③ 支那人に勧告す（1894年7月28日）［M］//慶応義塾. 福澤諭吉全集：第14卷. 東京：岩波書店，1961：489-490.
④ 日清の戦争は文野の戦争なり（1894年7月29日）［M］//慶応義塾. 福澤諭吉全集：第14卷. 東京：岩波書店，1961：491-492.

此后，福泽谕吉又对将要发生的中日之战是"文野之战"进一步进行了说明。他说，中国人"几千年来被儒教主义腐蚀，完全成了化石，不得不承认多少接触到世界之风潮，但自身毫无革新之精神。他等为自身谋求，长时间保守腐败之境界，自己可安于守旧。文明之风潮激进，不允许他等一直安眠，自己果真毫无奋起之精神，决不能怀疑早晚借他人之手会有大变动之时。观如今之形势，其风潮逐渐扫荡四百余州之全土，破坏一切之旧物，为创造新组织，打倒今日满清政府之时机已为期不远"①。

福泽谕吉所谓"文野之战"可以说是其此前主张的"东洋盟主论""脱亚论"的延续，都是以其具有西方殖民主义特点的文明观为理论基础的对外观的具体表现，为日本侵略中国寻找的借口，其目的就是使日本对中国的侵略正当化。

（二）"对华侵略论"——日本正式宣战后福泽谕吉的对华认识

1."对华侵略论"

8月1日，中日双方正式宣战。4日，福泽谕吉发表《宣战诏书》一文，称"通常，国民认为此次战争乃关系到帝国命运之关键，抛弃平生所有之事将精神倾注于此，若为了我国之利益，不要忽视一言一行、一品一物之微，致诚奉公，全国国民一致，倾注毕生之精力收获最后之大胜利、大名誉"②。

听闻日本海陆军在丰岛及牙山战役取得胜利，福泽谕吉感到非常"喜悦"，认为中国肯定会在战争中失败。他说，日本军队将在海上、陆上大败中国军队，"不出数旬，在朝鲜会出现一个清军亦没有之程度"。对中国来说，向日本求和才是上策，虽然中国将在朝鲜完全败北，失去立足之地，但依靠其大国之大不易求和，还会不断地逞其虚喝。而日本的策略是，"只有以迅雷不及掩耳之势的决断以伐其谋，我辈不甚希望使其在朝鲜之势力受挫之基础上，直接以陆海军之全力突进直隶湾冲击其根据地，

---

① 満清政府の滅亡遠きに非ず（1894 年 8 月 1 日）［M］//慶応義塾. 福澤諭吉全集：第 14 卷. 東京：岩波書店，1961：495-497.

② 宣戦の詔勅（1894 年 8 月 4 日）［M］//慶応義塾. 福澤諭吉全集：第 14 卷. 東京：岩波書店，1961：498.

使出所谓扼其喉击其背之策略，一举解决"，在冬季来临之前了结此事。"以东洋文明之先进自居之日本人"，"要有思想准备为了世界文明而战"，对中国"在头顶上给予大之打击，启迪愚昧国人之愚昧，重要的乃要以使其真实悔悟，以在文明门前不投降则不停止之决心，前进到底"①。此后，福泽谕吉还对中国海军进行了讽刺，认为"由于中国人爱好钱财，用钱财就可以诱使船员投降"②。这完全体现了福泽谕吉对中国人的侮辱与偏见。

对于已经爆发的甲午战争，福泽谕吉认为，毫无疑问日本军队会战胜经陆路到达朝鲜的中国援军，并最终完全消除中国的"妨害"，达到日朝两国达成协议自由进行"改革"的目的。为了防止中国"妨碍"朝鲜的"改革"，同时除去中国对日本的"无礼"，日本应该"惩戒其无神经之老大国人"，不允许中国插手朝鲜的"改革"，要其真实悔悟，对其"无礼"真实地谢罪，"倾尽我之精锐，扼其咽喉，让其感到无限之烦恼"。若要扼住中国的咽喉，就要以海军突破中国的海军根据地威海卫，陆军登陆，直指北京，使其缔结"城下之盟"。除此之外，陆军还可以从"义州前进，进入并占领盛京，断绝它同黑龙江、吉林满洲地方之联络，以此对付遥远之北京时，其痛苦恰如占领其首府一般，忽然呈现出窘迫之色"③。福泽谕吉进一步称，应该先占领中国东北盛京、吉林、黑龙江三省，发布日本的政令，归入日本版图，"等待明年春天积雪融化之际直接攻陷北京，进一步蹂躏其四百余州"，如果中国不能真正地表示投降并求和的话，"不单单乃满洲三省，支那帝国四百余州最终会非支那所属"④。日本应"以迅雷不及掩耳之势迅速决断，使敌人表示降伏之实，在国内敌忾之形势中，勇

---

① 直に北京を衝く可し（1894 年 8 月 5 日）［M］//慶応義塾. 福澤諭吉全集：第 14 卷.
　　東京：岩波書店，1961：499-501.
② 支那軍艦捕獲の簡便法（漫言）（1894 年 8 月 7 日）［M］//慶応義塾. 福澤諭吉全集：
　　第 14 卷. 東京：岩波書店，1961：504-505.
③ 必ずしも北京の占領に限らず（1894 年 8 月 9 日）［M］//慶応義塾. 福澤諭吉全集：
　　第 14 卷. 東京：岩波書店，1961：506-507.
④ 取り敢へず満州の三省を略す可し（1894 年 8 月 11 日）［M］//慶応義塾. 福澤諭吉全
　　集：第 14 卷. 東京：岩波書店，1961：511-512.

气未受挫之时，让事情早早地宣告结束，乃眼下之策略"①。

其间，福泽谕吉还带头积极劝说日本国民为日本政府捐款。他说，"今日，讨厌捐款之福泽谕吉说欲义捐私金，谕吉绝非疯狂，仅乃因作为日本国民，考虑国事之前后缓急做出此义举"。福泽谕吉"义捐"1万日元，认为"夺去了老生余下来之乐事，并进一步在家计上担心，但所谓乐事，不会比在文明世界增加我国之势力，我国国民对外感到光荣时之愉快更好"②。

9月15日，日本军队对守卫平壤的中国军队发动总攻，中国军队战败，于21日撤回国内。17日，黄海海战爆发，日本海军战胜了中国的北洋舰队，取得了制海权。

9月15日，福泽谕吉就提出了他认可的讲和条件：一是中国承认朝鲜的独立；二是朝鲜以自身的兵力足可以保证独立之前，中国的威海卫以及旅顺口的炮台应交予日本人之手，禁止中国北洋舰队到渤海湾之外，同时在接近中国国境的朝鲜义州屯驻若干的日本军队，以备"不测"。此外，福泽谕吉还主张，在战争中不能给中国求和的机会，要直接侵入中国，使其投降。③

对于日本在平壤之战中取得的胜利，福泽谕吉认为"虽然愉快至极，但战争仅乃告一段落"，希望在中国北方冬季来临之前使其签订"城下之盟"。对于中国的乞和要断然拒绝，如果日本答应的话，则将"更加深其迷惑，使其傲慢之心更加高涨，可以说不仅违背出师之目的，还受到其侮辱"④。

对于一部分外国人认为此次战争由于中国地广人多，日本只是取得一

① 人心の变化图る可らず（1894年8月15日）[M]//慶応義塾. 福澤諭吉全集：第14卷. 東京：岩波书店，1961：519.
② 私金义捐に就て（1894年8月14日）[M]//慶応義塾. 福澤諭吉全集：第14卷. 東京：岩波书店，1961：515-517.
③ 半途にして請和の機会を得せしむ可らず（1894年9月15日）[M]//慶応義塾. 福澤諭吉全集：第14卷. 東京：岩波书店，1961：564.
④ 平壤陷りたり（1894年9月18日）[M]//慶応義塾. 福澤諭吉全集：第14卷. 東京：岩波书店，1961：568-570.

时的胜利的说法，福泽谕吉进行了反驳。他认为，中国虽地广人多，但不一定有兵源，并称李鸿章的精兵是"毫无军纪之乌合之众"，更何况其他军队；其义兵"仅乃集聚了乞食流民之徒，只不过乃授给现有之兵器"，"支那之大兵不值得害怕"。"一处要塞、一艘船、一支枪、一把剑，虽说微不足道，一个亦不剩地破坏、占领，迅速地进攻他老大国之命门盛京、直隶两省，一击之下可毙之，大国之大，对他来说不值得依赖，对我不值得害怕，重要的乃增加加害之速度，只有祈祷其被害广且大。"①

10月12日，福泽谕吉再次表示应拒绝讲和，认为若今日如此收兵讲和，不仅未达到惩罚中国的目的，世界万众也会对日本的国力给予很低的评价，会说"虚假之文明果真不能战胜原来之野蛮"，甚至加以蔑视。今后，日本要有继续战争到底的觉悟，不仅要占领北京，还要"继续前进蹂躏其四百余州，最终让其表示降伏之实，哪怕费再多之时日亦绝不停止，要充分达到我之目的"②。同时，面对国外的仲裁，福泽谕吉表示要拒绝接受。③

福泽谕吉除了在舆论上积极鼓吹对中国的侵略外，还积极为日本对中国的侵略出谋划策、鼓舞士气。同时，福泽谕吉还以身作则为日本的侵略战争积极带头捐款，以实际行动来表达对日本侵略中国的支持。这完全体现出福泽谕吉是一个战争的狂热支持者。

2. 对旅顺大屠杀的评论

如前所述，9月中旬，清政府陆军败于平壤之役，海军败于黄海海战。此后，日军兵分两路侵入我国东北，一路在花园口登陆，于11月6日攻占金州，8日攻陷大连湾。21日，日军攻陷京津海上通道的战略要地旅顺口。至24日，日军在旅顺口进行了为时四日的惨无人道的大屠杀，共杀

---

① 支那の大なるは恐るるに足らず（1894 年 9 月 23 日）［M］//慶応義塾. 福澤諭吉全集：第 14 卷. 東京：岩波書店，1961：572-575.
② 時日の遅速を云う勿れ（1894 年 10 月 12 日）［M］//慶応義塾. 福澤諭吉全集：第 14 卷. 東京：岩波書店，1961：595-597.
③ 若しも英国の仲裁談あらば（1894 年 10 月 27 日）［M］//慶応義塾. 福澤諭吉全集：第 14 卷. 東京：岩波書店，1961：618-620.

害无辜群众两万余人。①

11 月 29 日，美国纽约《世界报》（*The Word*）刊登了发自中国烟台的一则电讯，报道了从旅顺逃至烟台的难民讲述的旅顺大屠杀的情况：日军占领旅顺后对群众不分老幼地进行了残忍的杀害。② 12 月 3 日，伦敦《泰晤士报》（*Times*）又刊载了当时驻旅顺记者柯文（Thomas Cowen）有关旅顺大屠杀的一篇报道，内容大致相同。③ 12 月 12 日，《世界报》在第一版刊发了克里尔曼（James Creelman）从日本横滨拍发的标题为《日军大屠杀——〈世界报〉随军记者关于旅顺屠杀事件的报告》的电讯，这篇不足200 字的电讯充分揭露了日本人在旅顺的暴行，并引起了国际舆论的广泛关注。日本政府面对这一尴尬局面，根据伊藤博文"完全采取辩护之手段"的方针，采取了一系列的应对措施，其中之一就是发动日本报纸为日军暴行进行辩解。④

12 月 14 日，福泽谕吉在《时事新报》上发表《旅顺杀戮乃无稽之流言》一文，对日本国外媒体关于日本在旅顺进行大屠杀事件的报道进行了辩解，企图掩盖日军的暴行。他说，"局外悠然之外国人等，尚未注意事情之前后，一时被一处意外之事夺取了耳目，匆匆旁观、匆匆判断之时，如此之评论并非无礼之事，但事情之当局者我日本之国民关于我军队之举动不能漫不经心地忽略，敏锐地观察其一举一动乃人之常情，自己不同于外人。因此关于旅顺之事，以我辈此前所能观察之情况来看，我军人杀戮无辜之支那人，实际上可谓乃毫无痕迹之误报"⑤。

福泽谕吉进行了进一步的辩解，称"旅顺战争杀死之敌人稍稍多了些乃事实，因此外国人等仅统计其数字容易做出如此之说法，但此自然乃迫不得已之事，旁观者不得而知。此次旅顺之炮台乃支那兵竭尽全力守卫之

---

① 中国共产党旅顺口区委员会，大连市旅顺口区人民政府. 甲午百年祭重修万忠墓碑记 [Z]. 1994-12-21.

② [N]. The Word, 1894-11-29.

③ [N]. Times, 1894-12-03.

④ 戚其章. 西方人眼中的旅顺大屠杀 [J]. 社会科学研究，2003（4）：126-127.

⑤ 旅順の殺戮無稽の流言（1894 年 12 月 14 日）[M] //慶応義塾. 福澤諭吉全集：第 14 卷. 東京：岩波書店，1961：666.

地方，事实上兵力有一万五六千之多。我军队奋战攻陷之后，他等之多数即刻四散逃跑。其逃跑之士兵混入市街之平民家中偷取衣物，脱下军服换之，虽化装成普通之市民，但未扔掉武器，潜伏于各地，我士兵一进入市街，虽然隐藏，但发炮进行抵抗，甚是危险。与此相比，不得已搜索平民家之屋内找出化装之士兵进行杀戮"①。

福泽谕吉称，由于中国军队在牙山之战与平壤之战中"不知廉耻""无信无义"，在旅顺战役中不能再受其欺骗，认为"杀死感觉奇怪者乃正当之处置，仅乃出于不得已之正当防卫。或其蒙受杀戮之人中，实际上有的并非士兵，多数乃无辜之人民之说法，我辈毫不犹豫地断言完全乃无稽之谈"②，并举例说日本军队登陆金州几乎用了一个月的时间，旅顺市民有足够的时间逃走，而且金州登陆后，道台已经逃走，"满街之男女老少在道台逃走前后亦效仿其全部逃之"③。

12月20日，《世界报》以两个版面刊载了里克尔曼的长篇通讯《旅顺大屠杀》。该通讯是根据其本人在日军旅顺大屠杀期间的亲身经历写就。该通讯还在大标题之下列出了骇人听闻的内容提要，如"屠杀继续了3天"，"日本兵至少残杀了2000名无力的抵抗者"，"大山大将及其部下没有试图阻止屠戮行为"，"街道上充满了残缺不全的男女老少的尸体，而日本兵则在一旁得意洋洋（扬扬）"，"市街每个角落都被抢掠一空"，"店铺主人被枪杀或刀劈"等。文章开头便指出，旅顺大屠杀绝不像日本人宣传的那样是"文明与野蛮的冲突"，而是一场"野蛮的征服战争"，"日本已经撕下了面纱，在刚刚过去的4天里把文明踏在了它的征服军脚下"，"攻取旅顺的故事将成为历史上最黑暗的一页"④。克里尔曼的这篇通讯在西方世界引起的一系列连锁反应，使日军在旅顺的大屠杀罪行昭彰天下。

---

① 旅順の殺戮無稽の流言（1894 年 12 月 14 日）［M］//慶応義塾. 福澤諭吉全集：第 14 卷. 東京：岩波書店，1961：667.

② 旅順の殺戮無稽の流言（1894 年 12 月 14 日）［M］//慶応義塾. 福澤諭吉全集：第 14 卷. 東京：岩波書店，1961：668.

③ 旅順の殺戮無稽の流言（1894 年 12 月 14 日）［M］//慶応義塾. 福澤諭吉全集：第 14 卷. 東京：岩波書店，1961：668.

④ 戚其章. 西方人眼中的旅顺大屠杀［J］. 社会科学研究，2003（4）：128.

面对这一局势，日本舆论掀起了声讨克里尔曼的浊浪，对其本人及其发表的文章进行口诛笔伐。①

30 日，福泽谕吉发表《关于外国人对我军队举动之评论》一文，称由于美国纽约的《世界报》率先报道了以《日军大屠杀》为题目的有关日军在旅顺屠杀的事件，引起了社会的哗然。② 福泽谕吉认为"仅以此事来看，敌兵当中死者很多不值得奇怪。说被害者的多数是无辜之市民完全乃无稽之虚言，死于我国士兵刀枪下的皆乃支那士兵。其通常被认为乃士兵之原因，不外乎因其为免于被日本士兵攻击，狡猾地脱掉军服化妆（装）成普通人之样子。其证据是，检查在旅顺被杀支那人尸体时，所有的仅其外衣乃普通人之衣物，内衣及鞋子等皆乃支那兵平时所使用之物，可以说一看便知乃军人"③。

同时，福泽谕吉认为，欧美列强对日本的偏见是产生日本人制造了旅顺大屠杀这种看法的根源，称"在欧美的凡俗社会不仅还有许多人不知日本，而且他祖先以来之先入为主，又看到他多年来盲目相信之劣等国突然日趋全盛，心里暗自有不悦之私情"④。

综观福泽谕吉对日军旅顺大屠杀事件的评论，可以得出以下几点结论：一是福泽谕吉对日军旅顺大屠杀的掩盖与辩解完全追随了日本政府的对外政策，为日本的对外政策摇旗呐喊；二是福泽谕吉将中国人说成"不知廉耻""无信无义"之人，完全体现出其对中国人根深蒂固的偏见；三是福泽谕吉进行的种种掩盖与辩解掩盖不了旅顺大屠杀的事实，他的极力掩盖与辩解，正好说明了其在甲午战争开战前主张的"文野之战"只是鼓吹日本侵略中国与朝鲜的借口。

3. 对中国提出媾和谈判的否定

① 戚其章. 西方人眼中的旅顺大屠杀 [J]. 社会科学研究, 2003 (4)：128—129.
② 我軍隊の挙動に関する外人の批評（1894 年 12 月 30 日）[M] // 慶応義塾. 福澤諭吉全集：第 14 卷. 東京：岩波書店, 1961：675.
③ 我軍隊の挙動に関する外人の批評（1894 年 12 月 30 日）[M] // 慶応義塾. 福澤諭吉全集：第 14 卷. 東京：岩波書店, 1961：675.
④ 我軍隊の挙動に関する外人の批評（1894 年 12 月 30 日）[M] // 慶応義塾. 福澤諭吉全集：第 14 卷. 東京：岩波書店, 1961：676.

日本第二军占领旅顺后，于12月6日夺取了复州城；第一军于10月25日占领虎山后，至12月13日又分别占领了九连城、安东县、凤凰城、连山关、岫岩、拆木城、营城子以及海城。

至此，福泽谕吉认为清政府的失败已不可避免，称"可怜支那皇帝以素车白马投降于我军门，否则蒙尘于偏僻之地，除苟且偷生外毫无他策。腐败政府之末路就在眼前"。而若中国改变"错误"向日本求和，则可以避免灭亡，但在国内可能会引起革命，中国可能会出现四分五裂、群雄割据的局面，日本也不能错过如此良机。日本是促成此次机会的"主动者"，到最终分割时有权利占据最重要地方之最有利的部分，必须选择面向中原可大力伸张的立足之地。①

旅顺失陷后的次日，美国驻华公使田贝受清政府委托，通过美驻日公使转达了以清政府赔款与朝鲜独立为内容的中方议和条件，但遭到了日本政府的拒绝。② 清政府为了探寻日本的媾和条件，决定派天津海关税务司德国人德璀琳赴日。德璀琳携带李鸿章致伊藤博文的照会于12月16日抵达神户。③ 伊藤博文以德璀琳不是正式使节为由，拒绝会见，并声明不能接受清政府提出的议和条件。④

对于清政府的媾和请求，福泽谕吉表示了"强烈之怀疑"，认为清政府在此之前有数次机会可以乞和，旅顺的失陷不足以促成其乞和，称"在北京政府之根本主义上，投降不被允许"。日本要有思想准备将战争进行到底，拒绝清政府的乞和，"要追究到底，最终攻入北京，事实上不外乎生擒其皇帝，逮捕其亲王大臣等，使其臣服于我军门"⑤。

1895年1月1日，在漫言《明治二十八年之新年礼物》一文中，福泽

---

① 眼中清国なし（1894年12月13日）[M] //慶応義塾. 福澤諭吉全集：第14卷. 東京：岩波書店，1961：664-665.
② 曹中屏. 朝鲜近代史 [M]. 北京：东方出版社，1993：187.
③ 陸奥宗光. 蹇蹇録 [M]. 東京：岩波書店，1967：165-166.
④ 信夫清三郎. 日本外交史：上册 [M]. 天津社会科学院日本问题研究所，译. 北京：商务印书馆，1980：273.
⑤ 媾和の申出甚だ覚束なし（1894年12月20日）[M] //慶応義塾. 福澤諭吉全集：第14卷. 東京：岩波書店，1961：669-672.

谕吉对清政府提出的媾和要求进行了臆测，认为中国会向日本提出返还旅顺口的要求。他说，旅顺口是世界知名的要塞，大概值 6 亿两白银。若旅顺口与 6 亿两白银进行交换，日本占领大连湾至金州北部间之土地，当中国人违反条约时，日本再次出兵占领旅顺口，这样再次交换的话又是 6 亿两白银，前后共 12 亿两白银。如孔明的七擒七纵，以旅顺口作为诱饵，七度返还七度赔偿，合计 42 亿两白银。这些钱 "作为明治二十八年一月之新年礼物，且作为战胜之喜悦，向国内四千万人每人发放五十元如何"①？在此，福泽谕吉无比贪婪、无比无耻的本性暴露无遗，从一个文明论者完全转变为一个极力鼓吹武力侵略的军国主义者。

对于讲和条件，福泽谕吉认为清政府除了承认朝鲜独立外，还要支付赔偿金。要求支付赔偿金有三个理由：一是赔偿日本的军费；二是这次战争直接或间接地使日本的企业荒废，给日本国民带来了巨大的损失；三是为了使中国表达谢罪之实，赔偿的金额不能少，应以几亿两来计算。并且，福泽谕吉还提出要割让土地，称日本军队侵占的土地永久地划入日本版图，将要进军占领的土地一点儿也不能返还。作为要害的旅顺、盛京、山东，无论是在军事还是发展生产上，都大有利益可图。当清政府要求返还这些土地时，日本应指定与此相仿的地方进行交换。"不要装作所谓之仁义之情或因顾忌局外人之议论而白白地返还，我辈认为断不可取。"②

同时，福泽谕吉认为，"为了谋求我国之实际利益，亦为了考虑东洋全面之和平，实际上不得不说媾和尚早"。由于中国腐败，日本与它作战 "不可能不获胜，攻之即取，以如此之趋势进攻，不用说威海卫，天津、北京亦已乃日本掌中之物。日本战胜之区域越广，相应地一扫他腐败之气的区域亦就越广，使文明空气流通，即成为日本之荣誉、利益，东洋从今日始将实现真正之和平"③。

---

① 明治二十八年の御年玉（漫言）（1895 年 1 月 1 日）［M］//慶応義塾. 福澤諭吉全集：第 15 卷. 東京：岩波書店，1961：5-6.
② 容易に和す可らず（1895 年 1 月 17 日）［M］//慶応義塾. 福澤諭吉全集：第 15 卷. 東京：岩波書店，1961：24.
③ 容易に和す可らず（1895 年 1 月 17 日）［M］//慶応義塾. 福澤諭吉全集：第 15 卷. 東京：岩波書店，1961：24-25.

1月14日，清政府已派张荫桓、邵友濂为全权大使赴日本求和，31日抵达广岛。日本认为现在停战于己不利，于2月2日以中国全权代表委任状不完备为由，拒绝会谈。①

关于清政府使节张荫桓等到日本希望进行谈判，福泽谕吉称，若因媾和而想要休战，作为休战的条件是，让清政府解散军队，如军舰、炮台等全部交给日方代管等；若清政府的决心尚未达到此种程度，休战之谈不可简单地实行。② 福泽谕吉还认为，作为媾和使节来到日本的张荫醒、邵友濂等其实并非正式的全权代表，而是传达人，日本当局者应拒绝与其交换意见，直接让其回国。这样可能大大地刺激清政府，因此日本要更加坚决地将战争进行到底。③

对于日本在拒绝清政府媾和请求时采取的强硬政策，福泽谕吉也进行了辩解，认为清政府虽是不得已乞和，但其绝不甘心。日本提出的媾和条件是为了使清政府不再有复仇的力量。他说，提出的赔偿金、割让土地以及其他媾和条件，日本不满意的不用解释而直接废除，重新要求日本希望的条件，是满足还是再战，二者任清政府选择，不外乎以纯然的胁迫主义对待清政府。乘战胜之势看起来虽然很贪婪，但只是为了削减其力量，防止其再度举事。赔偿的金额不能只是延缓清政府军备扩张的程度，除了为其剩下只能平稳地设立政府的费用外，不能再有剩余。旅顺口、威海卫是能置北京于死地的要塞，必须纳入日本的版图。盛京一带也可作为保护朝鲜的"防卫线"，把它作为日本的掌中之物，"使其断绝不仁不义之老大国再次窥视鸡林之野心"。其他如山东或台湾等地，根据今后的形势，可占领的地方要努力地扩大其区域，削弱清政府在政治上、贸易上的势力，必

① 信夫清三郎. 日本外交史：上册［M］. 天津社会科学院日本问题研究所，译. 北京：商务印书馆，1980：277-278.
② 講和の談判如何（1895年1月31日）［M］//慶应義塾. 福澤諭吉全集：第15卷. 東京：岩波書店，1961：39.
③ 清廷意向如何（1895年2月12日）［M］//慶応義塾. 福澤諭吉全集：第15卷. 東京：岩波書店，1961：63.

要的是使其恢复无望。①

福泽谕吉拒绝中国提出媾和谈判要求不外乎是为了在此后的谈判中占据主动地位、获取最大的侵略利益。这充分体现出福泽谕吉贪婪的本性，也完全暴露出其所谓"文野之战"的欺骗性。

4. 对外国关于媾和谈判指责的辩解

甲午战争开始后，欧洲列强都在关注着东亚的时局，希望得到加以利用的机会。当清政府乞求列强调停时，除英国外都拒绝了调停请求，英国的调停也并未取得成功，但欧洲列强在不愿意日本乘胜追击而使中国陷于崩溃，并尽可能不使日本因速行停战而提出过大的要求这一点上意见一致。

对于欧洲列强所谓中日战争影响了其贸易利益的说法，福泽谕吉为日本进行了种种辩解，其辩解经历了一个由强变弱的过程。首先，福泽谕吉认为战争不会影响到其他国家的贸易利益，中国的灭亡将为世界扩大贸易的范围，从商业利益上来看"毋宁说是可喜的"。若着眼于此，外国关于日本对清政府的谈判要求应该没有异议。② 其次，对于欧洲列强由于日本完全吞并中国会给通商贸易带来影响的担心，福泽谕吉称"吾日本人断言，绝非欲完全消灭清朝，丝毫不用担心"，甲午战争不会给与中国通商的各国带来损害。他进一步称，由于外国人担心中国的覆灭使其商业利益受损，对此日本人的理解更加敏锐。总之，此次战争不仅不会伤害同中国进行通商的各国之利益，而且结束之后会让各国更加高兴。③ 最后，福泽谕吉认为日本利用此次战争可以打开中国闭关锁国的大门，"逐渐地让其进入通商贸易之佳境，此乃永远唯一之目的"，"因此，日本对于支那之方

---

① 外戦始末論（1895 年 2 月 1 日—2 月 7 日）［M］//慶応義塾. 福澤諭吉全集：第 15 卷. 東京：岩波書店，1961：40-42.
② 外国干渉の説、聞くに足らず（1895 年 1 月 18 日）［M］//慶応義塾. 福澤諭吉全集：第 15 卷. 東京：岩波書店，1961：27.
③ 清朝の覆滅は日本の意にあらず（1895 年 2 月 24 日）［M］//慶応義塾. 福澤諭吉全集：第 15 卷. 東京：岩波書店，1961：79-81.

略仅乃专门为了使其通商变得便利，真的乃思想单纯，毫无他意"①。

福泽谕吉的辩解经历了从"灭亡中国"到"不想完全消灭"再到"打开中国闭门锁国之大门"的变化过程，从中可以看出福泽谕吉鉴于日本自身以及欧洲列强的实力而屈服于欧洲列强，同时其也在掩盖日本侵略中国的真实目的。

除此之外，福泽谕吉还在其他几个方面对日本侵略中国的事实进行了辩解，以此来证明反对欧洲列强劝告的"正当性"。第一，对于由于甲午战争影响了通商利益，欧洲列强要对战争进行干涉的传闻，福泽谕吉表示主要是因为他们以前不知道中国对他们的看法，也不了解中国的真实情况，称"以前中国人认为与日本人相比欧洲人更接近兽类，日本人更接近人类"，如今的中国"自庙堂到士兵、人民，上下甚是腐败"②。第二，对于欧洲列强希望日本不要对中国提出过于苛刻的要求，迅速恢复和平的劝告，福泽谕吉称战争不能停止是为了"杀减其复仇能力"，"乃解除后患之方法，乃正当防卫之道"。同时，福泽谕吉还认为欧洲列强的忠告不是为了中国，也不是为了日本，"其各国仅乃依靠自身之腕力，以此次战争为契机为自身博取利益"③。第三，福泽谕吉又以"文野之战"为借口来为日本对中国的侵略进行辩解。他说，此次战争中"日本与支那相对，乃文与不文相邻，我新鲜之文明国，他数千年之老腐儒国，引起冲突乃必然之趋势，从前英法等每与支那进行交战，若亦探求深层次之缘由，亦只不过乃文与不文之冲突"。"文明国之老师仅乃为了文明履行天职，虽说一时之战争损害了一时之和平，但使其腐败国政府进一步靠近文明之方向，救其国民于不文之涂炭之中，乃损害和平而又维护和平之法。"④

① 横字新聞一種の論説は信ずるに足らず（1895 年 3 月 3 日）［M］//慶応義塾. 福澤諭吉全集：第 15 卷. 東京：岩波書店，1961：86-87.
② 日本人と西洋人（1895 年 2 月 23 日）［M］//慶応義塾. 福澤諭吉全集：第 15 卷. 東京：岩波書店，1961：76-78.
③ 欧州諸国の忠告（1895 年 3 月 1 日）［M］//慶応義塾. 福澤諭吉全集：第 15 卷. 東京：岩波書店，1961：81-82.
④ 横字新聞一種の論説は信ずるに足らず（1895 年 3 月 3 日）［M］//慶応義塾. 福澤諭吉全集：第 15 卷. 東京：岩波書店，1961：86.

可见，福泽谕吉反对外国劝告的"理由"主要有两个：一是夸大清政府的腐败及"野蛮"的现状；二是将日本划为等同于欧美国家的"文明国"，进而将对中国的侵略战争粉饰为"文野之战"。福泽谕吉的这两个所谓"理由"，都是为了使日本对中国的侵略正当化，同时最大限度获得侵略利益。

5. 对李鸿章赴日谈判及遇刺后的评论

如前所述，此前日本以中国全权代表张荫桓、邵友濂的委任状不完备为由，拒绝会谈。2月17日，日军占领了刘公岛威海卫海军基地，北洋舰队全军覆灭。同日，日本声称，中国另派大臣，须有允偿军费、朝鲜"自主"、商让土地及与日本日后办理交涉能画押之全权。慈禧太后急欲求和，决定派直隶总督兼北洋通商大臣李鸿章赴日求和。①

早在1894年12月20日发表的《媾和之申请甚是可疑》一文中，福泽谕吉就对李鸿章作为谈判使节来日本进行媾和谈判进行了想象。② 此后，在《责任在李鸿章》一文中，福泽谕吉认为甲午战争可以说完全是李鸿章一人所为，包括此前发生的云扬号事件、壬午兵变、甲申政变、金玉均被害等事件中，中国的所作所为也都是出自李鸿章的想法，其必须作为使节来处理如今中国的危机。③ 如果李鸿章作为使节来日本谈判的话，谈判可以达成协议。李鸿章最可以依赖的是国外的仲裁，向国外列强诉说对商卖利益的损害，"恰如决死怨妇之怨言"，但列强是与没落的中国结成友谊，还是怨恨战胜的"文明国"日本，可以很容易地分辨。外国人的意见将左右李鸿章关于谈判的决定，如果列强放弃中国的话，此次的使节"完全犹如将要被宰割之羔羊"④。

3月19日，李鸿章携带全权委任状，到达日本马关港（今日本山口县

① 戚其章. 甲午战争史［M］. 上海：上海人民出版社，2005：390-391.
② 媾和の申出甚だ覚束なし（1894年12月20日）［M］//慶応義塾. 福澤諭吉全集：第14卷. 東京：岩波書店，1961：672.
③ 責、李鴻章にあり（1895年3月1日）［M］//慶応義塾. 福澤諭吉全集：第15卷. 東京：岩波書店，1961：83-84.
④ 責、李鴻章にあり（1895年3月6日）［M］//慶応義塾. 福澤諭吉全集：第15卷. 東京：岩波書店，1961：90-91.

下关市），随后与日本全权代表伊藤博文展开谈判。24 日，李鸿章在谈判之后返回使馆的途中，遭到了日本浪人小山丰太郎（六之助）的袭击，面部受伤。李鸿章遇袭后，日本的担心有两个方面：一是怕李鸿章借此回国，中断谈判；二是怕列强趁机进行干涉。①

关于李鸿章遇袭，福泽谕吉认为李鸿章作为全权使节到日本进行媾和谈判，在谈判将见"可喜之结果"时遭到了袭击，称袭击者小山丰太郎是"天地不容之国贼"。清政府能担任全权大使的只有李氏一人，若其不能马上痊愈的话，清政府应迅速派出继任者。日本如此急于谈判，其实不是为了日本，而是"为了中国考虑"，拖延一日，对中国的"危害"就会更大。到双方缔结条约并得到批准前，日本有能力一直攻入北京达到最后的目的。② 可见，福泽谕吉在极力掩盖其希望尽快得到即将到手的侵略利益的急迫心情。

3 月 28 日，日本承诺休战。对于日本政府宣布休战一事，福泽谕吉对此表示了反对，认为休战"乃不辨事情公私之愚论，乃不分人情道理之妄说，从根本上要痛斥它"，"以此不幸之事左右日清之关系，甚是无稽之谈"③。并且，福泽谕吉进一步认为，"休战白白错过可得到利益之时机，今日媾和谈判之出现乃赌上日本国民之生命才得到之成绩，见李鸿章受伤即提出休战，却不考虑日本军人之千辛万苦，忽视其辛苦死伤之成绩"，"从义侠心来说，可谓乃沉醉于对一人之小义侠而忘却了酬谢万人之大义侠"，不能让中国得到"借口"。福泽谕吉还通过分析李鸿章在清政府的地位及清政府内部的派系斗争，认为"不仅不能相信李鸿章，还不能承认北京政府之诚心诚意，我辈敢断言今日和平之机会还未成熟"④。

3 月 30 日，中日双方签订了休战期为 21 天的休战条约。对此，福泽

---

① 戚其章. 甲午战争史［M］. 上海：上海人民出版社，2005：402-406.
② 凶汉小山六之助（1895 年 3 月 26 日）［M］//慶応義塾. 福澤諭吉全集：第 15 卷. 東京：岩波書店，1961：107-109.
③ 私の小義侠に酔ふて公の大事を誤る勿れ（1895 年 3 月 28 日）［M］//慶応義塾. 福澤諭吉全集：第 15 卷. 東京：岩波書店，1961：111.
④ 平和の機会未だ熟せず（1895 年 3 月 29 日）［M］//慶応義塾. 福澤諭吉全集：第 15 卷. 東京：岩波書店，1961：112-116.

谕吉感到非常"吃惊",认为对清政府来说,因为李鸿章被袭这样一件"小事",日本承诺休战是其"幸运",目前正是缔结条约、迅速结束战争之"良机"。但"支那人乃一种例外之人种,乃不能以常识来衡量之动物",日本承诺休战,会增加中国人对日本的轻蔑之念,以至于对日本更加侮辱。对于外国人的媾和劝告,福泽谕吉称清政府会认为西洋列强与日本"只不过乃同穴之狐狸","对好不容易之亲切劝告却表示怀疑,听不进去"。因此,福泽谕吉对和平之结局首先表示怀疑,认为至 4 月 21 日的期限之前或许就会出现大的破裂。①

对于有些人认为把此次休战约定作为和谈前兆,战争结束之日也必定为期不远的看法,福泽谕吉称"今日倡导和平恐怕为时尚早",日本只是在此次会见发表了谈判条件,可以明确没有终止战争之意。李鸿章申请休战之时,据说日本全权代表要求以山海关、大沽的炮台以及铁路作为担保。日本是出于对李鸿章不幸的同情才同意无条件地休战,但因此而"若想象既然日本允许了无条件之休战,谈判自然亦会有所让步,必定会大失所望,感到茫然"②。

4 月 10 日,伊藤博文向李鸿章提出了"改定条款节略",其中包括大量割让领土和赔款的条款,要求李鸿章只能用"允"与"不允"于 14 日下午 4 时做出明确答复。③

对此,福泽谕吉称"关于和平条约缔结之条件,据说已由我全权大使提出,他全权大使只能用诺否二字来答复。诺否二字可知和战与否,眼下之情况不必多说,被认为要迅速地自己决定"。同时,对于清政府希望欧洲列强进行仲裁一事,福泽谕吉认为清政府对于欧洲列强只能以利换取仲裁,"其利只不过是说要割让支那帝国之一部分土地,然而其土地不一定要主人割让,早晚诸强国自己亦不难得到,今日无条件地奉送与他日唾手

① 休戦条約の締結(1895 年 4 月 3 日) [M]//慶応義塾. 福澤諭吉全集:第 15 卷. 東京:岩波書店,1961:118–120.
② 休戦と平和と関係なし(1895 年 4 月 4 日) [M]//慶応義塾. 福澤諭吉全集:第 15 卷. 東京:岩波書店,1961:121–122.
③ 戚其章. 甲午战争史 [M]. 上海:上海人民出版社,2005:412.

可得，其实相同。帝国之版图终究会成为欧洲列强的掌中之物。为了得到其命运注定之一块土地不会损害日本人之感情，此非政治家所为，密约等说法不值得听信"。对于谈判的条件，福泽谕吉认为，"用日本人之鲜血换来之东西，决不可退让一步"。"眼下重要的乃直接同战争之对手支那进行谈判，只在于催促关于诺否二字之最后回答。"① 福泽谕吉完全与伊藤博文一唱一和，为日本对中国的侵略摇旗呐喊。

福泽谕吉希望谈判尽快结束，称"眼下进行之谈判，若其全权委员服从我所命令之条件，缔结条约的话就算了。若谈判破裂，战争再开之际，其计划更大，如今在外之兵员若大约乃 10 万，就增至 15 万、20 万，军费之支出更是不必吝啬，须有进入其内地直接攻入北京，一举解决事情，至六七月份全军皆奏凯歌返回国内的勇敢之决断"②。

4 月 17 日，中日双方签订了《马关条约》。同日，福泽谕吉发表《关于和平谈判之结局》一文，再次对日本发动战争进行了狡辩。他说，"本来日本人视支那帝国如第二个朝鲜，除了将它从顽固之世界引导至文明之境地之外，并无其他之想法。即朝鲜答应我之劝告走上了文明之路，支那顽固不听同我对抗，不得已只有大动干戈。既然本来之目的已经达到，因此在他悔悟之际，绝不对其进行过多之命令，使其痛苦"③。同时，福泽谕吉认为只有清政府按《马关条约》之规定完全履行完条约后，日本人才可以安心。④

在此期间，福泽谕吉发表有关中国问题的评论 40 余篇，可谓其关注的重点。其评论几乎完全追随了日本的对华政策，表现出对中国的强硬论，为日本的对华侵略及外交讹诈行为摇旗呐喊，同时也表现出其为了得

① 諸否の二字あるのみ（1895 年 4 月 10 日）［M］//慶応義塾. 福澤諭吉全集：第 15 卷. 東京：岩波書店，1961：128-130.

② 平和談判の結局に就て（1895 年 4 月 17 日）［M］//慶応義塾. 福澤諭吉全集：第 15 卷. 東京：岩波書店，1961：132.

③ 平和談判の結局に就て（1895 年 4 月 17 日）［M］//慶応義塾. 福澤諭吉全集：第 15 卷. 東京：岩波書店，1961：133.

④ 平和談判の結局に就て（1895 年 4 月 17 日）［M］//慶応義塾. 福澤諭吉全集：第 15 卷. 東京：岩波書店，1961：136.

到即将到手的侵略利益的急迫心情。《马关条约》缔结后，日本在中国得到了同欧洲列强相同的殖民利益，可谓是福泽谕吉主张的"脱亚论"得到了初步实现。

（三）"以欧洲列强为对手""中国之东道主"——"三国干涉还辽"后有关中国的评论

如前所述，在中日双方签订《马关条约》6 天后的 4 月 23 日，发生了"三国干涉还辽"。首先，福泽谕吉对于"三国干涉还辽"表示了不满，认为日本接受三国的劝告，并非日本的本意，并对日本国民提出了忠告。他说，"只有我日本国民满足于现状毫不动摇，一心一意培养国力之本，他年有朝一日，在东洋缓急之际，靠自身之力量不仅不允许他人插嘴，根据时宜由我进一步干涉他事，出没去留之间要大大地谋求我国之利益"①。可见，在中国以及朝鲜问题上福泽谕吉已把欧洲列强看作将来的对手，预示着日俄战争的爆发。此外，福泽谕吉还表示希望"救助"辽东半岛人民。② 日本是辽东半岛灾难的制造者，福泽谕吉反而要求日本进行"救济"，由此可见其"文明"外衣下虚伪的本质。

其次，对于李鸿章在马关谈判时提出的日中两国应结成同盟，共同维护东洋利益的说法，福泽谕吉认为"作为到底不可行之作（做）法，我辈断然排斥"。如果把东洋比喻成病人，日中两国共同进行治疗的话，"支那依然乃汉方之医者，日本乃文明之医者"，两者不能共事。中国老朽腐败达到了极点，只要如今的政府还存在，真实的同盟国就不可指望。如今之中国与幕末时期之日本相同，"已经失去了自立之能力，只不过乃保存了外形"。"总之，若今日之政府不灭亡，不见其新组织，两国之同盟不可指望。"③ 相反，福泽谕吉认为日本通过甲午战争"打开"了中国内地，中

---

① 平和条約の発表（1895 年 5 月 14 日）［M］//慶応義塾. 福澤諭吉全集：第 15 卷. 東京：岩波書店，1961：156.

② 遼東半島の人民を救恤す可し（1895 年 6 月 4 日）［M］//慶応義塾. 福澤諭吉全集：第 15 卷. 東京：岩波書店，1961：180–181.

③ 日清同盟到底行はる可らず（1895 年 6 月 6 日）［M］//慶応義塾. 福澤諭吉全集：第 15 卷. 東京：岩波書店，1961：181–182.

国已经成为世界工商业的竞争之地，日本人应该利用战胜的结果，作为"支那内地之东道主"，"今后要名副其实地站在东道主之位置上。关于工商界之事，要常常以主动者自居，不要落后于他人而失礼"，并鼓励日本企业到中国内地去"发展"。①

最后，福泽谕吉认为应该让清政府声明辽东半岛今后永远不能割让给任何一个国家。他说，原本日本作为战胜国的结果并非以占领半岛为目的，让如此要害之地存于中国之手将危害朝鲜的独立，进而给日本带来危害，因此担心影响到东洋全局之和平，作为永久和平的保证使中国割让。然而，俄、德、法三国政府承认此事，忠告此举将妨害东洋永久之和平。在俄、德、法三国看来，日本占领半岛等于危害了东洋之和平；从日本的利害来看，应该让清政府声明永远不会将半岛割让给任何一个国家，应该是最合理的处置。但观清政府的现状，本身的自立都毫无保障，即使声明也难以保证，"实际上让其真正声明在于我国之国力。或者说，若万一不见其声明，作为日本人只能承认其现状，将其作为真实之责任，成为我国人民之负担，今后亦永远不可忘记"②。福泽谕吉掩盖了最初日本割让辽东半岛的真实目的，并认为面对三国的干涉日本还没有足够的实力同俄、德、法三国对抗，提醒日本国民加强国力。

《马关条约》的签订，虽然可以认定福泽谕吉主张的"脱亚论"得到了初步实现，但"三国干涉还辽"的发生表明日本希望作为西方列强一员的身份并没有得到西方列强的认可，未完成"入欧"的目标。

1896 年 1 月 1 日，福泽谕吉发表《明治二十九年一月一日》一文，对日本在甲午战争中取得胜利表达了喜悦。他说，"神功皇后征服三韩已经久远，丰太阁之一举到底有何目的？历史所记不可明知。总之，如合并外国之土地，扩张日本之版图，乃自古以来我国日本人不可想象之地方。前年夏天，势如风般与清国开启战端，交战大约一年，海陆皆取得大胜，使

---

① 支那内地の企業を奨励す可し（1895 年 7 月 25 日）［M］//慶応義塾. 福澤諭吉全集：第 15 卷. 東京：岩波書店，1961：244.

② 遼東半島還附（1895 年 11 月 10 日）［M］//慶応義塾. 福澤諭吉全集：第 15 卷. 東京：岩波書店，1961：319-320.

敌人屈服，保全了战胜之名誉，收兵之结果乃得到先人不曾料想的版图之扩张，乃使自己意外吃惊之事"①。

综上所述，甲午战争时期，福泽谕吉基于其文明观提出日本与中国的战争是"文野之战"这一主张，为日本的侵略行为进行了粉饰，表现出对中国的极端蔑视，同时也为日本开启战端找到了"合理"的借口。"文野之战"是其"东洋盟主论"与"脱亚论"的延续，实质相同。积极鼓吹对中国的侵略、为日本的野蛮行径进行辩护等言论反映了福泽谕吉"文明观"的虚伪本质，其俨然是一名军国主义的支持者。

三、割占中国台湾后福泽谕吉的"台湾改革论"

（一）割台前后

中日《马关条约》明确规定台湾岛及其附属岛屿与澎湖列岛割让给日本。台湾被割让是日本侵略中国的产物，台湾作为中国不可分割的领土，在被割让前后，台湾人民都进行了轰轰烈烈的反割让斗争。

实际上，早在甲午战争结束前的 1894 年 12 月 5 日，福泽谕吉在《命令台湾割让之理由》一文中，已经提到了日本要割让台湾。他说，在清政府投降之际，日本要提出三个要求：承认朝鲜独立、缴纳赔偿金及割让土地。在割让土地一事中，他特别强调除了"其东北边之地势甚是适合掩护朝鲜"外，"甚至可以分割南方之台湾岛"。台湾"不仅有分割之理由，认为乃我国防上不得已之必要"②。福泽谕吉进一步对台湾在日本国防上的重要性进行了说明。他说，"台湾犹如我床边之鼾声，欲维持永久之和平，把它收归我有乃日本国最大之要务，在割让它方面有反对之人吗？我辈不敢说因日本之情况而夺取台湾，只是考虑到我边境冲绳之安全，为了从根本上断绝支那人之野心，即是边界之警戒，正当防卫之一种，我辈希望世

---

① 明治二十九年一月一日（1896 年 1 月 1 日）［M］//慶応義塾. 福澤諭吉全集：第 15 卷. 東京：岩波書店，1961：345.

② 台湾割譲を指命するの理由（1894 年 12 月 5 日）［M］//慶応義塾. 福澤諭吉全集：第 14 卷. 東京：岩波書店，1961：659-660.

人不要忽略此军事上之大理由"①。

马关谈判期间，台湾人民已经感到台湾地位岌岌可危。当得知中日双方签订休战条约，且明确规定台湾不在停战的范围内时，台湾人民群情激愤。《马关条约》签订的当日，台湾人民就获得了割台的消息，于是一场波澜壮阔的反割台运动在全岛迅速兴起。②

《马关条约》签订后的 1895 年 4 月 25 日，福泽谕吉在《新领地之处理》一文中提出了对于台湾的两种处理方法。一是使台湾成为"纯粹之新日本国"。他说，"新取得之帝国土地加入日本之版图，取得土地仅乃利用其地上之富源，不是非常介意人民之去留，去留任其自然，同时促进我国内国民之移民，使日本之领地居住多数之日本人，成为纯粹之新日本国"。二是将居住在台湾的中国人归化为日本人，"政府仅掌握地方之政权"。他说，"不仅化从前居住之支那人为日本人，使归化之方法变得更加容易，让其繁殖支那人种，政府仅掌握地方之政权，人事尽量按照旧例，不大逆民心，以此谋求全体之繁荣"③。

5 月 2 日，清政府批准《马关条约》。8 日，中日双方在烟台换约。10 日，日本政府即派海军大将桦山资纪为台湾总督兼海陆军司令官、接收台湾全权委员。

中日正式换约后，福泽谕吉又称获得台湾不仅在经济上获益，而且有利于维持日本军队的士气。他说，"此次之台湾，抵偿当前军费与政府费用之支出原本甚难，但气候温暖、物产丰富，乃今后有希望之土地，以海陆军之力保护之同时，端正政令，保证生命私有之安全，若使内外之人安心从事工业商卖，其繁荣昌盛乃必然，因此日本国民年年岁岁得到利益之处甚多，其利即国家永远之利益，抵偿军队与政府之费用应有余，乃我辈

---

① 台湾割讓を指命するの理由（1894 年 12 月 5 日）［M］//慶応義塾. 福澤諭吉全集：第 14 卷. 東京：岩波書店，1961：660.

② 戚其章. 甲午战争史［M］. 上海：上海人民出版社，2005：438-439.

③ 新領地の処分（1895 年 4 月 20 日）［M］//慶応義塾. 福澤諭吉全集：第 15 卷. 東京：岩波書店，1961：139.

今日断言保证之地方。然而台湾之利益不只限于此，可谓有更大之地方"①，"台湾之兵备恰如无异于给予了永远地维持军队士气之良机"②。

对于台湾各族人民的反抗，福泽谕吉称"或许在该岛之支那兵不容易听取政府之命令，有传闻称以必死之心拒绝引渡，不可避免地掺杂甚多，果真有如此之举动，只有以兵力镇压"③，"驯服其人民之手段甚为重要"④。对于台湾的处理，并不能像对待辽东半岛那样采取放任的手段，"从最初就决议采取干涉之方针，我辈相信早晚以日本化为目的实施所有之处置甚为重要"⑤。首先，日本政府应以日本法律在台湾实行禁烟，"或者如如此之严格执法之时，其人民不堪忍受自己离开，导致人口大大地减少，丝毫不用担心。日本内地之人口大约每年增加 50 万，以如此之比例可见十年间增加五百余万。内地增加之人口向外移民在经世上甚为必要，特别是从人口最稠密之九州地方移民非常便利，因此即使他等希望离去亦无妨，可计划宏大之移民填补其离去。总之，关于台湾之处理不把其人民放于眼中，以土地物产为目的，断然实行万般之新政乃我辈之希望"⑥。

6 月 14 日，桦山资纪到达台北，以善后局为台湾总督府。17 日，巡抚衙门举行"始政典礼"，将这一日定为"始政纪念日"⑦。

8 月 11 日，福泽谕吉在《台湾永远之方针》一文中谕，吉称对于领地的处理方法主要有两种：一种是如英国人对印度的处理，只顾利益；另一

---

① 台湾割讓の利益（1895 年 5 月 17 日）［M］//慶応義塾. 福澤諭吉全集：第 15 卷. 東京：岩波書店，1961：160.

② 台湾割讓の利益（1895 年 5 月 17 日）［M］//慶応義塾. 福澤諭吉全集：第 15 卷. 東京：岩波書店，1961：160-161.

③ 台湾の処分法（1895 年 5 月 22 日）［M］//慶応義塾. 福澤諭吉全集：第 15 卷. 東京：岩波書店，1961：161.

④ 台湾の処分法（1895 年 5 月 22 日）［M］//慶応義塾. 福澤諭吉全集：第 15 卷. 東京：岩波書店，1961：162.

⑤ 台湾の処分法（1895 年 5 月 22 日）［M］//慶応義塾. 福澤諭吉全集：第 15 卷. 東京：岩波書店，1961：162.

⑥ 台湾の処分法（1895 年 5 月 22 日）［M］//慶応義塾. 福澤諭吉全集：第 15 卷. 東京：岩波書店，1961：163.

⑦ 田珏. 台湾史纲要［M］. 福州：福建人民出版社，2000：151-153.

种是如英国人对北美的处理，向北美移民。①

这两种处理方法与福泽谕吉在《马关条约》签订前提出的处理台湾的两种方法已有所改变，并且明确提出将效仿英国对待北美的方式处理台湾问题，已不是其所谓"去留任其自然"而是将采取"驱逐""诛杀"等手段对待台湾人民，以便为向台湾移民创造条件，早日将台湾"日本化"。他说，"虽然如此天然之富源就在眼前，但其岛民等不考虑对其进行开发，依然安于贫弱至今，毕竟乃无知蒙昧蛮民之常情，不知殖产为何物，只依靠自然之结果白白浪费老天之恩赐。此乃所谓之暴殄天物，不能如此置之不理，况且已经归入我之版图，不允许将如此之天惠地富就如此交予顽民之手，大大地把内地之人民移民至那里去开发其富源才乃文明之本意。若政府之方针一决定，即使不催促内地人，希望移民的亦会甚多"②。对台湾"效仿他盎格鲁撒克逊人打开亚美利加大陆之笔法，无知愚昧之蛮民全部驱逐至境外，殖产上之一切权力掌握在日本人手中，确定把其全土都断然日本化之方针，步步实行可以期待永远之大利益，乃我辈希望之地方"③。

对于向台湾移民的原因，福泽谕吉进一步进行了解释，称日本的国土是一定的，人口在逐渐增加，如"养金鱼之方几尺之水池限于一定数量，此限度之外一条金鱼亦不能繁殖。因此，若欲增加数量，将此前之金鱼移至别处喂养，或必须扩大水池"④，认为"此次台湾全岛归入新版图，如扩大金鱼池，人口自然之繁殖绝不会产生（土地）不足之患。继续促进移民，使其全岛早日日本化，乃我辈之希望"⑤。

对于日本实行严厉的"处置"，可能会造成得到了土地而没有居民的

---

① 台湾永遠の方針（1895 年 8 月 11 日）［M］//慶应義塾. 福澤諭吉全集：第 15 卷. 東京：岩波書店，1961：264-265.

② 台湾永遠の方針（1895 年 8 月 11 日）［M］//慶应義塾. 福澤諭吉全集：第 15 卷. 東京：岩波書店，1961：265-266.

③ 台湾永遠の方針（1895 年 8 月 11 日）［M］//慶应義塾. 福澤諭吉全集：第 15 卷. 東京：岩波書店，1961：266.

④ 気候途殖産（1895 年 8 月 13 日）［M］//慶应義塾. 福澤諭吉全集：第 15 卷. 東京：岩波書店，1961：268.

⑤ 気候途殖産（1895 年 8 月 13 日）［M］//慶应義塾. 福澤諭吉全集：第 15 卷. 東京：岩波書店，1961：268.

情况，福泽谕吉认为，"内地之人口年年繁殖苦于太多之时，像台湾如此之乐土归入我版图，住民甚少，计划继续移民，不出数年补充其数量甚为容易。我辈毋宁说希望岛民自行逃走"①。对于抵抗日本军队的，"不问军民之别，一个亦不剩地进行诛杀，使其没有一个生物，以保全扫荡之功"②。对进行反抗的清朝将领刘永福，福泽谕吉称要进行"围剿"，其部下士兵全部以军法处置，以此警示后来。因为台湾已归入日本，在日本的主权范围内，应与敌国的俘虏区别对待。③ 福泽谕吉认为，台湾的豪族虽然表示了要做日本的"顺民"，但若有证据证明台湾的豪族教唆并帮助叛民对抗日本，就要毫不客气地对其进行处置，防止为将来留下祸患。④

福泽谕吉将台湾人民称为"蛮民"，认为其"无知""愚昧"，同样，若按其文明观所述的"文明既有先进和落后，那末，先进的就要压制落后的，落后的就要被先进的所压制"的话，日本"压制"台湾在其看来也是正当的。福泽谕吉以驱逐、诛杀台湾人民为手段，以获得台湾土地，并把日本人移民台湾，从而最终将台湾"日本化"的台湾论述，正是其带有殖民主义特点的文明观的真实反映。

（二）日本"平定"台湾初期

11月下旬，日本政府宣告台湾"平定"，但台湾人民并没有屈服，继续坚持反殖民斗争。对此，福泽谕吉称"该岛之征讨虽说费了半年时间取得了平定之效果，但平定恰如大风一时吹去，仅乃让草木低头罢了，若非让叶子枯萎，断绝其根，风过去之同时肯定会再次抬头。岛民等看我军队撤回，兵力薄弱，再次蜂起逞其狂暴，乃野蛮人之常态，不足为奇"⑤。并

---

① 厳重に処分す可し（1895年8月14日）［M］//慶応義塾. 福澤諭吉全集：第15卷. 東京：岩波書店，1961：269.

② 厳重に処分す可し（1895年8月14日）［M］//慶応義塾. 福澤諭吉全集：第15卷. 東京：岩波書店，1961：270.

③ 厳重に処分す可し（1895年8月14日）［M］//慶応義塾. 福澤諭吉全集：第15卷. 東京：岩波書店，1961：270.

④ 台湾の豪族（1895年8月22日）［M］//慶応義塾. 福澤諭吉全集：第15卷. 東京：岩波書店，1961：277-279.

⑤ 台湾の騒動（1896年1月8日）［M］//慶応義塾. 福澤諭吉全集：第15卷. 東京：岩波書店，1961：354-355.

且，他再次重申了对待台湾要采取严厉的措施，称"试着再三劝告：对抵抗我之岛民一个不剩地歼灭，尽其丑类，如土地毫不留情地没收，必须期待全岛扫荡之功。但以一时之平定认为乃真实之平定，出征之军队大部凯旋，单单只留下守备军，岛内之警察事务由宪兵巡查担任。还有施政之方针如何？甚至有说法认为全岛划分为文明界、半开界、野蛮界三个区域，在文明界执行民政机构，一切如形的诸规则、法律等皆可实施，所谓之文明界则会再一次成为此次草贼之巢穴。当局者之考虑在兵乱完全平定之后，以纯然之文明政法成为统治岛民之方针等，但他等之顽冥不灵乃从最初即知道之事情，到底非可以以恩安抚之辈。或者其中顺从之良民不少，但总之全岛可以认为乃蛮民之巢穴，除了以威统治并无其他之法"①。

对此，福泽谕吉进行了辩解，称"或者在他等中并非没有真实顺良之种类，然而一举歼灭，有说法认为残酷，但我辈所谓之歼灭并非所谓之合并其种类，消灭他。顺从我的作为日本之良民可加以优厚之保护自不用说，单单表面上承认顺从的，把它理解为良民乃大大之错误"②。"如此次对几万乱民之处理，一一查证讨论罪行之轻重，事实上难以实行，有犯罪嫌疑的当然按其轻重处分，确实可怜的可以饶恕严刑驱逐至境外，以此可以让丑类绝迹。总之，以战时之规则进行处分甚为重要。骚乱最终平定之后，说善后之处置如何，其诸规则法律如形实行等所谓文明施政之方针今后一律停止，处理乱民之规则按军政组织之命令，如他等之犯罪以军法处置自不用说，与此同时，如关于风俗习惯之法律与内地同样地执行，毫无假设之处。"③

同时，福泽谕吉还认为，若台湾人民不能忍受日本实施的禁止吸食鸦片的禁令，"可以自行退至境外，他等之退去正乃所希望的。若不能忍受与内地相同之法律，不等他等之自行退去可由我命令其退去。本来之目的

① 台湾の騒動（1896 年 1 月 8 日）［M］//慶応義塾. 福澤諭吉全集：第 15 卷. 東京：岩波書店，1961：355.

② 台湾善後の方針（1896 年 1 月 15 日）［M］//慶応義塾. 福澤諭吉全集：第 15 卷. 東京：岩波書店，1961：359.

③ 台湾善後の方針（1896 年 1 月 15 日）［M］//慶応義塾. 福澤諭吉全集：第 15 卷. 東京：岩波書店，1961：359-360.

乃土地之繁荣昌盛，其繁荣昌盛日本人可自己计划，丝毫不需要岛民之力。不能忍受我法律之辈，一人亦不许存在，陆续地从内地移民可以期待与内地同样之繁荣昌盛与幸福"①。

此后，虽然福泽谕吉在台湾修筑道路、防止流行病等方面提出了建议②，但这些也不外乎为日本殖民台湾服务。

福泽谕吉虽然称对台湾所谓"乱民"应以"威"统治，对其他台湾人民实施和日本"相同之法律"，但由于此前其已经有了将台湾人看作"顽冥不灵之人"，是所谓"丑类"，是不能忍受"文明政法之人"的偏见，因此在台湾实施所谓禁止吸食鸦片等"法律"主要是为驱逐台湾人民寻找借口，从而进一步达到将日本人移民台湾，使台湾为日本的"国家利益"服务的最终目的。

（三）铁国山抗日时期

1896 年 6 月 10 日，日军混成第二旅团的守备队开始进驻台湾地方。当时，云林地区的大坪顶聚集了抗日人员千余人，为了誓死抗日，将大坪顶改名为"铁国山"，向全岛发出檄文，号召台湾人民将日本人驱逐出台湾。16 日，日军一联队进入斗六，铁国山的抗日队伍退入深山。至 22 日，日军在云林进行了血腥屠杀，共烧毁民宅 4295 户，残杀民众 6000 人。③面对日军的暴行，台湾人民仍顽强地继续坚持抗日斗争。

7—8 月不到一个月的时间，福泽谕吉连续发表了 5 篇文章，就台湾问题发表评论，这些文章充分反映出其对外侵略鼓吹手的本质。

福泽谕吉认为对于台湾的处理必须采取强硬的手段。他说，"台湾乃作为战胜之结果根据条约割让的，实际上死人甚多，未避免流血，恰如以兵力征服无疑，即其岛民等不仅可以看作敌国之民，进行处分亦无碍，时至今日亦未完全归服，甚至动不动摆弄刀枪进行抵抗之情况甚多，到底不

---

① 台湾善後の方針（1896 年 1 月 15 日）［M］//慶応義塾. 福澤諭吉全集：第 15 卷. 東京：岩波書店，1961：360.

② 台湾事業の経営（1896 年 2 月 9 日）［M］//慶応義塾. 福澤諭吉全集：第 15 卷. 東京：岩波書店，1961：375-377.

③ 许介鳞. 福泽谕吉：对朝鲜、台湾的谋略［M］. 台北：文英堂出版社，2009：53.

可以顺民视之。关于治岛之方针，我辈从最初就不断主张强硬之手段"①。并且，福泽谕吉还对日本政府的台湾政策提出了批评，称"各种之商卖事业相同，任何人皆日渐不能容易着手。如以乘此次骚乱之机，做出大决断，若未收到征服之实，岛民等恰如占据主人之地位，实际之利益被他国人所取得，成为日本人恰如投自国之钱给他人纳贡之趋势，不可预计"②。

　　对于日本占领台湾的最终目的，福泽谕吉在 7 月 19 日发表的《台湾施政之官吏》一文中表示，"除了国防上之目的外，开拓其土地谋求殖产兴业，不外乎以此帮助我国国力之发达"③。对于治岛的方针，他说，"治岛之方针以战胜国之威严命令他，让其在我政令下彻底屈服，若有不顺从之辈，给予严厉之处分，一步亦不退让，全岛之民甚至皆退至岛外亦无妨，要有如此之觉悟，必须断行强硬之手段"④。福泽谕吉进一步称，要实施如此强硬的手段，"首先治理台湾岛之官吏应乃勇断敢为之人物，让其尽职甚为重要"⑤，"实际之事情在于当局之人物如何，决定岛治之大方针之同时，推选其人物，要将有名望、有决断勇气之人物置于重要之位置，其下网络少壮活跃之辈，可让其肩负重任专门从事"⑥。

　　29 日，在《可先确定大方针》一文中，福泽谕吉明确主张得到台湾"不外乎乃为了得到其土地，向其移内地之民"⑦。他说，"割让之目的完全在于土地而非人民，若从最初已经明白，关于岛地之处理当局者所见之

---

① 台湾の方針一変（1896 年 7 月 17 日）［M］//慶応義塾. 福澤諭吉全集：第 15 卷. 東京：岩波書店，1961：464.
② 台湾の方針一変（1896 年 7 月 17 日）［M］//慶応義塾. 福澤諭吉全集：第 15 卷. 東京：岩波書店，1961：465.
③ 台湾施政の官吏（1896 年 7 月 19 日）［M］//慶応義塾. 福澤諭吉全集：第 15 卷. 東京：岩波書店，1961：466.
④ 台湾施政の官吏（1896 年 7 月 19 日）［M］//慶応義塾. 福澤諭吉全集：第 15 卷. 東京：岩波書店，1961：466.
⑤ 台湾施政の官吏（1896 年 7 月 19 日）［M］//慶応義塾. 福澤諭吉全集：第 15 卷. 東京：岩波書店，1961：466.
⑥ 台湾施政の官吏（1896 年 7 月 19 日）［M］//慶応義塾. 福澤諭吉全集：第 15 卷. 東京：岩波書店，1961：467.
⑦ 先づ大方針を定む可し（1896 年 7 月 29 日）［M］//慶応義塾. 福澤諭吉全集：第 15 卷. 東京：岩波書店，1961：472.

处只在于土地，如其岛民断不可放在眼中。实际上，要有思想准备得到的乃一个名字称台湾之无人岛，应制定经营之大方针。即由此方针判断事情之时，百般之事情可迎刃而解，相当容易无丝毫之困难"①。对于反抗日本政府当局的，罪状清楚的要处以严刑，受到怀疑的要驱逐到境外并没收其财产，对"蛮民"不能实行法律。② 福泽谕吉再次提醒台湾的当局者"不要忘了台湾岛之割让不外乎仅乃为了得到其土地之最初目的，由此一点首先制定大方针，而后百般之处置完全由此方针决定，乃我辈不甚之希望"③。

31 日，福泽谕吉发表《不服从政令的可让其离开》一文，进一步称"台湾经营之大方针仅乃以土地为目的，岛民的有无可不放在眼中，按照所想的实行政令，不能忍受的驱逐至境外，没收其所有，丝毫不用客气"④。福泽谕吉再次提出当前在台湾首先要实行的是禁止吸食鸦片的禁令，"不能忍受之辈毫不留情地驱逐至国外，可彻底地清除祸根"⑤；"服从我政令或从我版图离开，二者选择其一，任由他等判断，必须说乃宽大之处置"⑥。与外国的殖民政策相比，日本的政策"不可同日而语，在世界万众面前堂堂正正地实行，无丝毫忌惮之处，当局者判定此事，若不服从其命令者毫不犹豫地让其离境，以真实地取得版图之实，此乃我辈殷切之希望"⑦。福泽谕吉将实施鸦片禁令作为日本在台湾统治的"真实之正

---

① 先づ大方針を定む可し（1896 年 7 月 29 日）［M］//慶応義塾. 福澤諭吉全集：第 15 卷. 東京：岩波書店，1961：473.

② 先づ大方針を定む可し（1896 年 7 月 29 日）［M］//慶応義塾. 福澤諭吉全集：第 15 卷. 東京：岩波書店，1961：473.

③ 先づ大方針を定む可し（1896 年 7 月 29 日）［M］//慶応義塾. 福澤諭吉全集：第 15 卷. 東京：岩波書店，1961：474.

④ 政令に従はざるものは退去せしむ可し（1896 年 7 月 31 日）［M］//慶応義塾. 福澤諭吉全集：第 15 卷. 東京：岩波書店，1961：474.

⑤ 政令に従はざるものは退去せしむ可し（1896 年 7 月 31 日）［M］//慶応義塾. 福澤諭吉全集：第 15 卷. 東京：岩波書店，1961：474-475.

⑥ 政令に従はざるものは退去せしむ可し（1896 年 7 月 31 日）［M］//慶応義塾. 福澤諭吉全集：第 15 卷. 東京：岩波書店，1961：475.

⑦ 政令に従はざるものは退去せしむ可し（1896 年 7 月 31 日）［M］//慶応義塾. 福澤諭吉全集：第 15 卷. 東京：岩波書店，1961：476.

当防卫之手段"看似理由正当，但前提是其将吸食鸦片看成"支那人之特性"，中国人不能忍受禁止吸食鸦片的禁令，同时若不禁止中国人吸食鸦片，还会传染给日本人。将鸦片禁令作为驱逐中国人的手段，体现出福泽谕吉对中国人根深蒂固的偏见。

不久之后，福泽谕吉又提出了"杀死少数使多数人存活"的恶毒手段。他说，"他等之暴动乃因不知日本兵之力量，表现出反抗行迹之辈，一人亦不留，诛杀，可歼灭其丑类。三百万之岛民绝非全乃不逞之徒自不用说，或者有内心偷偷地怀有异心之辈，当其实际目击感到害怕之时，改过自新成为顺从之民，乃杀死少数使多数存活之手段，如把土匪一人亦不剩地诛杀，只不过乃少数。因此，使全岛之岛民自己悔悟、革心，其作用应该甚大。所以，我辈主张进行严厉地（的）处分"①。

对于日本在台湾实施的政令，福泽谕吉称"与支那相比，哪个宽大哪个残酷乃一看便明白之事实，几乎同无政府一样之支那被官吏所支配，甚至无生命财产安全之岛民等站在日本之政令下，恰如脱离了地狱之苦进入了极乐之境界，没有比这再幸福的"②。福泽谕吉进一步称，日本在台湾，"杀少数乃为了帮助多数，政法之例行乃为了保护他等，毋宁说出自宽大仁慈之目的，但其目的我要有充分之勇气决断，而后才能达到"③。

此后，福泽谕吉还提出由于割占了台湾，日本应继续扩张海军，"海军之任务不单单乃在内保护国家，不要忘了有必要外出保护国民"④。并且，福泽谕吉进一步认为，台湾的"土地已经划入日本之版图乃事实，但其居民完全与外国人相同，决不能承认乃内地人。即数百年来在外国政府之统治下，若以其想法来考虑，不仅有被敌国征服之想法，风俗习惯自不

① 台湾島民の処分甚だ容易なり（1896 年 8 月 8 日）［M］//慶応義塾. 福澤諭吉全集：第 15 卷. 東京：岩波書店，1961：477.
② 台湾島民の処分甚だ容易なり（1896 年 8 月 8 日）［M］//慶応義塾. 福澤諭吉全集：第 15 卷. 東京：岩波書店，1961：478.
③ 台湾島民の処分甚だ容易なり（1896 年 8 月 8 日）［M］//慶応義塾. 福澤諭吉全集：第 15 卷. 東京：岩波書店，1961：478-479.
④ 海軍拡張の急要（1896 年 10 月 8 日）［M］//慶応義塾. 福澤諭吉全集：第 15 卷. 東京：岩波書店，1961：524.

用说，甚至连信仰也不同，实际上不外乎乃外国人，统治它必须有完全如对待外国人之觉悟"①。

面对台湾岛民的反抗，福泽谕吉表现出了更加强硬的态度，明确表达了日本割占台湾的目的，即除国防上的目的外，取得土地并"帮助日本国力发达"。同时，福泽谕吉还将日本的殖民政策与西方的殖民政策以及清政府的台湾政策相类比，要求日本政府对台湾采取更强硬的政策，意在使日本的对台殖民政策正当化，这也是福泽谕吉带有殖民主义特点的文明观的体现。

（四）对日本政府台湾政策的评论

如前所述，福泽谕吉在铁国山抗日时期的对台殖民论中已经对日本的台湾政策提出了批评，并对在台湾就任的日本官吏人选提出了自己的主张。此后，福泽谕吉在批评日本政府的台湾政策的同时，围绕台湾总督的人选等问题展开了论述。

1897 年 5 月 4 日，福泽谕吉对日本政府的台湾政策表达了不满，称"总之，作为着手以来之成绩应该多少可见，但我辈能听闻的只有官吏之不满和土匪之骚乱，此乃所谓新政之新面目，未见值得注目之事"②。

至 1897 年，台湾已历经桦山资纪、桂太郎、乃木希典三任总督，三人都是海陆军高级将领出身。但是，福泽谕吉认为总督的人选不能仅限于军人，并且在台湾的统治中军政与民政应进行区分。他说，"根据今日之官制，规定总督限于海陆军之大将或中将，这样可担当大任者仅限于军人，可谓死板至极。新领地之经营不单单乃军事，殖产、兴业、教育、警察、卫生、土木等如此之事甚多，哪一个皆关系到永远之利害，必须有精密周到之考虑。本来让在如此事情上毫无修养之军人作为总督当政，恰如总督之职责完全委托于其部下民政局之工作人员，到底不能达到目的。大概总督之位置限于军人应该乃为了将岛地置于重要之地位。防卫之事固然

① 台湾当局者の人選（1897 年 5 月 27 日）［M］//慶応義塾. 福澤諭吉全集：第 15 卷. 東京：岩波書店，1961：668.
② 台湾の軍政民政を区別す可し（1897 年 5 月 4 日）［M］//慶応義塾. 福澤諭吉全集：第 15 卷. 東京：岩波書店，1961：652.

重要，但一般之经营更重要。况且军事上之事乃军务局之事，委任权限于其局长担当事务也无妨。总督绝无只限于军人之理由，今日组织一变，民政与军政判然区别，总督之任不局限于身份，广泛寻找合适之人物担任甚为重要。我辈必须说今日之军人中无如此之人。仅乃主张从岛地经营之大体上来看，军民应该区分"①。

5月5日，福泽谕吉又对台湾行政改革、总督人选及职责提出了意见，认为"改革总督府之组织，区别军政与民政，总督府不限于军人，广泛地寻求适合之人选，委任全权，将治理政绩之效果作为首要，其设施自然甚多，但若依我辈所见，其他暂且不管，首先简化工作之手续，加强各自之责任感甚为重要"②。同时，福泽谕吉认为，台湾守备军应担任防卫台湾的重任，而如今台湾守备军似乎在从事警察的职责，称"当局者要有大决断，迅速地整顿行政机构，为了土匪之辈不要轻易地动用军队"③。

27日，对于台湾总督的人选，福泽谕吉进一步明确了条件，认为"文明学问之思想作为第一必要之资格，或者乃甚至未接受完全之教育，但毫不缺乏新思想之人员"④。"若非新思想、新知识之人员绝对不可"，"不可指望重武之军人，亦不可指望单单以精神气概自夸之政治老手，我辈认为关于其人选必须乃特别新流之人物"⑤。

6月17日，福泽谕吉发表《台湾施政之革新》一文。对于台湾政策，福泽谕吉称，"依我辈所见，相信无望对此前之计划进行大革新。在支配本来历史不同、语言不同、风俗习惯不同之异乡人种上，自然需要随机应变，不能以寻常之规律来判断。首先担任其总督者必须给予几乎无限之权

① 台湾の軍政民政を区別す可し（1897 年 5 月 4 日）［M］//慶応義塾. 福澤諭吉全集：第 15 卷. 東京：岩波書店，1961：652-653.
② 台湾行政の改良（1897 年 5 月 5 日）［M］//慶応義塾. 福澤諭吉全集：第 15 卷. 東京：岩波書店，1961：655.
③ 台湾行政の改良（1897 年 5 月 5 日）［M］//慶応義塾. 福澤諭吉全集：第 15 卷. 東京：岩波書店，1961：656-657.
④ 台湾当局者の人選（1897 年 5 月 27 日）［M］//慶応義塾. 福澤諭吉全集：第 15 卷. 東京：岩波書店，1961：668.
⑤ 台湾当局者の人選（1897 年 5 月 27 日）［M］//慶応義塾. 福澤諭吉全集：第 15 卷. 東京：岩波書店，1961：669.

力，而在如今之组织中，内地设置拓殖务省，在远处支配岛政之根本，总督必须根据本省之指挥进退"①。对于总督的职责，福泽谕吉认为"首先要提高总督之位置委以全权，可任意发布法律自不必说，如财政仅乃制定大体之额度，至于细目乃用于何事、如何使用，任其自由；出入自由，不一定常常居住于台湾"②。并且，福泽谕吉认为应该断然废除拓殖务省。他说，"中央设立台湾事务局并设置了数名委员，由内阁监督，管理岛地之种种事务，甚至往复于政府与总督间之文书等一切都要经过事务局之手，恰如设置了一个关口掣肘了总督之活动"③。"因此，台湾总督府应该作为独立之机构，给予总督所有之权力，让第一流之人物担当乃眼下燃眉之急，乃政府应决断之事。"④ 同时，福泽谕吉认为"拓殖务省不外乎仅乃有害之累赘"，"此时断然废除才乃上策"⑤，并认为如果日本治理不好台湾的话可能会引来外国的干涉。⑥

同时，福泽谕吉认为，虽然"台湾之处理只不过乃版图内之处置，但其关系甚广，不能忘记对外乃关系到国家荣辱得失之大事"⑦。居住在台湾的外国人对日本怀有不满，"眼下之对外形势甚是不易，或者根据时宜，可能会有放弃在外已经得到之利益之情况"，但"放弃台湾，恰如放弃我国之四国、九州，为了我国之名誉决（绝）不允许，要有如此之觉悟，必

① 台湾施政の革新（1897年6月17日）[M]//慶応義塾. 福澤諭吉全集：第16卷. 東京：岩波書店，1961：10-11.
② 台湾施政の革新（1897年6月17日）[M]//慶応義塾. 福澤諭吉全集：第16卷. 東京：岩波書店，1961：11.
③ 拓殖務無用（1897年6月23日）[M]//慶応義塾. 福澤諭吉全集：第16卷. 東京：岩波書店，1961：15.
④ 拓殖務無用（1897年6月23日）[M]//慶応義塾. 福澤諭吉全集：第16卷. 東京：岩波書店，1961：16.
⑤ 拓殖務無用（1897年6月23日）[M]//慶応義塾. 福澤諭吉全集：第16卷. 東京：岩波書店，1961：16.
⑥ 台湾施政の革新（1897年6月17日）[M]//慶応義塾. 福澤諭吉全集：第16卷. 東京：岩波書店，1961：11-12.
⑦ 台湾を如何せん（1897年7月4日）[M]//慶応義塾. 福澤諭吉全集：第16卷. 東京：岩波書店，1961：39.

须大大地致力于此。无论从何处看，其经营乃眼下之急，一刻亦不可轻视"①。并且，福泽谕吉对政府的台湾政策表示非常失望。②

9月7日，福泽谕吉在《政府果真做出了决断吗》一文中，对台湾总督的人选又提出了建议。他说，"拓殖务省之废除甚是应该，我辈认为仅乃台湾改革之一种手段。给予总督无上之权力，让第一流之政治家担任，改革之目的必须迅速地断行，今日之当局者绝非不适合之人物，当局者本人有热心地期待改革成功之决心，但其热心与否，总之在所谓台湾王之资格上有某些不足之憾，对当局者本人虽说遗憾，但为了国家毫无办法，使其让位，推选第一流之人物"③。

福泽谕吉无论是对日本政府台湾政策的批评、建议等，还是对台湾总督人选的不满，都是对日本殖民政策的不满，是为日本的 "国家利益" 服务。

综观甲午战争后福泽谕吉的台湾论述，正如台湾学者许介鳞所说，"福泽谕吉对台湾的谋略，一言以蔽之，乃在于'赶尽''杀绝'"④。从中可以看出，其一直强调 "要土地不要人民"，主张对台湾人或驱逐或屠杀，完全是一副殖民者的凶残面孔。甲午战争后，福泽谕吉的台湾论述充分揭示了近代日本知识分子倡导的文明观的本质。

四、甲午战后福泽谕吉的 "对华分割论"

（一）对德国强占胶州湾的评论

1897 年 11 月 14 日，德国以巨野教案⑤为借口，出兵占领了中国山东胶州湾。1898 年 3 月 6 日，德国强迫中国签订了以 "租借" 胶州湾为主要

---

① 台湾を如何せん（1897 年 7 月 4 日）［M］//慶応義塾. 福澤諭吉全集：第 16 卷. 東京：岩波書店，1961：41.

② 台湾を如何せん（1897 年 7 月 4 日）［M］//慶応義塾. 福澤諭吉全集：第 16 卷. 東京：岩波書店，1961：41.

③ 政府果たして決断するか（1897 年 9 月 7 日）［M］//慶応義塾. 福澤諭吉全集：第 16 卷. 東京：岩波書店，1961：94.

④ 许介鳞. 福泽谕吉：对朝鲜、台湾的谋略［M］. 台北：文英堂出版社，2009：41.

⑤ 1897 年 11 月 1 日夜，两个德国传教士被以 "诛除西教为本旨" 的大刀会在巨野县杀害，这就是有名的巨野教案。因巨野县当时隶属曹州府，故也称 "曹州教案"，有时也称 "山东教案"。

内容的《胶澳租借条约》。德国强占胶州湾和《胶澳租借条约》的签订，成了资本主义列强瓜分中国的信号，引起了各帝国主义国家在中国"租借"港湾和划分势力范围的竞争。①

福泽谕吉认为，德国出兵占领胶州湾，如果是临时占领的话，德国缺少国际交往上必要的礼仪；如果是永久占领的话，不仅会影响东洋的和平，而且会破坏世界和平，开启世界大乱的端绪，日本也不会旁观。② 这一件事单单从德国的举动来看，"其愤慨并非毫无道理，但在如今之世界说万国公法乃国际礼仪，其只不过乃装饰表面之虚礼虚文，若观察实际情况，所谓弱肉强食才乃国际交往之真实面目，可以依赖的只有武力。强者食肉，弱者被食"③。

福泽谕吉认为，对于日本的政策，"可以说火源在对岸，其对岸仅乃一衣带水之隔，飞火之危险亦不可预计，总之我们要警惕乃最重要"。并且，福泽谕吉提出如果日本想要守卫台湾的话，要有进一步守卫台湾之外土地的觉悟。④ 因此，对于德国侵占胶州湾，日本"决不可隔岸观火"⑤。这里已经预示福泽谕吉对台湾的对岸——福建有了像德国强占胶州湾一样的想法。

如前所述，福泽谕吉早在 1884 年 10 月发表的《东洋之波兰》一文中就推测中国将要被列强分割。1898 年 1 月 12 日，福泽谕吉在发表的《十四年前之支那分割图》一文中指出，"十数年前之预测，稍稍与今日实际情况有所不同，但在大势上有诸多地方与此前所说的相符合"，"如分割之区域，不仅大体上相同，甚至随便设定之期限 1899 年亦几乎符合，最近

① 王守中. 德国侵略山东史［M］. 北京：人民出版社，1988：86–122.

② 獨逸の挙動（1897 年 11 月 24 日）［M］//慶応義塾. 福澤諭吉全集：第 16 卷. 東京：岩波書店，1961：157–159.

③ 対外の進退（1897 年 11 月 28 日）［M］//慶応義塾. 福澤諭吉全集：第 16 卷. 東京：岩波書店，1961：163.

④ 対外の進退（1897 年 11 月 28 日）［M］//慶応義塾. 福澤諭吉全集：第 16 卷. 東京：岩波書店，1961：164–165.

⑤ 更らに当局者の決断を望む（1897 年 12 月 23 日）［M］//慶応義塾. 福澤諭吉全集：第 16 卷. 東京：岩波書店，1961：187.

已开启分割之端绪, 趋势发展之速度令人吃惊"①。

对于中国将要被分割的原因, 福泽谕吉认为现在东西方相对, 可以说 "西洋乃文明进步之国, 东洋乃古风守旧之国"。本来主义不同, 西洋的 "文明" 果真有进步之实, 东洋的 "古风" 是逐渐退步之势, 今日的中国 就是以东洋之 "古风" 对抗西洋之 "文明"。在中国, "毕竟儒教中毒之 余毒乃国情使然", 如果今后以文明教育考虑, 只要不从根本上打破其政 治组织, 人民到底没有希望。② 中国人 "既无气魄亦无教育", 不可指望 像日本明治维新一样进行改革, 最后 "不外乎自取灭亡", 但还未等其自 灭, 西洋列强就早已开启了分割的端绪。即西洋之文明同东洋之 "古风" 相争, 胜败之数参照大势即可明白, 其分割是不可避免的趋势。③

福泽谕吉又进一步认为, 日本在甲午战争中的胜利催生了欧洲各国侵 略中国的野心, 德国占领胶州湾、俄国占领旅顺口, 已经开启了分割的端 绪, 英法也会逐渐着手。中国的土地被列强分割, "时至今日一点儿亦不 值得怀疑"。当中国被分割时, 日本支配土地、人民的 "伎俩远远比欧洲 各强国更出色", 因为日本 "熟知其国风之由来和如今人情风俗之实 际"④。

福泽谕吉认为, 德国强占胶州湾完全是弱肉强食的国际交往现实造成 的⑤, 并提醒日本政府当局对世界局势的变化要有思想准备, 可以说将来 "支那地方一带可以看见诸强国的新领土", 对日本来说 "恰如欧洲之强国 转移到对岸之土地一样"⑥。中国人 "无论是体质还是勇气, 本来具备作

① 十四年前の支那分割案 (1898 年 1 月 12 日) [M] //慶応義塾. 福澤諭吉全集: 第 16 卷. 東京: 岩波書店, 1961: 205-207.

② 支那分割今更驚くに足らず (1898 年 1 月 13 日) [M] //慶応義塾. 福澤諭吉全集: 第 16 卷. 東京: 岩波書店, 1961: 208-211.

③ 支那分割今更驚くに足らず (1898 年 1 月 13 日) [M] //慶応義塾. 福澤諭吉全集: 第 16 卷. 東京: 岩波書店, 1961: 216.

④ 支那分割後の腕前は如何 (1898 年 1 月 15 日) [M] //慶応義塾. 福澤諭吉全集: 第 16 卷. 東京: 岩波書店, 1961: 218-219.

⑤ 海軍拡張の外ある可らず (1898 年 1 月 20 日) [M] //慶応義塾. 福澤諭吉全集: 第 16 卷. 東京: 岩波書店, 1961: 221.

⑥ 空論の時に非ず (1898 年 4 月 14 日) [M] //慶応義塾. 福澤諭吉全集: 第 16 卷. 東京: 岩波書店, 1961: 299-301.

为军人之资格，若以西洋人惯用之手段进行训练，毫无疑问可组成纯粹西洋流之精兵。我日本人数年之后，承认对岸之支那地方出现欧洲强国绝非无稽的想象之谈"①。

4月22日，日本向清政府提出不将福建割让与他国的要求；24日，清政府表示接受，自此福建成了日本的势力范围。听闻此事，福泽谕吉表示这是 "最恰当之处理"，称福建与日本的新领地台湾仅仅隔着一线海峡，如果其土地落入强国之手的话，台湾就成呈恰如被挤压的状态，让中国声明不割让福建必须说是最恰当的处理，并 "希望政府更进一步"。② 由于福泽谕吉认为台湾经常出现 "骚乱" 的原因就出在福建，因此甚至提出 "为了台湾岛之治理，杜绝其祸根，早一日收到岛地安全之效果" 而临时 "借用" 福建。③

福泽谕吉还进一步说明了 "借用" 福建的理由，称在台湾 "土匪之暴乱" 尚未绝迹，本来是 "乌合之众的草贼之辈"，但 "剿灭" 很困难，即同中国大陆偷偷地 "串通"，因为有兵器弹药等的供给，"祸根" 在对岸，是不可掩盖的事实。日本不得已要求临时 "借用" 福建，所谓 "借用" 只是为了台湾的治安，不过是阻塞 "祸根" 的手段。④ 福泽谕吉甚至提出了使用武力。他说，如果中国拒绝这样的 "正当要求"，就被认为是 "放任毒害妨害我国之治安"。"如胶州湾，如旅顺大连湾，虽然无可见之正当之理由，但已经允许他国，唯独对我正当之要求踌躇不决，最终不外乎使用武力。"⑤ 虽然福泽谕吉在此也认为德国 "租借" 胶州湾、俄国 "租借" 大连湾没有正当的理由，但他依然提出日本要不惜通过武力 "借用"

---

① 支那兵大に用ふ可し（1898 年 4 月 15 日）［M］//慶応義塾. 福澤諭吉全集：第 16 卷. 東京：岩波書店，1961：303.

② 支那に対して更らに要求す可きものあり（1898 年 4 月 27 日）［M］//慶応義塾. 福澤諭吉全集：第 16 卷. 東京：岩波書店，1961：324-325.

③ 支那に対して更らに要求す可きものあり（1898 年 4 月 27 日）［M］//慶応義塾. 福澤諭吉全集：第 16 卷. 東京：岩波書店，1961：325-326.

④ 対清要求の理由（1898 年 4 月 30 日）［M］//慶応義塾. 福澤諭吉全集：第 16 卷. 東京：岩波書店，1961：333-334.

⑤ 止むを得ざれば威力を用ふ可し（1898 年 5 月 1 日）［M］//慶応義塾. 福澤諭吉全集：第 16 卷. 東京：岩波書店，1961：335-336.

福建。

（二）对日本参加八国联军侵略中国的评论

1900 年 6 月，英国、法国、德国、俄国、美国、日本、意大利、奥匈帝国以镇压义和团为借口，军事入侵中国，这就是所谓八国联军入侵中国事件。日本作为八国联军的主力，其人数达到了 22000 人。① 日本侵略军在大沽，特别是在天津、北京的战役中，成了八国联军的主力，从而取得了列强公认的"远东宪兵"的资格，第一次加入了帝国主义侵华的国际"俱乐部"。②

6 月 17 日，日本作为八国联军的主力参加了攻占大沽炮台的侵略行动。福泽谕吉称，在进攻大沽炮台的战斗中，日本军人"第一次同外国人联合作战，责任重大。在战斗中，日本军人表现出了军人之素养，在世界上使日本受到了重视，可以说战死者死得光荣"，将日本的面貌展现在世界各国人面前，是"空前绝后之伟业"。福泽谕吉甚至称，"每每读到日本军人在大沽、天津勇敢作战，一步亦不落后之战报新闻时，自然不禁泪下，只有不胜感激之情"③。

福泽谕吉称，日本出兵原本是为了救助本国的公使和侨民，虽然欧美各友好国家的官民都和日本人一样处在相同的危难境地，但其本国在远隔之地，解决燃眉之急并不方便，日本当前派遣大规模的军队只是为了解救欧美各国的危急。④ 当欧美列强将要分割中国的时候，福泽谕吉认为，日本要做好保卫中国台湾和朝鲜的精神准备。他说，"台湾对岸、影响到朝鲜内地之骚扰，关系到我国之特殊利益，且乃立国自卫上之重大事件，若有异议可举全国之力进行镇压，须有决心守卫本国之利益"⑤。

---

① 穆景元. 日俄参加八国联军镇压义和团运动始末［J］. 锦州师院学报，1988（4）：30.

② 王魁喜. 义和团运动时期日本的侵华政策［J］. 东北师范大学学报，1987（2）：55.

③ 国の為めに戦死者に謝す（1900 年 6 月 21 日）［M］//慶応義塾. 福澤諭吉全集：第 16 卷. 東京：岩波書店，1961：621-623.

④ 国民自衛の覚悟（1900 年 6 月 28 日）［M］//慶応義塾. 福澤諭吉全集：第 16 卷. 東京：岩波書店，1961：625.

⑤ 国民自衛の覚悟（1900 年 6 月 28 日）［M］//慶応義塾. 福澤諭吉全集：第 16 卷. 東京：岩波書店，1961：626.

　　由于义和团运动的爆发影响了日本同中国的贸易，对此福泽谕吉称"对义和团运动的处理和偶然地对陈年之痼疾断然实施大的外科手术一样"，总之"文明之光传播到四百余州，内地开放之命运断不可怀疑"。从这一点来看，需要五六十年的"中国改革"，可以说仅仅五六年就可以完成。其结果是，"在有贸易的列国之中，特别是如我国得到最大之利益乃必然。日本商人对目前之事情不要失望，远远眺望前途可以非常之安心"①。

　　福泽谕吉认为，八国联军入侵北京的责任在中国政府。他说，如果中国愤慨外国的所作所为，"若有赌上国力敢于决战之思想准备，可以堂堂正正进行战争，但中国之所作所为则不然，不仅以暴力杀害外国人，虐杀外国教徒，自己反倒痛快，而且政府之官兵将各国公使围在其公使馆内日夜炮击，杀害馆中几百名男女老少，其凶恶残暴不可名状"。"官民共同相继偏向于排外，只是杀害眼前之外国人，自己洋洋（扬扬）得意，真乃感到可悲。""无知无谋之支那人自不量力，胡乱地逞其暴举之结果必然会落到自己头上，或根据时宜甚至会完全失去立国之根基，亦不可预计。自作自受，最后之结果非常明白。"②

　　综上所述，福泽谕吉有关德国侵占胶州湾的评论完全体现了其提倡的弱肉强食的国际交往规则，同时也可以说是为了实现其主张的"脱亚论"中与西方列强"共进退"这一内容。而日本作为主力参加八国联军对中国的入侵，可以说进一步实现了其主张的"脱亚论"。通过考察福泽谕吉对这两次事件的评论，可以看出其仍然试图以文明开化论为借口使日本对中国的侵略正当化，基于其文明观的文明开化论贯穿其一生的中国观与朝鲜观。

　　19世纪80年代后半期之后，福泽谕吉的中国观与朝鲜观一样，表现为对中国的蔑视，甚至是敌视。其中国观在具体表现形式上，经历了由强

---

①　商売人失望す可らず（1900年8月3日）［M］//慶応義塾. 福澤諭吉全集：第16卷. 東京：岩波書店，1961：627-629.

②　商売人失望す可らず（1900年8月3日）［M］//慶応義塾. 福澤諭吉全集：第16卷. 東京：岩波書店，1961：630-631.

硬论到侵略论及"台湾改革论""分割论"的转变。与 19 世纪 80 年代前半期相比，福泽谕吉对中国的蔑视进一步加深，在具体表现形式上存在的差异大体上表现为甲午战争后由于中国台湾的被割让而出现的"台湾改革论"。

结　论

在漫长的封建社会，中国作为一个东方大国、儒学的发源地，对东亚各国有着广泛而深刻的影响；而朝鲜作为身处一隅的弱小国家，并且在一段时期作为中国的藩属国，一直奉行"事大交邻"的外交政策，同中日两国保持着友好关系。19世纪中叶以后，面对西势东侵的局面，东亚三国中唯独日本实现了近代化，但日本在近代化的过程中，在自身尚未摆脱不平等条约束缚的情况下，就发动了对中朝两国的侵略。

福泽谕吉作为日本"近代化的指导者"，在抨击封建主义的同时，提倡西方资本主义，为推动日本近代化进程发挥了思想先驱者的巨大作用，是日本近代最著名的启蒙思想家，但在其思想中后期曾积极鼓吹对朝鲜与中国的侵略。本书分别论述了19世纪60年代以后各个主要历史时期福泽谕吉的朝鲜观与中国观，并对比分析了它们之间的异同及各自产生的原因，笔者从中得出了以下几点结论。

第一，福泽谕吉基于其文明观的文明开化论是其朝鲜观与中国观最重要的理论基础。福泽谕吉将社会的发展分为野蛮—半开化—文明三个阶段的文明观潜藏着鲜明的社会进化论的思想倾向。福泽谕吉以社会进化论为基础的文明观最初将亚洲国家归为"半开化"的发展阶段，但随着日本近代资本主义的进一步发展，将日本定位为"东洋文明之魁"的福泽谕吉必定会对固守传统思想文化的朝鲜与中国进行批判，甚至以"文明开化"为借口掩盖其侵略朝鲜与中国的主张，使日本侵略朝鲜与中国的行为正当化，如福泽谕吉有关亚洲观的著名论著"东洋盟主论"与"脱亚论"。"东洋盟主论"的提出，隐含福泽谕吉对日本文明开化程度的肯定，即日本已成为"东洋文明之魁"，而朝鲜与中国还同处于"半开化"，甚至是野蛮的阶段。按照福泽谕吉文明观中隐藏的社会进化论的思想，以促进朝鲜与中国的"文明开化"为借口，对朝鲜与中国进行侵略就成了理所当然的事情。而"脱亚论"对福泽谕吉的朝鲜观与中国观来说，其实质和"东洋盟主论"相同，都是以"文明开化"为借口，使日本对中朝两国的侵略正当化。福泽谕吉基于其文明观的文明开化论一直贯穿其19世纪70年代中后期之后的朝鲜观与中国观。

第二，对儒学的批判是福泽谕吉的朝鲜观与中国观的另一个理论基础，特别是在其中国观中更加明显。如前所述，福泽谕吉少年时代饱读汉学，对儒学思想中的封建门阀制度等弊端产生了憎恨。接受西方资本主义思想文化后，福泽谕吉以此为基础批判东方的儒学思想，从而产生了对以儒学思想为政治思想基础的朝鲜与中国的批判，对儒学的批判也就成了福泽谕吉批判朝鲜与中国的理论支柱之一，同样也贯穿于福泽谕吉各个时期的朝鲜观与中国观。特别是，在1882—1884年和1898年两个时期，福泽谕吉集中发表了大量有关儒学的论著，对儒学的弊端进行了批判。在福泽谕吉的思想中，批判儒学与提倡引进西方文明互为手段、互为目的。

第三，通过对比分析福泽谕吉的朝鲜观与中国观，我们可以发现其朝鲜观大体上一直是蔑视的朝鲜观，而其中国观则大体上经历了由"平视型"到敬畏与蔑视共存再到完全蔑视的转变过程。福泽谕吉的朝鲜观与中国观都受国际形势及其国内观的影响。另外，福泽谕吉的朝鲜观还受到了日本历史上蔑视的朝鲜观的深刻影响，中国观还受到中国自身实力变化的影响。因此，造成福泽谕吉的朝鲜观与中国观不同的原因主要有两点：一是日本历史上蔑视的朝鲜观给其带来的深刻影响，二是中朝两国自身实力的不同。

同时，通过对比分析福泽谕吉的朝鲜观与中国观，我们还可以发现其朝鲜观与中国观在具体表现形式上有很大的差异。其朝鲜观大体上主要表现为"朝鲜改革论"，而其中国观大体上经历了由强硬论到侵略论再到分割论的转变。但无论其朝鲜观与中国观在具体表现形式上的差异如何，其实质都是以"文明开化"为借口，使日本对朝鲜与中国的侵略正当化。

第四，在有关福泽谕吉的朝鲜观与中国观的论述中反映出中日两国对朝政策的碰撞，即朝贡册封体制与近代条约体制的碰撞。福泽谕吉在对中朝两国关系的评论中，对否定朝鲜为清朝的属国着墨较多，而此时中国还在极力维持中朝之间传统的朝贡册封体制。尤其是在甲申政变时期，福泽谕吉从朝鲜与中国、日本、美国等国家签订的条约入手，从近代条约体制角度对中朝两国间的朝贡册封体制进行否定。虽然中国在此时还在极力维持的朝贡册封体制已经不适应近代社会的发展，但福泽谕吉对中朝两国间朝贡册封体制的否定明显地怀有为排除中国在朝势力、侵略朝鲜寻找借口的真实目的。

第五，中日《马关条约》签订后，福泽谕吉关于中国台湾的论述，为我们深刻地揭示了福泽谕吉所谓"文明观""东洋盟主论"的本质，也从侧面让我们充分了解了福泽谕吉一直以来积极鼓吹的"朝鲜改革论"的真实目的。"朝鲜改革论"只是福泽谕吉掩盖日本对朝鲜侵略的借口，如果朝鲜和中国台湾一样被吞并，福泽谕吉对朝鲜的论述恐怕也会和对中国台湾的论述一样，即主张对朝鲜人"赶尽""杀绝"。

总之，福泽谕吉作为日本近代最著名的启蒙思想家，是日本近代思想界的代表人物，但其不可能超越那个时代及国度的局限性。1984 年以后，福泽谕吉的头像被印在日本货币中面值最高的 1 万元纸币上，充分说明了福泽谕吉在日本历史上的重要地位，但这也误导了当代日本人对福泽谕吉的认知，使其启蒙思想完全掩盖了其积极鼓吹对朝鲜与中国等亚洲国家进行侵略的军国主义思想，并且把日本对朝鲜与中国的侵略看作日本近代化过程中理所当然的"正当"行为。同时，当代日本人对福泽谕吉的认知无疑直接影响了他们的朝鲜观与中国观，当他们把日本对朝鲜与中国等亚洲国家的侵略看作日本近代化过程中理所当然的"正当"行为时，福泽谕吉对朝鲜与中国的蔑视，及其鼓吹的对朝鲜与中国的侵略就成了"正确"的朝鲜观和中国观。这也可以说是日本社会没有认真反省侵略战争和殖民统治历史的一个重要根源。了解福泽谕吉有助于我们了解日本近代化过程中伴随着对外侵略扩张这一特点，同时也有助于我们了解当今日本社会不断发生某些复旧、倒退现象的根本原因。

参考文献

一、文献类

慶應義塾. 福沢諭吉全集: 全 21 卷 [G] //東京: 岩波書店, 1958—1964.

二、著作类

1. 福泽谕吉. 劝学篇 [M]. 群力, 译. 北京: 商务印书馆, 1958.

2. 福泽谕吉. 文明论概略 [M]. 北京编译社, 译. 北京: 商务印书馆, 1959.

3. 福泽谕吉. 福泽谕吉自传 [M]. 马斌, 译. 北京: 商务印书馆, 1980.

4. 鹿野政直. 福泽谕吉 [M]. 卞崇道, 译. 北京: 生活·读书·新知三联书店, 1987.

5. 远山茂树. 福泽谕吉 [M]. 瞿新, 译. 北京: 中国社会科学出版社, 1990.

6. 丸山真男. 福泽谕吉与日本近代化 [M]. 区建英. 译. 上海: 学林出版社, 1992.

7. 福泽谕吉. 福翁百话 [M]. 唐沄, 等译. 上海: 上海三联书店, 1993.

8. 安川寿之辅. 福泽谕吉的亚洲观——重新认识日本近代史 [M].

孙卫东，等译. 香港：香港社会科学出版社有限公司，2004.

9. 许介鳞. 福泽谕吉：对朝鲜、台湾的谋略［M］. 台北：文英堂出版社，2009.

10. 小川原正道. 福泽谕吉与日本政府［M］. 尤一唯，译. 北京：九州出版社，2016.

11. 旗田巍. 日本人の朝鮮観［M］. 東京：勁草書房，1969.

12. 広田昌希. 福沢諭吉研究［M］. 東京：東京大学出版会，1976.

13. 坂野潤治. 明治思想の実像［M］. 東京：創文社，1977.

14. 横松宗. 福沢諭吉中津からの出発［M］. 東京：朝日新聞社，1991.

15. 富田正文. 考証福沢諭吉：上、下［M］. 東京：岩波書店，1992.

16. 小泉信三. 福沢諭吉［M］. 東京：岩波書店，1994.

17. 安川寿之輔. 福沢諭吉と丸山眞男［M］. 東京：高文研，2003.

18. 青木功一. 福沢諭吉のアジア［M］. 東京：慶応義塾大学出版会，2011.

19. 小川原正道. 福沢諭吉：「官」との闘い［M］. 東京：文藝春秋，2011.

20. 정일성. 후쿠자와유키치：탈아론（脱亞論）을어떻게펼쳤는가［M］. 지식산업사，2001.

三、论文类

1. 宋成有. 福泽谕吉中国观变迁评述［M］//北京大学日本研究中心编. 日本学：第3辑. 1991：98-113.

2. 王家骅. 论福泽谕吉对儒学的继承与批判：兼评汉译《劝学篇》和《文明论概略》［J］. 世界历史，1992（5）：50-59，49.

3. 牟晓春. 福泽谕吉的朝鲜观［M］//北京大学日本研究中心编. 日本学：第11辑. 2002：81-98.

4. 王屏. 论日本人"中国观"的历史变迁［J］. 日本学刊，2003

（2）：33-47.

　　5. 黄俊杰. 十九世纪末年日本人的台湾论述：以上野专一、福泽谕吉、内藤湖南为例［J］. 开放时代，2004（3）：30-42.

　　6. 陈凤川. 殖民历史的文化投影：也谈福泽谕吉的《文明论概略》［J］. 暨南学报，2005（5）：127-131.

　　7. 佐藤贡悦. 重评福泽谕吉的儒学观与"脱亚论"［J］. 中山大学学报（社会科学版），2006（3）：1-5.

　　8. 罗丽馨. 十九世纪以前日本人的朝鲜观［J］. 台大历史学报，2006（38）：159-228.

　　9. 坂野潤治.「東洋盟主論」と「脱亜入欧論」：明治中期アジア進出論の二類型［M］//佐藤誠三郎、R. ディングマン. 近代日本対外態度. 東京：東京大学出版会，1974：35-49.

　　10. 飯田鼎.「脱亜論」の形成：福澤諭吉と中国および朝鮮［G］//福澤諭吉協会. 福澤諭吉年鑑. 1982，第9号：62-92.

　　11. 初瀬龍平.「脱亜論」再考［M］//平野健一郎編. 近代日本とアジア. 東京：東京大学出版会，1984：19-44.

　　12. 飯田鼎.「脱亜論」以後福澤諭吉の清国および朝鮮観：福澤諭吉におけるアジア認識の変遷［J］. 三田学会雑誌，1985，78（5）：46-61.

　　13. 吉野誠. 福澤諭吉の朝鮮［C］//論朝鮮史研究会. 朝鮮史研究会論文集：第26集. 1989：43-62.

　　14. 崔德壽. 福澤諭吉의朝鮮觀研究［M］//高麗大學校民族文化研究所. 民族文化研究，제17호（1983년12월）：163-188.

　　15. 崔德壽. 清日戰爭前後日本의韓國觀［J］. 高大史學會. 史叢，제30집（1986년）：197-226.

　　16. 具仙姬. 福澤諭吉과1880年代韓國開化運動［J］. 高大史學會. 史叢，제32집（1987년）：97-142

　　17. 高城幸一. 후쿠자와유키치（福澤諭吉）의조선정략론연구：『時事新報』조선관련평론（1882-1900）을 중심으로. 서울大學校，2004.